NIETZSCHE

ASSIM FALAVA ZARATUSTRA

NIETZSCHE
(FRIEDRICH WILHELM NIETZSCHE)

ASSIM FALAVA ZARATUSTRA

TEXTO INTEGRAL

Tradução
Antonio Carlos Braga

Lafonte

Título original: *Also sprach Zarathustra*

Direção Editorial	*Sandro Aloísio*
Organização Editorial	*Ciro Mioranza*
Tradução	*Antônio Carlos Braga*
Revisão	*Nazaré Baracho*
Diagramação	*Eduardo Nojiri*
Imagem de Capa	*Ilustração Lilya Kulianionak/ Shutterstock.com*
Produção Gráfica	*Giliard Andrade*

Dados Internacionais de Catalogação na Publicação (CIP)
(Câmara Brasileira do Livro, SP, Brasil)

Nietzsche, Friedrich Wilhelm, 1844-1900
Assim falava Zaratustra / Nietzsche ; tradução Antonio Carlos Braga. -- São Paulo : Lafonte, 2017.

Título original: Also sprach Zarathustra.
"Texto integral"
ISBN: 978-85-8186-236-1

1. Filosofia alemã I. Título.

17-05155 CDD-193

Índices para catálogo sistemático:

1. Nietzsche : Filosofia alemã 193

Editora Lafonte

Av. Profª Ida Kolb, 551, Casa Verde, CEP 02518-000, São Paulo-SP, Brasil - Tel.: (+55) 11 3855-2100,
Atendimento ao leitor (+55) 11 3855-2216 / 11 3855-2213 – *atendimento@editoralafonte.com.br*
Venda de livros avulsos (+55) 11 3855-2216 – *vendas@editoralafonte.com.br*
Venda de livros no atacado (+55) 11 3855-2275 – *atacado@escala.com.br*

Índice

Apresentação

Assim falava Zaratustra:

Deus morreu! É a vez do homem, melhor, do super-homem!

Neste livro, Friedrich Nietzsche busca apresentar a necessidade da mudança na sociedade. O homem e a sociedade vivem na hipocrisia, à sombra de valores que não correspondem às aspirações do ser humano, porquanto marcados e conduzidos por um conjunto de leis, costumes e tradições que já se comprovou, além de desgastadas pelo tempo e pela maldade dos homens, aleatório e inútil.

Com uma linguagem repleta de metáforas, guiada pelo choque de paradoxos, Nietzsche aborda os temas centrais da transmutação de valores, da erradicação dos males que afligem a sociedade, da libertação do homem como ser superior, da busca da figura do verdadeiro homem ou do super-homem.

A obra é um elogio à solidão, ao livre pensamento, à comunhão com o superior, à união com um deus que não seja o Deus tradicional da religião, mas o próprio homem, sublimado pelo bem, pela razão, por sua própria essência que lhe permite o eterno retorno e atinge sua perfeição na convivência com a natureza, perfeição que o leva a criar continuamente, a viver de modo intenso e transparente a vida, a superar-se a si mesmo e a projetar-se para o alto e para o além. Para além de suas amarras com o egoísmo e com todos os valores estabelecidos pelos governantes, para além da convivência com a massa informe do povo, para além de seus angustos limites.

Zaratustra, figura central do livro, procura aproximação com todos os tipos de homens que o cercam, desde o representante dos desiludidos da vida até os governantes de um Estado falido e de uma Igreja que conseguiu matar seu próprio Deus. Em todos esses encontra fracasso, desilusão, humilhação.

A todos esses falta a arte de sorrir, a arte de dançar, a arte de ver a própria alma, a tal ponto que Zaratustra prefere a companhia dos animais no alto da montanha da solidão, continuando sua busca pelo verdadeiro homem, pelo homem superior, pelo homem que sabe superar-se a si mesmo, pelo super-homem.

Assim falava Zaratustra é de leitura atraente e fascinante. A cada página, o autor nos leva a pensar, a refletir profundamente sobre o que fomos até hoje, o que somos agora e o que pretendemos ser. É impossível ficar insensível ao desenrolar do pensamento de Nietzsche, como é impossível não nos identificarmos com o que ele diz a respeito dos homens, a nosso respeito.

O tradutor

Assim Falava Zaratustra

Um livro para todos e para ninguém

Primeira parte

Prólogo de Zaratustra

I.

Quando chegou aos trinta anos, Zaratustra deixou sua pátria e o lago de sua terra natal e partiu para as montanhas. Lá permaneceu, nutrindo-se de seu espírito e de sua solidão, sem se cansar. Dez anos se passaram. Seu coração, porém, mudou e, uma manhã, tendo-se levantado com a aurora, pôs-se frente ao sol e assim lhe falou:

"Tu, grande astro! Que seria de tua sorte, se te faltassem aqueles a quem iluminas? Há dez anos continuas subindo até minha caverna. Se eu, minha águia e minha serpente não estivéssemos aqui, tu te haverias cansado de tua luz e deste trajeto.

Nós, porém, te esperávamos todas as manhãs para recebermos teu supérfluo e por ele te rendermos graças.

Pois bem, já ando farto de minha sabedoria, como a abelha que acumulasse demasiado mel. Sinto necessidade de mãos que se estendam para mim.

Quem dera eu pudesse prodigalizar e repartir até o dia em que os sábios, entre os homens, se sentissem felizes por sua loucura e os pobres, felizes por sua riqueza.

Por isso, preciso descer às profundidades, como tu o fazes todas as noites, quando mergulhas para além do mar para levar tua luz ao mundo subterrâneo, astro que tudo superas.

Como tu, preciso declinar, como dizem os homens, entre os quais pretendo descer.

Abençoa-me, pois, olho afável que pode ver sem inveja até mesmo o excesso de felicidade!

Abençoa a taça que quer transbordar, a fim de que dela escorra a torrente de ouro e que a todos os lugares de tua delícia ela leve o reflexo!

Eis que esta taça quer esvaziar-se de novo e Zaratustra quer voltar a ser homem".

Esse foi o começo do declínio de Zaratustra.

II.

Zaratustra desceu sozinho da montanha sem encontrar ninguém pelo caminho. Ao chegar aos bosques, viu surgir de repente diante dele um velho que havia deixado sua santa cabana para procurar raízes na floresta. E o ancião falou desta maneira a Zaratustra:

"Este viandante não me é estranho. Passou por aqui há muitos anos. Chamava-se Zaratustra, mas mudou muito.

Naquele tempo levavas tuas cinzas para a montanha. Por acaso, pretendes hoje levar teu fogo para os vales? Não temes o castigo que é reservado aos incendiários?

Sim, reconheço Zaratustra. Seu olhar é puro e sua boca não destila amargura. Não se dirige para mim como que num passo de dançarino?

Zaratustra mudou e muito. Zaratustra se tornou menino. Zaratustra despertou. Entre os que dormem, que pretendes procurar agora?

Como no mar, vivias em tua solidão, e o mar te carregava. Infeliz! Queres então saltar em terra? Infeliz! Queres, por acaso, voltar a arrastar tu mesmo teu corpo?"

Zaratustra respondeu: "Amo os homens".

"Por que então – disse o santo – me retirei para a solidão e para o deserto? Não foi também por sentir demasiado amor pelos homens?

Agora, amo a Deus. Não amo os homens.

O homem é, para mim, coisa por demais imperfeita. O amor pelos homens haveria de me matar".

Zaratustra respondeu: "Porventura falei de amor? Levo um presente para os homens".

"Não lhes dês nada, disse o santo. Pelo contrário, tira-lhes qualquer coisa e carrega-a para eles. Vantajoso será certamente para eles, desde que o seja também para ti!

E se quiseres dar-lhes um presente, que não seja mais que uma esmola. Ainda assim, espera que eles a peçam".

"Não, respondeu Zaratustra. Eu não dou esmolas. Não sou pobre bastante para isso".

O santo se pôs a rir de Zaratustra e falou assim: "Nesse caso, toma cuidado para que eles aceitem teus tesouros! Eles desconfiam dos solitários e custam a acreditar que nos acheguemos como doadores de alguma coisa.

Para eles, nossos passos pelas ruas andam ecoando por demais solitários. Por isso é que, à noite em suas camas, ao ouvirem passar um homem, bem antes do nascer do sol, perguntam: "Para onde irá este ladrão?"

Não vás para junto dos homens! Fica na floresta! Melhor ainda, fica na companhia dos animais! Por que não tens vontade de ser como eu, urso entre os ursos, ave entre as aves?"

"E que faz o santo na floresta?" – perguntou Zaratustra.

O santo respondeu: "Componho canções e passo a cantá-las. Enquanto faço canções rio, choro e murmuro. Essa é minha maneira de louvar a Deus.

Cantando, chorando, rindo e murmurando louvo ao Deus que é meu Deus. Mas, como presente, o que é que nos trazes?"

Ao ouvir estas palavras, Zaratustra cumprimentou o santo e disse: "Que teria eu para vos dar? Mas deixa-me partir depressa, por receio que não venha a vos tirar alguma coisa!" E assim se separaram um do outro, o velho e o homem feito, rindo como riem dois garotos.

Mas quando Zaratustra ficou só, falou assim ao seu coração: "Será possível! Este santo ancião, em sua floresta, ainda não ouviu dizer que Deus morreu? "

III.

Quando Zaratustra chegou à cidade mais próxima, situada à beira da floresta, encontrou uma grande multidão reunida na praça pública porque havia sido anunciado que seria apresentado o espetáculo de um equilibrista na corda-bamba. Zaratustra se dirigiu então ao povo com estas palavras:

"Eu vos anuncio o super-homem. O homem existe para ser superado. Que fizestes para o superar?"

Até agora todos os seres criaram alguma coisa superior a si mesmos. E vós, quereis ser o refluxo desse grande fluxo e, em vez de superar o homem, preferis retornar ao animal?

Que é o macaco para o homem? Uma zombaria ou uma dolorosa vergonha. E tal deve ser o homem para o super-homem: uma zombaria ou uma dolorosa vergonha.

Percorrestes o caminho que vai do verme ao homem, e em vós resta ainda muito do verme. Outrora fostes macacos e, mesmo agora, ainda mais macaco do que qualquer macaco é o homem.

Mesmo o mais sábio dentre todos vós não passa de um ser em desarmonia e um ser híbrido de vegetal e espectro. Acaso, eu vos disse para vos tornardes espectros ou plantas?

Eis que vos anuncio o super-homem!

O super-homem é o sentido da terra. Que vossa vontade diga: seja o super-homem o sentido da terra!

Eu vos exorto, meus irmãos! Permanecei fiéis à terra e não acrediteis naqueles que vos falam de esperanças supraterrestres. São envenenadores, quer o saibam ou não!

São menosprezadores da vida! Moribundos que se envenenaram a si próprios, de quem a terra está cansada. Podem muito bem desaparecer!

Em outros tempos, blasfemar contra Deus era o maior dos ultrajes, mas Deus morreu e com ele morreram esses blasfemadores. De ora em diante, o crime mais atroz é ultrajar a terra e ter em maior conta as entranhas do insondável do que o sentido da terra!

Outrora, a alma olhava o corpo com desdém. Nada era tido em mais alta estima que esse desprezo. A alma queria que o corpo fosse fraco, horrível, consumido de fome. Julgava deste modo libertar-se furtivamente dele e da terra.

Oh! Essa mesma alma era ela mesma fraca, horrível e consumida pela fome! Para essa alma, a crueldade era seu deleite!

Mas vós, meus irmãos, dizei-me: que diz vosso corpo de vossa alma? Não é vossa alma miséria, imundície e lastimável conformidade?

Na verdade, o homem é um rio poluído. É preciso ser um mar para, sem se poluir, poder receber um rio poluído.

Pois bem, eu vos anuncio o super-homem. Ele é esse mar. Nele, vosso grande desprezo irá se perder.

Qual é a maior experiência que poderíeis viver, a não ser a hora do grande desprezo? A hora em que vossa própria felicidade se torne repugnante, bem como vossa razão e vossa virtude.

A hora em que havereis de dizer: "Que importa minha felicidade? É miséria, imundície e lastimável conformidade. Ora, a felicidade deveria justificar a própria existência!"

A hora em que havereis de dizer: 'Que importa minha razão? Ela ansia pelo saber como o leão por sua presa? Minha razão é miséria, imundície e lastimável conformidade!'

A hora em que havereis de dizer: 'Que importa minha virtude? Ela ainda não me levou à loucura. Como estou farto de meu bem e de meu mal! Tudo isso é miséria, imundície e lastimável conformidade!'

A hora em que havereis de dizer: 'Que importa minha justiça?! Não me parece que eu seja ainda brasa e fogo! Ora, o justo é como brasa e fogo!'

A hora em que havereis de dizer: 'Que importa minha piedade? Não é a piedade a cruz em que se crava aquele que ama os homens? Mas minha piedade não é crucificação.'

Já falastes dessa maneira? Já gritastes deste modo? Ah! Gritar assim, não me consta ainda vos ter ouvido!

Não são vossos pecados, é vossa parcimônia que clama ao céu! É a mesquinhez, até mesmo em vosso pecado, que clama ao céu!

Onde está, pois, o raio que vos lambe com sua língua? Onde está o delírio, com o qual seria necessário vos inocular?

Vede, eu vos anuncio o super-homem. É ele esse raio! É ele esse delírio!"

Assim que Zaratustra disse isto, um do meio da multidão gritou: "Já ouvimos falar demais desse equilibrista! Mostra-o, agora". E todos riam de Zaratustra. Mas o equilibrista da corda-bamba, julgando que essas palavras eram dirigidas a ele, se pôs a trabalhar.

IV.

Entretanto, Zaratustra olhava a multidão e ficava assombrado. A seguir, assim falou:

"O homem é uma corda estendida entre o animal e o super-homem. Uma corda sobre um abismo.

Perigosa para percorrê-la, é perigoso ir por esse caminho, perigoso olhar para trás, perigoso tremer e parar.

O que é grande no homem é ele ser uma ponte e não uma meta. O que se pode amar no homem é ele ser uma passagem e um declínio.

Eu só amo aqueles que sabem viver no estado de declínio porque são esses que chegam ao alto e além.

Amo aqueles que cultivam um grande desdém porque são aqueles que trazem em si grande veneração, são flechas do desejo disparadas para a outra margem.

Amo aqueles que não procuram somente além das estrelas uma razão para entrar em declínio e oferecer-se em sacrifício, mas se sacrificam pela terra, para que a terra se torne, um dia, do super-homem.

Amo aquele que vive para conhecer e que quer conhecer, para que um dia o super-homem viva. Assim é que a seu modo quer seu próprio declínio.

Amo aquele que trabalha e inventa para construir uma morada para o super-homem e preparar para ele a terra, os animais e as plantas, porque assim, a seu modo, quer seu declínio.

Amo aquele que ama sua virtude porque a virtude é vontade de declínio e uma flecha do desejo.

Amo aquele que não reserva para si uma só gota de seu espírito, mas que quer ser inteiramente o espírito de sua virtude, porque assim atravessa a ponte como espírito.

Amo aquele que faz de sua virtude sua tendência e seu destino. Assim, por sua virtude, quer ao mesmo tempo continuar a viver e deixar de viver.

Amo aquele que não quer ter demasiadas virtudes. Uma virtude é mais virtude do que duas porque é um nó mais forte a que se aferra o destino.

Amo aquele que tem a alma pródiga, aquele que recusa gratidão e nada restitui, porque dá sempre e nada reserva para si.

Amo aquele que se envergonha quando vê os dados caírem a seu favor e que então pergunta: 'Será que sou um trapaceiro?' Porque seu desejo é perecer.

Amo aquele que, diante de suas obras, solta palavras douradas e cumpre sempre mais do que prometeu, porque esse quer seu declínio.

Amo aquele que justifica os que hão de vir e redime os que já foram, porque seu desejo é caminhar para seu declínio pelos de agora.

Amo aquele que castiga seu Deus porque ama seu Deus, pois a cólera de seu Deus não lhe reserva outra coisa senão a perdição.

Amo aquele cuja alma é profunda, mesmo nos ferimentos, e que pode morrer por qualquer acidente fútil, porque é de bom grado que cruzará a ponte.

Amo aquele cuja alma transborda, a ponto de se esquecer de si mesmo e de que nele estão todas as coisas, porque assim todas as coisas convergirão para seu declínio.

Amo aquele que tem o espírito e o coração livres porque assim sua cabeça serve apenas de entranhas a seu coração, mas seu coração o arrasta ao declínio.

Amo todos aqueles que são como gotas pesadas que, uma a uma, caem da sombria nuvem suspensa sobre os homens. Anunciam o relâmpago e, como arautos, seguem para seu declínio.

Vede que sou um arauto do raio e uma pesada gota que cai da nuvem. Mas esse raio se chama super-homem".

V.

Depois de pronunciar estas palavras, Zaratustra lançou um olhar sobre o povo e ficou calado. "Aí estão eles – disse em seu coração –, diante de mim, rindo-se. Nada compreendem. Não sou a boca que convém a esses ouvidos.

Terei de principiar por lhes arrebentar os ouvidos para que aprendam a ouvir com os olhos? Terei de tocar címbalos e gritar como pregadores de quaresma? Ou só acreditarão no que consegue dizer o gago?

Há uma coisa de que se sentem orgulhosos. Como chamam a essa coisa de que se sentem orgulhosos? Chamam-na de cultura. É o que os distingue dos pastores de cabras.

É por isso que não gostam em nada que se fale de seu "desdém". A seu orgulho, portanto, é que vou falar.

A eles vou falar do que é mais desprezível, isto é, do último homem."

E Zaratustra falava ao povo nestes termos:

"Chegou o tempo para que o homem se fixe em um objetivo. Chegou o tempo para que o homem semeie o germe de sua mais elevada esperança.

Para isso, seu solo é ainda bastante rico. Mas um dia pobre e árido será esse terreno e nele já não poderá germinar nenhuma grande árvore.

Ai! Aproxima-se o tempo em que o homem já não lançará por sobre o homem a flecha de seu desejo e em que a corda de seu arco terá desaprendido a vibrar.

Isso vos digo: é preciso ter ainda um caos dentro de si para gerar uma estrela que dança. Isso vos digo: tendes ainda um caos dentro de vós.

Ai! Aproxima-se o tempo em que o homem já não conseguirá gerar estrela alguma. Aproxima-se o tempo do mais desprezível dos homens, daquele que já não pode se desprezar a si mesmo.

Olhai! Vou mostrar-lhes o último homem.

'Que é o amor? Que é a criação? O que é um desejo ardente? O que é uma estrela?' Isso pergunta o último homem e pisca os olhos.

A terra se tornará então pequena, e sobre ela andará aos saltos o último homem, que torna tudo pequeno. Sua espécie é indestrutível como a do pulgão. O último homem será o que viver mais tempo.

'Descobrimos a felicidade' – dizem os últimos homens e piscam os olhos.

Abandonaram as regiões onde a vida era dura porque precisam de calor. Ainda amam o vizinho e se encostam nele porque uma pessoa necessita calor.

Doença e desconfiança são, a seus olhos, pecado. Anda-se com toda a cautela. Insensato aquele que ainda tropeça nas pedras e nos homens!

Vez por outra, algum veneno. É algo que proporciona agradáveis sonhos. E, no fim, muito veneno para morrer agradavelmente.

Trabalha-se ainda porque o trabalho distrai. Mas toma-se cuidados para que a distração não se transforme em cansaço.

Já não se sente necessidade de ser pobre ou rico. São duas coisas demasiado penosas. Quem quererá ainda governar? Quem quererá ainda obedecer? São duas coisas por demais penosas.

Nenhum pastor e só um rebanho! Todos querem a mesma coisa, todos são iguais. Aquele que pensar de modo diverso, que encaminhe voluntariamente seus passos para o manicômio.

'Em outros tempos, todos eram loucos', dizem os mais perspicazes e piscam os olhos.

Somos sábios e sabemos tudo o que se passou antigamente. Dessa maneira temos do que zombar sem cessar. Subsistirão ainda querelas, mas a reconciliação vem depressa, com receio de estragar a digestão.

Não vai faltar um pouco de prazer durante o dia e outro tanto durante a noite. Mas reverenciar-se-á a saúde.

'Descobrimos a felicidade', dizem os últimos homens e piscam os olhos."

Aqui terminou o primeiro discurso de Zaratustra, que também se chama prólogo, porque neste ponto foi interrompido pelos gritos e pelo alvoroço da multidão. "Dá-nos esse último homem, Zaratustra – exclamavam – torna-nos semelhantes a esses últimos homens! E fica com teu super-homem". E todo o povo se rejubilava e dava estalidos com a língua. Zaratustra ficou triste e disse para consigo mesmo:

"Não me compreendem de modo algum. Não sou boca para esses ouvidos.

Vivi tempo demais nas montanhas, escutei por demais os riachos e as árvores e agora lhes falo como se fala a um pastor de cabras.

Serena está minha alma, iluminada como a montanha pela manhã. Mas eles julgam que sou frio e me consideram astuto e farsante.

Aí estão eles, olhando para mim, rindo à toa e, enquanto se riem, mais me odeiam. Há gelo em seu riso".

VI.

Aconteceu então alguma coisa que fez emudecer todas as bocas e atraiu todos os olhares. Entrementes, pusera-se a trabalhar o equilibrista. Havia saído de uma pequena porta e andava pela corda presa a duas torres sobre a praça pública e a multidão. Quando estava justamente na metade do caminho, abriu-se outra vez a pequena porta, de onde saiu um rapaz, todo colorido, que parecia um palhaço. Com passos rápidos seguiu o primeiro. "Depressa, deficiente! – gritava com sua horrível voz – depressa, estúpido, falso, cara suja! Cuidado, que vou pisar teus calcanhares! Que fazes aqui entre estas torres? Na torre devias estar agora, pois estás obstruindo o caminho a outro melhor do que tu!" E a cada palavra, mais se aproximava. Mas quando estava a apenas a um passo do outro, aconteceu essa coisa terrível que fez calar todas as bocas e deixou todos os olhos imóveis. Lançou um grito diabólico e saltou por cima daquele que lhe interceptava o caminho. Este, ao ver seu rival vitorioso, perdeu a cabeça e a corda, largou a vara e, mais rápido que ela, precipitou-se no abismo como um redemoinho de braços e pernas. A praça e a multidão pareciam o mar quando se desencadeia a tormenta. Todos fugiram, uns se afastando dos outros, uns caindo sobre os outros, tentando escapar do local onde deveria se estatelar o corpo.

Zaratustra permaneceu imóvel. Justamente perto dele e a seus pés caiu o corpo, desconjuntado, quebrado, mas ainda vivo. Passado um momento, o ferido recuperou os sentidos e viu Zaratustra ajoelhado ao lado dele. "Que fazes aqui?" – disse finalmente – "Há muito tempo sabia que o diabo haveria de me derrubar. Agora vai me arrastar para o inferno. Queres impedi-lo?"

"Amigo – respondeu Zaratustra – palavra de honra que tudo isso de que falas não existe. Não há diabo nem inferno. Tua alma ainda há de morrer mais depressa que teu corpo. Por ora, nada temas".

O homem olhava desconfiado. "Se dizes a verdade – respondeu então – nada perco ao perder a vida. Não passo de uma besta que foi ensinada a dançar à força de pancadas e de fome".

"Certamente que não – disse Zaratustra –, fizeste do perigo teu ofício e isso nada tem de desprezível. Agora vais morrer por causa de teu ofício. Assim, vou te enterrar com minhas próprias mãos".

A essas palavras de Zaratustra, o moribundo já não respondeu. Moveu a mão como se procurasse a de Zaratustra para lhe agradecer.

VII.

Entretanto, a noite ia chegando e a praça se cobria de trevas. Então a multidão se dispersou porque até a curiosidade e o pavor se cansam. Sentado no chão junto do cadáver, Zaratustra estava mergulhado em suas reflexões. Esqueceu-se do tempo. Por fim, caiu a noite e sobre o solitário soprava um vento frio. Zaratustra ergueu-se então, e disse para si mesmo:

"Na verdade, Zaratustra fez hoje uma boa pesca! Não um homem, mas um cadáver!

Desconcertante é a vida humana e sempre desprovida de sentido. Basta um simples palhaço para lhe ser fatal.

Quero ensinar aos homens o sentido de sua existência, que é o super-homem, o relâmpago que surge da sombria nuvem chamada Homem.

Mas estou ainda bem longe deles e meu sentido nada diz a seus sentidos. Para os homens, ainda estou a meio caminho entre um palhaço e um cadáver.

Escura é a noite, escuros são os caminhos de Zaratustra. Vem, companheiro frio e rígido! Levar-te-ei ao lugar onde te enterrarei com minhas próprias mãos".

VIII.

Após dizer essas coisas para si mesmo, Zaratustra colocou o cadáver às costas e pôs-se a caminho. Não havia andado ainda cem passos quando se acercou furtivamente um homem e lhe cochichou ao ouvido. Ora, o que falava era o palhaço da torre. "Sai desta cidade, Zaratustra, – disse – há aqui muita gente que te odeia. Os bons e os justos te odeiam, te tratam como seu inimigo e aquele que os despreza. Os fiéis da verdadeira crença te odeiam e dizem que és um perigo para a multidão. Ainda tiveste sorte que se contentassem em rir-se de ti; para dizer a verdade, falaste como um palhaço. Tiveste sorte em te associar com o vilão desse morto. Rebaixando-te dessa forma, conseguiste salvar-te por hoje. Sai desta cidade, senão amanhã salto por sobre ti, um vivo por sobre um morto". Dito isto, o homem desapareceu e Zaratustra seguiu seu caminho pelas ruelas escuras.

À porta da cidade encontrou os coveiros. Aproximaram suas tochas do rosto dele e reconheceram Zaratustra. Começaram a zombar muito dele: "Zaratustra leva o cão espatifado! Bravo! Zaratustra se tornou coveiro! Nossas mãos são limpas demais para tocar nessa carcaça! Pois não é que Zaratustra quer roubar o petisco ao demônio! Bom proveito e bom apetite para o festim! Isso se o diabo não for melhor ladrão que Zaratustra e não roubar a ambos e os devorar!" E riam entre si, aos cochichos.

Zaratustra não respondeu palavra e seguiu seu caminho. Depois de ter caminhado por duas horas, beirando bosques e pântanos, cansou-se de ouvir os uivos dos lobos famintos e ele também passou a sentir fome. Por esse motivo parou diante de uma casa isolada onde brilhava uma luz.

"Apodera-se de mim a fome como um salteador – disse Zaratustra. No meio dos bosques e dos pântanos a fome me assalta, em plena noite.

Minha fome tem estranhos caprichos. Em geral só a sinto depois de comer, mas hoje durante o dia todo não a senti. Onde estaria se ocultando?"

Assim dizendo, Zaratustra bateu à porta da casa. Logo apareceu um velho com uma luz e perguntou: "Quem chega à minha casa para perturbar meu fraco sono?"

"Um vivo e um morto – respondeu Zaratustra. Dá-me de comer e de beber. Não pensei nisso durante o dia. Quem dá de comer ao faminto reconforta sua própria alma. Assim fala a sabedoria".

O velho se retirou, mas logo retornou e ofereceu a Zaratustra pão e vinho. "Região muito ruim é esta para os que têm fome – disse ele. Por isso moro aqui. Homens e animais se aproximam de mim, o eremita. Mas convida também teu companheiro para comer e beber. Ele está mais cansado que tu". Zaratustra respondeu: "Meu companheiro está morto. Não seria fácil convencê-lo a comer". O velho resmungou: "Nada tenho a ver com isto. Aquele que bate à minha porta deve receber o que lhe ofereço. Comei e revigorai-vos!"

Zaratustra caminhou por mais duas horas, confiando no caminho e na luz das estrelas porque estava acostumado às caminhadas noturnas e gostava de contemplar tudo quanto dorme. Quando começou a raiar o dia, encontrava-se numa espessa floresta e já não via mais caminho algum. Então colocou o cadáver no côncavo de uma árvore, junto a ele, pois queria livrá-lo dos lobos, e deitou-se no solo sobre o musgo. Logo adormeceu, com o corpo cansado mas com a alma tranquila.

IX.

Zaratustra dormiu muito tempo e por sobre seu rosto passou não só a aurora mas também a manhã. Por fim abriu os olhos. Maravilhado, Zaratustra media a floresta e o silêncio. Admirado, observava-se a si mesmo. Ergueu-se precipitado, como navegante que de súbito avista terra, e soltou um grito de alegria porque via uma verdade nova. E falou deste modo a seu coração:

“Uma luz invadiu minha alma. Preciso de companheiros, mas vivos, e não de companheiros mortos e cadáveres que carrego para onde quero ir.

Preciso de companheiros, mas vivos, que me sigam, porque eles próprios desejam seguir-me e seguir-me para onde quer que eu vá.

Uma luz se apoderou de mim. Não é à multidão que Zaratustra deve falar, mas a companheiros! Zaratustra não deve ser pastor de um rebanho nem cão do pastor!

Para seduzir muitos e para arrastá-los para fora do rebanho, foi para isso que vim. Contra mim devem se enraivecer povo e rebanho. Zaratustra quer ser visto pelos pastores como um salteador.

Eu digo pastores, mas eles a si mesmos gente de bem e justos. Eu digo pastores, mas eles se chamam os fiéis da verdadeira crença.

Vede esses bons e justos! A quem odeiam mais? Ao que lhes despedaça as tábuas de valores, o destruidor, o criminoso. Ora, esse é o criador.

O criador procura companheiros e não procura cadáveres e tão pouco rebanhos e fiéis. O criador procura criadores que colaborem com ele, esses que gravam valores novos em tábuas novas.

O criador procura companheiros que o auxiliem na colheita porque tudo está maduro para a ceifa. Faltam-lhe, porém, as cem foicinhas e por isso arranca as espigas com as mãos e se irrita.

O criador procura companheiros que saibam afiar suas foices. Serão chamados destruidores e desprezadores do bem e do mal. Mas eles são ceifeiros que primeiro ceifam e depois descansam.

Zaratustra procura co-criadores, homens que ceifem com ele e com ele descansem. Por que deveria se importar ele com rebanhos, pastores e cadáveres?

E tu, primeiro companheiro meu, descansa em paz! Eu te enterrei bem, em tua árvore oca, bem abrigado contra os lobos.

Eu te deixo, porém. O tempo já se completou. Entre uma aurora e outra, surgiu-me uma verdade nova.

Não devo ser pastor nem coveiro. Nunca mais tornarei a falar ao povo. Pela última vez falei com um morto.

Quero associar-me aos criadores, aos ceifeiros e aos que descansam depois de realizado o trabalho. Vou mostrar-lhes o arco-íris e todas as escadas que levam ao super-homem.

Entoarei meu canto aos solitários e aos que se retiraram para a solidão aos pares. E a quem ainda tiver ouvidos para as coisas inauditas quero entorpecer-lhes o coração com minha ventura.

Caminho para meu fim, sigo meu caminho. Vou saltar por cima dos hesitantes e por cima dos retardatários. Assim meu avanço desencadeará seu declínio!"

X.

Assim falara Zaratustra a seu coração, quando o sol ia atingindo a metade de seu curso. Depois dirigiu um olhar interrogador para o alto porque ouvia por cima de si o grito penetrante de uma ave. E viu uma águia que pairava nos ares descrevendo largos círculos e sustentando uma serpente que não parecia uma presa, mas uma amiga, pois se enroscava ao pescoço da ave.

"São meus animais! – disse Zaratustra, com o coração em regozijo.

O animal mais orgulhoso sob o sol e o animal mais astuto sob o sol saíram em exploração.

Querem saber se Zaratustra ainda vive. Na verdade, estarei ainda vivo?

Encontrei mais perigos entre os homens do que entre os animais. Por perigosas sendas segue Zaratustra. Que meus animais me guiem!"

Depois de dizer isto, Zaratustra lembrou-se das palavras do santo da floresta, suspirou e assim falou a seu coração:

"Devo ser mais sábio! Devo ter inata sabedoria, como minha serpente.

Peço, porém, o impossível. Vou pedir, portanto, a minha altivez que ande sempre ao lado de minha sabedoria!

E se um dia minha sabedoria me abandonar – ai! agrada-lhe tanto fugir! – possa então minha altivez voar com minha loucura!"

Assim começou o declínio de Zaratustra.

Os discursos de Zaratustra

Das Três Metamorfoses

Vou falar das três metamorfoses do espírito: como o espírito se transforma em camelo, e o camelo em leão, e o leão, finalmente, em criança.

Há muitas coisas pesadas para o espírito, para o espírito forte e sólido, imbuído de respeito. A força desse espírito reclama por coisas pesadas e das mais pesadas.

Que coisa é pesada? – pergunta o espírito transformado em besta de carga. E ajoelha-se como camelo e quer que a carga lhe seja bem colocada.

Qual é a coisa mais pesada, ó heróis? – pergunta o espírito transformado em besta de carga – para que eu a carregue e me rejubile com minha força?

Não será rebaixarmo-nos para nosso orgulho padecer? Deixar brilhar nossa loucura para zombarmos de nossa sensatez?

Ou será separarmo-nos de nossa causa quando ela celebra sua vitória? Escalar altas montanhas para tentar o tentador?

Ou será sustentarmo-nos com bolotas e erva do conhecimento e padecer fome na alma por causa da verdade?

Ou será estar enfermo e despedir os consoladores e travar amizade com surdos que nunca ouvem o que queremos?

Ou será submergirmo-nos em água lamacenta quando essa for a água da verdade e não afastarmos de nós as frias rãs e os quentes sapos?

Ou será amar os que nos desprezam e estender a mão ao fantasma que procura nos assustar?

O espírito transformado em besta de carga se sobrecarrega de todas essas coisas por mais pesadas que sejam. Como o camelo, apenas carregado, corre em direção ao deserto, assim se apressa o espírito para seu deserto.

Na extrema solidão do deserto, ocorre a segunda metamorfose. O espírito se torna leão. Pretende conquistar sua liberdade e ser o rei de seu próprio deserto.

Procura então seu último senhor. Quer ser seu inimigo e de seu último Deus. Para sair vencedor, quer lutar com o grande dragão.

Qual é o grande dragão a que o espírito já não quer chamar senhor nem Deus? "Tu deves", assim se chama o grande dragão. Mas o espírito do leão diz: "Eu quero".

"Tu deves" esbarra-lhe o caminho, resplandecente de ouro, coberto de escamas. E em cada uma de suas escamas brilha em letras douradas "Tu deves!"

Valores milenares brilham nessas escamas e o mais poderoso de todos os dragões fala assim: "Em mim brilha o valor de todas as coisas."

"Todos os valores já foram criados e eu sou todos os valores criados. Para o futuro não deve existir o 'Eu quero'!" Assim falou o dragão.

Meus irmãos, que falta faz o leão no espírito? Não bastará a besta de carga que se resigna e respeita?

Criar valores novos é coisa que o leão ainda não pode, mas criar a liberdade para criar novamente, isso pode fazer a força do leão.

Para criar a própria liberdade e dizer um sagrado não, mesmo perante o dever, para isso, meus irmãos, é preciso o leão.

Conquistar o direito de novos valores é a tarefa mais terrível para um espírito dócil e respeitoso. Para ele, na verdade, isto é uma rapina e coisa própria de um animal de rapina.

Como seu bem mais sagrado ele amava outrora o "Tu deves". Mesmo no que há de mais sagrado deverá agora encontrar apenas ilusão e arbitrariedade, se quiser arrancar à custa de seu amor sua liberdade. É preciso ser um leão para essa violência.

Dizei-me, porém, irmãos. Que poderá a criança fazer que não haja podido fazer o leão? Para que será preciso que o leão que ataca se transforme em criança?

A criança é inocência, esquecimento, um recomeço, um brinquedo, uma roda que gira por si própria, movimento primeiro, uma santa afirmação.

Sim, para o jogo da criação, meus irmãos, é preciso uma santa afirmação. O espírito quer agora sua própria vontade. Tendo perdido o próprio mundo, quer conquistar seu mundo.

Três metamorfoses do espírito vos mencionei. Como o espírito se transforma em camelo, o camelo em leão, e o leão, finalmente, em criança.

Assim falava Zaratustra. E nesse tempo morava na cidade que se chama "Vaca Malhada".

DAS CÁTEDRAS DA VIRTUDE

Fizeram o elogio a Zaratustra de um sábio que falava com conhecimento de causa do sono e da virtude. Por isso se via cumulado de honrarias e recompensas e todos os jovens acorriam para sentar-se junto de sua cátedra. Zaratustra foi ter com ele, e, como todos os jovens, tomou assento diante da cátedra. E o sábio falou assim:

"Honrai e respeitai o sono! Esse é o primeiro princípio. Fugi de todos os que dormem mal e ficam acordados à noite.

O próprio ladrão se envergonha em presença do sono. Sempre vagueia furtivo com seus passos leves durante a noite. Mas aquele que não dorme à noite é impudico e sem pudor carrega sua trompa.

Saber dormir não é coisa insignificante. Para isso é preciso ter estado acordado o dia inteiro.

Dez vezes ao dia deves saber vencer-te a ti mesmo. Isto cria uma fadiga considerável e esta é o ópio da alma.

Dez vezes deves reconciliar-te contigo mesmo porque vencer-se é amargo e o que não está reconciliado dorme mal.

Dez verdades deves procurar encontrar durante o dia, caso contrário, passarás a noite a procurar a verdade e tua alma acabará por ficar faminta.

Dez vezes ao dia precisas rir e conservar a alma serena, senão serás atormentado à noite por teu estômago, esse pai da melancolia.

Ainda que poucos o saibam, é preciso ter todas as virtudes para dormir bem.

Levantarei falsos testemunhos? Cometerei adultério?

Cobiçarei a empregada do vizinho? Tudo isso combinaria muito mal com um bom sono.

Mesmo no caso de possuir todas as virtudes, seria preciso acrescentar outra coisa: mandar dormir a tempo as próprias virtudes.

É preciso que estas belas jovens não entrem em desavença! E por tua causa, infeliz!

Fica em paz com Deus e com teu próximo. Assim o requer o bom sono. E também paz com o diabo de teu próximo, caso contrário, te atormentará durante a noite.

Honra e obediência às autoridades, mesmo para com a autoridade que claudica! Assim o exige o bom sono! Que posso fazer, se o poder gosta de andar com pernas tortas?

Aquele que conduz suas ovelhas ao prado mais viçoso, para mim será sempre o melhor pastor. Isso favorece um bom sono.

Não quero muitas honras nem grandes tesouros. Isso exacerba a bílis. Dorme-se mal, porém, sem uma boa reputação e sem um pequeno tesouro.

Gosto mais de breve companhia do que má companhia, mas é preciso que venha e se vá embora no momento oportuno. Isto o bom sono o exige.

Gosto muito também dos pobres de espírito. Favorecem o sono. São bem-aventurados, mormente quando se lhes dá sempre razão.

Assim passa o dia para os virtuosos. Quando chega a noite, evito de chamar o sono. O sono, que é o senhor das virtudes, não quer ser chamado.

Revejo somente o que fiz e o que pensei durante o dia. Ruminando, paciente como uma vaca, vou me perguntando: Quais foram então tuas dez vitórias sobre ti mesmo?

E quais foram as dez reconciliações e as dez verdades e as dez risadas, com que se alegrou meu coração?

Remoendo essas coisas e acalentado por quarenta pensamentos, de súbito cai o sono, que não foi chamado, este senhor das virtudes.

O sono atinge meus olhos que se tornam pesados. O sono toca meus lábios que então ficam entreabertos.

Na verdade, vem chegando com passos aveludados, o mais querido dos ladrões, e rouba meus pensamentos. De pé, fico estático como esta cátedra.

Mas logo não poderei mais ficar de pé. Aí estou eu já deitado".

Depois de ouvir o sábio falar desse modo, Zaratustra riu-se consigo mesmo, pois uma luz havia surgido nele. E então falou para si mesmo:

"Parece-me doido este sábio com seus quarenta pensamentos, mas em relação ao sono acredito que entenda bem.

Feliz daquele que mora perto desse sábio! Um sono como esse é contagioso, mesmo através de uma espessa parede.

Sua própria cátedra emana um encanto. E não era em vão que os jovens estavam sentados diante do pregador da virtude.

Sua sabedoria consiste nisto: velar para dormir bem. E, na verdade, se a vida não tivesse sentido e eu tivesse de escolher um contra-senso, esse absurdo me pareceria o mais digno de escolha.

Agora compreendo o que se procurava antes de tudo outrora, quando se procurava mestres de virtude. O que se procurava era um bom sono para si próprio e, para isso, virtudes entorpecentes.

Para todos esses sábios de renome em suas cátedras de sabedoria, a sabedoria era o sono sem sonhos. Não conheciam melhor sentido para a vida.

Ainda hoje existem alguns como esse pregador da virtude, e nem sempre tão honestos como ele. Mas seu tempo já passou. E ainda bem não estão em pé. Já estão deitados.

Felizes desses sonolentos, porque não tardarão a adormecer."

Assim falava Zaratustra.

Sobre Aqueles que Acreditam no Além

Um dia, Zaratustra, ele também como todos os alucinados pelo além, elevou sua ilusão para além do homem. Obra de um deus sofredor e atormentado, assim me pareceu então o mundo.

"O mundo me parecia um sonho, ficção de um deus, vapor colorido diante dos olhos de um ser divinamente descontente.

Bem e mal, alegria e desgosto, eu e tu, tudo me parecia mais vapor colorido diante dos olhos criadores. O criador queria desviar de si mesmo o olhar e então criou o mundo.

Para quem sofre é alegria inebriante desviar seus olhos do sofrimento e esquecer. Alegria inebriante e esquecimento de si mesmo, assim me pareceu um dia o mundo.

Esse mundo, o eternamente imperfeito, imagem de uma eterna contradição, imagem imperfeita, sonho inebriante de seu imperfeito criador. Tal me pareceu um dia o mundo.

Da mesma maneira, como o fazem todos os visionários do

além, eu também projetei minha ilusão para além do homem. Para além do homem, realmente?

Ah! Meus irmãos! Esse deus que eu criei, era obra humana e humano delírio, como todos os deuses.

Era homem, somente um fragmento de homem e de mim. Esse espectro saiu de minha própria cinza e de minha própria chama. Certamente nunca veio do além.

Que aconteceu, meus irmãos? Eu, que sofria, consegui dominar-me. Levei minha própria cinza para a montanha; inventei para mim uma chama mais brilhante. E eis que o espectro se dissipou diante de mim!

Seria para mim um sofrimento e um tormento crer em semelhantes fantasmas. Seria sofrimento e humilhação. Assim falo aos que crêem em mundos do além.

Sofrimentos e impotência. Aí está o que criaram todos os além-mundos. Esse breve delírio de felicidade só o conhece aquele que mais sofre.

A fadiga, que de um salto, um salto perigoso, quer atingir o extremo, uma fadiga pobre e ignorante que não quer ao menos um querer maior. Foi ela que criou todos os deuses e todos os além-mundos.

Acreditai em mim, meus irmãos! Foi o corpo que se desesperou do corpo que tateou com os dedos do espírito desnorteado as últimas paredes.

Acreditai em mim, meus irmãos! Foi o corpo que se desesperou com a terra, que ouvia as entranhas do ser lhe falar.

Quis então passar para além das últimas muralhas sua cabeça e não somente a cabeça, mas todo inteiro quis passar para o "outro mundo".

Mas esse "outro mundo", esse mundo desumano, esse mundo desnaturado, que é um nada celeste, jamais fala às entranhas do ser, mas somente através da voz do próprio homem.

Na verdade, é deveras difícil demonstrar o ser, e difícil fazê-lo falar. Dizei-me, meus irmãos! A mais insólita de todas as coisas não será a melhor demonstrada?

Com efeito, este Eu, cheio de contradição e confusão, é ainda o que mais lealmente fala de seu ser, este Eu que cria, que quer, que avalia, que é a medida e o valor das coisas.

E este ser lealíssimo, o Eu, fala do corpo, e quer o corpo, mesmo quando sonha, divaga e com suas asas partidas bate o ar.

Este Eu aprende a falar sempre mais lealmente. Quanto mais aprende, mais palavras acha para elogiar o corpo e a terra.

Meu Eu me ensinou um novo orgulho que ensino aos homens: não ocultar a cabeça nas areias das coisas celestes, mas levar com sobranceria e erguida uma cabeça terrestre que confere à terra um sentido.

Ensino aos homens uma nova vontade: querer esse caminho que o homem seguiu cegamente, considerá-lo bom e não se afastar dele furtivamente como os enfermos e os moribundos!

Foram os enfermos e os moribundos que menosprezaram o corpo e a terra, inventando as coisas celestes e as gotas de sangue redentor. Mas até esses doces e lúgubres venenos os tomaram do corpo e da terra!

Queriam fugir da sua miséria e as estrelas estavam demasiado longe para eles. Então suspiraram: "Oh! Se houvesse caminhos celestes para furtivamente deslizar para outro ser, outra felicidade!" Então inventaram seus artifícios e suas beberagens sangrentas.

E julgaram-se então arrebatados para longe de seu corpo e desta terra, esses ingratos! A quem deviam, porém, o espasmo e o deleite de seu arroubo? A seu corpo e a esta terra.

Zaratustra é indulgente com os enfermos. Não se irrita com seus modos de se consolarem, nem com sua ingratidão. Que se curem, que se superem e criem para si próprios um corpo superior!

Zaratustra também não se irrita com o convalescente quando este olha com carinho para suas ilusões e à meia-noite vai rodear a tumba de seu Deus. Mas suas lágrimas continuam sendo para mim enfermidade e corpo enfermo.

Sempre houve muitos enfermos entre os que sonham e suspiram por Deus. Odeiam furiosamente aquele que busca o saber e a esta virtude, dentre todas a mais nova, que se chama lealdade.

Olham sempre para trás, para tempos obscuros. Certamente, nesse tempo, ilusão e fé eram bem outra coisa. A demência da razão era coisa que aproximava de Deus e a dúvida era pecado.

Conheço por demais esses homens que se consideram semelhantes a Deus. Querem que se acredite neles e que a dúvida seja pecado. Também sei muito bem no que é que eles próprios acreditam mais.

Na verdade, não é nos mundos do além e em gotas de sangue redentor. Acreditam sobretudo no corpo e seu próprio é para eles a coisa em si.

Mas para eles é coisa doentia e de boa vontade gostariam de sair da própria pele. Por isso escutam os pregadores da morte e eles mesmos pregam os além-mundos.

Escutai de preferência, meus irmãos, a voz do corpo sadio. Esta voz é mais leal e mais pura.

O corpo sadio, perfeito e bem estruturado, fala com mais lealdade e mais pureza. Fala do sentido da terra".

Assim falava Zaratustra.

Daqueles que Desprezam o Corpo

Aos que desprezam o corpo tenho uma palavra a dizer. Não lhes peço para mudar de opinião e de doutrina, mas somente para se desfazerem de seu próprio corpo e dessa maneira se tornarão mudos.

"Eu sou corpo e alma" – assim fala a criança. E por que não haveríamos de falar como as crianças?

Mas o homem desperto, aquele que sabe diz: "Eu sou todo corpo e nada mais. A alma é apenas designativo de qualquer coisa do corpo".

O corpo é uma grande razão, uma pluralidade com um só sentido, uma guerra e uma paz, um rebanho e um pastor.

Instrumento de teu corpo é também tua razão pequena, a que chamas espírito, meu irmão, pequeno instrumento e brinquedo de tua grande razão.

Tu dizes "Eu" e te orgulhas dessa palavra. Mas coisa bem maior, aquela em que te recusas a acreditar, é teu corpo e tua grande razão. Ele não diz Eu, mas procede como Eu.

O que o sentido percebe, o que o espírito conhece, nunca em si tem seu fim. Mas sentido e espírito quereriam convencer-te de que são fim de todas as coisas, tamanha é sua soberba.

Sentidos e espírito não passam de instrumentos e brinquedos. Por detrás deles se encontra o Em si. O Em si utiliza-se dos olhos dos sentidos para se informar e escuta com os ouvidos do espírito.

O Em si está sempre à escuta, confronta, submete, conquista, destrói. Comanda e é também soberano do Eu.

Por detrás de teus pensamentos e sentimentos, meu irmão, há um senhor poderoso, um guia desconhecido que se chama "Em si". Habita em teu corpo, é teu corpo.

Há mais razão em teu corpo do que em tua melhor sabedoria. E quem sabe por que é que teu corpo necessita precisamente de tua melhor sabedoria?

Teu Em si se ri de teu Eu e de seus impulsos arrogantes. "Que significam para mim esses impulsos e esses vôos da razão? – diz. Eles me desviam de meu objetivo. Eu sou o guia do Eu e lhe inspiro seus conceitos.

O Em si diz ao Eu: "Experimenta agora uma dor!" E então sofre e reflete sobre a maneira de não sofrer mais. E precisamente para isso deve pensar.

O Em si diz ao Eu: "Experimenta agora prazer!" Então se alegra e passa a refletir sobre a maneira de provar muitas vezes mais a alegria. E precisamente para isso deve pensar.

Aos que desprezam o corpo quero dizer uma coisa. Aquilo que desprezam é o que faz com que eles sintam estima. Quem criou estima e desprezo, valor e vontade?

O Em si criador é que criou para si mesmo estima e desprezo, criou prazer e sofrimento. O corpo criador criou para si mesmo o espírito, como se fosse uma mão de sua vontade.

Até em vossa loucura e em vosso desdém, desprezadores do corpo, servis vosso Em si. Eu vos digo: é vosso Em si que quer morrer e se afasta da vida.

Já não pode fazer o que mais desejaria: criar acima e além de si mesmo. É isso o que ele mais deseja, é esse seu anseio supremo.

O tempo para isso, porém, já se esgotou. Por isso, vosso Em si que declinar, ó desprezadores do corpo!

Vosso Em si quer entrar no declínio. Por isso, vos tornastes desprezadores do corpo! Porque não podeis mais criar acima e para além de vós mesmos.

Por isso vos revoltais agora contra a vida e a terra. No olhar oblíquo de vosso menosprezo transparece um ciúme secreto.

Eu não sigo vosso caminho, desprezadores do corpo! Para mim, não sois pontes que levam ao super-homem!"

Assim falava Zaratustra.

Das Paixões de Alegria e Dor

Meu irmão, quando possuis uma virtude e essa virtude é tua, não a tens em comum com ninguém.

Certamente, tu queres chamá-la por seu nome e acariciá-la. Podes querer puxar-lhe a orelha e brincar com ela.

E agora vês que tens em comum com o povo o nome de tua virtude e com ela te tornaste povo e rebanho!

Melhor seria dizer: "Inefável e sem nome é o que constitui o tormento e a doçura de minha alma e que é também a fome de minhas entranhas".

Se tua virtude for demasiado elevada para a familiaridade de denominações e se necessitas falar dela, não te envergonhes de balbuciar.

Fala e balbucia assim: "Este é meu bem que amo, só assim me agrada inteiramente, só assim é que quero o bem!

Não o quero como mandamento divino, nem como uma lei e uma necessidade do homem. Que não me apareça como guia de caminhos para regiões supraterrestes e paraísos!

O que eu amo é uma virtude terrena, pouca prudência há nela e também não possui muito da razão universal.

Esse pássaro, porém, construiu seu ninho em mim. Por isso o amo e o aperto em meu peito. Agora incuba em mim seus ovos de ouro".

É assim que deves balbuciar e elogiar tua virtude.

Outrora tinhas paixões e as chamava de más. Agora, porém, só tens tuas virtudes. Nasceram de tuas paixões.

Puseste nessas paixões teu objetivo supremo. Então passaram a ser tuas virtudes e tuas alegrias.

Ainda que fosses da raça dos coléricos ou dos voluptuosos ou dos fanáticos, ou dos vingativos, todas as tuas paixões acabariam por se transformar em virtudes, todos os teus demônios em anjos.

Antes tinhas em teu esconderijo cães selvagens, mas acabaram por se converter em pássaros e simpáticos cantores.

Com teus venenos preparaste teu bálsamo; ordenhaste tua vaca Tribulação e agora bebes de seu saboroso leite.

E nenhum mal nasce de ora em diante de ti, a não ser aquele que brota da luta de tuas virtudes.

Meu irmão, és feliz se só tens uma virtude e não várias, pois haverás de passar mais rapidamente a ponte.

É uma distinção ter muitas virtudes, mas é dura sorte também. Não são poucos os que se têm ido matar no deserto, cansados de serem combate e campo de batalha de virtudes.

Guerra e batalha, meu irmão, serão um mal? São um mal necessário. A inveja, a desconfiança e a calúnia são necessárias entre tuas virtudes.

Repara como cada uma de tuas virtudes deseja o mais alto que há. Quer todo o teu espírito para seu arauto, quer tua força toda na cólera, no ódio e no amor.

Cada virtude é ciosa das outras virtudes e o ciúme é uma coisa terrível. Também há virtudes que podem morrer de ciúme.

Aquele que anda cercado pela chama do ciúme acaba, como o escorpião, por voltar contra si mesmo o ferrão envenenado.

Ah, meu irmão! Nunca viste uma virtude caluniar-se e matar-se a si mesma?

O homem é alguma coisa que deve se superar. Por isso necessitas amar tuas virtudes, porque por elas morrerás.

Assim falava Zaratustra.

Do Pálido Criminoso

Vós, juízes e sacrificadores, não quereis matar enquanto a besta não tiver inclinado a cabeça? Vede, o pálido criminoso inclinou a cabeça e seu olhar exprime o supremo desprezo.

"Meu Eu é o que deve ser superado. Meu Eu é para mim o grande desprezo do homem". Assim fala este olhar.

Seu momento maior foi aquele em que a si mesmo se condenou. Não deixeis o sublime recair em sua baixeza!

Para aquele que tanto sofre por si, não há redenção, a não ser na morte rápida.

A morte que infligis, ó juízes, que seja compaixão e não, vingança. Ao matar, procurai justificar a própria vida.

Não basta reconciliar-vos com vossa vítima. Que vossa tristeza seja amor pelo super-homem. Assim justificareis vossa sobrevivência!

Deveis dizer "inimigo", não "malfeitor"; "enfermo" e não "infame"; "insensato" e não "pecador".

E tu, juiz vermelho, se dissesses em voz alta o que fizeste já em pensamento, toda gente gritaria: "Abaixo essa imundície! Abaixo esse verme venenoso!"

Uma coisa, porém, é o pensamento, outra o ato, outra ainda a imagem do ato. A engrenagem da causalidade não gira entre eles.

Uma imagem fez empalidecer esse homem pálido. Ele estava à altura de seu ato quando o perpetuou, mas não suportou sua imagem depois de o ter consumado.

Sempre se viu apenas, desde então, como o autor de um único ato. Eu chamo isso loucura; o que para ele era exceção converteu-se em essência.

Um risco de giz hipnotiza a galinha. O ato praticado hipnotizou sua pobre razão. A isso é que chamo loucura depois do ato.

Ouvi, juízes! Há ainda outra loucura. A loucura antes do ato. Ah! Não penetrastes ainda profundamente nessa alma.

O juiz vermelho fala assim: "Por que foi que este criminoso matou? Para roubar". Mas eu vos digo: Sua alma queria sangue e não o roubo. Tinha sede do prazer da faca!

Sua pobre razão, porém, não compreendia essa loucura e ela o convenceu. "Que importa o sangue? – disse ela. Nem ao menos desejas roubar, ao fazeres isso? Nem te vingar?"

E atendeu sua pobre razão, cuja linguagem pesava sobre ele como chumbo. Então, depois de matar, roubou. Não queria se envergonhar de sua loucura.

E agora novamente pesa sobre ele o chumbo de seu crime e sua pobre razão está de novo tão embotada, tão paralisada, tão torpe!

Se ao menos pudesse sacudir a cabeça, seu fardo cairia. Mas quem poderá sacudir esta cabeça?

Quem é este homem? Um conjunto de doenças que atravessaram o espírito para se espalhar pelo mundo e nele procurar sua presa.

Quem é este homem? Um nó de serpentes ferozes que raramente estão em paz umas com as outras. Por isso cada qual segue pelo mundo, abrindo seu caminho à procura de presa.

Vede este pobre corpo! Nos sofrimentos e nos desejos deste corpo, sua pobre alma encontrou um sentido. Interpretou-o como sede e desejo sanguinário do prazer da faca.

Aquele que cai doente agora, sucumbe ao mal de hoje, que é mal agora e quer fazer sofrer os outros com aquilo que o faz sofrer. Mas houve outros tempos e outro tipo de mal e outro bem.

Outrora a dúvida era um mal e também a vontade do Em si. Então o enfermo era herege e bruxa. Como herege e bruxa padecia e fazia sofrer.

Mas são coisas que vos recusais a ouvir. Prejudica, dizeis, a vossas pessoas de bem. Mas que me importam vossas pessoas de bem?

De muitas maneiras vossas pessoas de bem me causam repugnância, e de certo não é por aquilo que têm de mau. Gostaria que tivessem uma loucura que as levasse a sucumbir, como esse pálido criminoso.

Gostaria, na verdade, que sua loucura se chamasse verdade ou fidelidade ou justiça. Mas eles têm virtude para viver longo tempo em mísera conformidade.

Eu sou um anteparo na margem do rio. Que me agarre quem puder me agarrar. Mas não sou vossa muleta.

Assim falava Zaratustra.

Ler e Escrever

De tudo quanto se escreve, só me agrada o que alguém escreveu com seu sangue. Escreve com sangue e descobrirás que o sangue é espírito.

Não é nada fácil compreender o sangue alheio. Eu detesto todos os ociosos que lêem.

Aquele que conhece o leitor já nada faz pelo leitor. Mais um século de leitores e o próprio espírito terá mau cheiro.

Que toda a gente tenha o direito de aprender a ler é coisa que desgasta, não somente a arte de escrever, mas também de pensar.

Outrora o espírito era Deus. Depois se fez homem e agora se transformou em poviléu.

Aquele que escreve com sangue e em máximas não quer ser lido, mas decorado.

Nas montanhas, o caminho mais curto é o que vai de cimo a cimo. Mas para isso é preciso ter pernas altas. As máximas devem ser cumes e aqueles a quem são destinadas devem ser homens altos e esbeltos.

O ar leve e puro, o perigo próximo e o espírito cheio de uma alegre malícia, tudo isto se harmoniza muito bem.

Gosto de ver duendes em torno de mim porque sou corajoso. A coragem afugenta os fantasmas, mas cria seus próprios duendes. A coragem gosta de rir.

Eu já não sinto as coisas como vós. Essa nuvem que distingo abaixo de mim, essas coisas negras e pesadas de que me rio, é precisamente vossa nuvem tempestuosa.

Vós olhais para cima quando aspirais em vos elevar. Eu, como estou no alto, olho para baixo.

Qual de vós pode se conservar no alto e rir ao mesmo tempo?

Aquele que escala elevados montes ri-se de todas as tragédias apresentadas em palco e de todas as tragédias da vida.

Corajosos, despreocupados, zombeteiros, brutais, é assim que nos quer a sabedoria. Mulher que só pode amar guerreiros.

Vós me dizeis: "A vida é um fardo pesado." Mas para que serve esse vosso orgulho pela manhã e essa vossa resignação à tarde?

A vida é um fardo pesado, mas não vos mostreis tão delicados. Todos não passamos de belos jumentos e belas jumentas de carga.

Que temos em comum com o cálice de rosa que verga sob o peso de uma gota de orvalho?

É verdade: amamos a vida não porque estejamos habituados à vida, mas estamos habituadas a amar.

Há sempre algo de loucura no amor, mas também há sempre algo de razão na loucura.

E eu, que estou de bem com a vida, creio que aqueles que mais entendem de felicidade são as borboletas e as bolhas de sabão e tudo o que entre os homens se lhes assemelhe.

Ver girar essas pequenas almas leves, loucas, graciosas e que se movem é o que arranca de Zaratustra lágrimas e canções.

Eu só poderia acreditar num Deus que soubesse dançar.

E quando vi meu demônio, pareceu-me sério, grave, profundo, solene. Era o espírito da gravidade. Ele é que faz cair todas as coisas.

Não é com ira, mas com riso que se mata. Coragem! Vamos matar o espírito da gravidade!

Eu aprendi a andar. Desde então, passei por mim mesmo a correr. Eu aprendi a voar. Desde então, não quero que me empurrem para mudar de lugar.

Agora sou leve, agora vôo, agora vejo por baixo de mim mesmo, agora um Deus dança em mim.

Assim falava Zaratustra.

A Árvore da Montanha

Os olhos de Zaratustra tinham visto que um jovem o evitava. E uma tarde, ao atravessar sozinho as montanhas que cercam a cidade denominada 'Vaca Malhada', encontrou esse jovem sentado ao pé de uma árvore, dirigindo ao vale um olhar fatigado. Zaratustra enlaçou a árvore a que o jovem se encostava e disse:

"Se eu quisesse sacudir esta árvore com minhas mãos não conseguiria, mas o vento, que não vemos, açoita-a e dobra-a como lhe apraz. Da maneira mais rude, mãos invisíveis nos açoitam e nos dobram."

A essas palavras, o jovem levantou-se assustado e disse: "Estou ouvindo Zaratustra e exatamente agora estava pensando nele".

"Por que te assustas? O que acontece à árvore, acontece ao homem.

Quanto mais aspira a subir para as alturas e para a luz, mais vigorosamente enterra as suas raízes para baixo, para o tenebroso, para o profundo; para o mal."

"Sim, para o mal!" – exclamou o jovem. "Como é possível teres descoberto minha alma?"

Zaratustra sorriu e disse: "Há almas que nunca haveremos de descobrir, a não ser que as inventemos."

"Sim, para o mal!" – exclamou outra vez o jovem.

"Disseste a verdade, Zaratustra. Já não tenho confiança em mim desde que aspiro elevar-me às alturas e ninguém tem confiança em mim. A que se deve isto?

Eu me transformo depressa demais. Meu hoje contradiz meu ontem. Com frequência salto degraus quando subo, coisa que os degraus não me perdoam.

Quando chego em cima, sempre me encontro só. Ninguém me fala. O frio da solidão me faz tiritar. Que é que quero, então, nas alturas?

Meu desprezo e meu desejo crescem juntos. Quanto mais me elevo mais desprezo aquele que se eleva. Que é que ele quer, pois, nas alturas?

Como me envergonho de subir e de tropeçar! Como me rio de ficar tão ofegante! Como odeio o que voa! Como me sinto cansado lá no alto!"

O jovem calou. Zaratustra olhou atento a árvore junto à qual se encontravam e falou assim:

"Esta árvore cresceu solitária na montanha. Cresceu muito e bem acima de homens e animais.

E se quisesse falar, ninguém haveria que a pudesse compreender, de tanto que cresceu.

Agora espera e continua esperando. Mas o que espera? Habita perto demais das nuvens. Acaso espera o primeiro raio?"

Quando Zaratustra acabou de dizer isto, o jovem exclamou com gestos veementes: "É verdade, Zaratustra, falas a verdade. Eu desejei minha queda ao querer chegar às alturas, e tu és o raio que eu esperava. Olha! Que sou eu, desde que tu nos apareceste? A inveja que tenho de ti é que me destruiu!" Assim falou o jovem e chorou amargamente. Zaratustra o abraçou e o levou consigo.

Depois de andarem juntos durante algum tempo, Zaratustra começou a falar assim:

"Tenho o coração dilacerado. Melhor do que tuas palavras, falam-me teus olhos de todo o perigo que corres.

Ainda não és livre, ainda procuras a liberdade. Tua busca te impôs noites em claro e longas vigílias.

Queres escalar as livres alturas. Tua alma está sedenta de estrelas, mas também teus maus instintos têm sede de liberdade.

Teus cães selvagens querem correr em liberdade. Ladram de alegria em seu covil quando teu espírito se esforça em abrir todas as prisões.

Para mim, és ainda um preso que sonha com a liberdade. Ai! A alma desses presos se torna assim prudente, mas também astuta e má.

Até o que se libertou em espírito necessita ainda purificar-se. Ainda lhe restam muitos vestígios de prisão e de mofo. E preciso ainda que sua vista se purifique.

Sim, conheço teu perigo. Mas, em nome de meu amor e de minha esperança, eu te exorto a não repudiar nem teu amor nem tua esperança!

Ainda te reconheces nobre, assim como nobre te reconhecem os outros, os que se irritam contigo e os que te olham com maus olhos. Fica sabendo que todos tropeçam com algum nobre em seu caminho.

Também os homens de bem tropeçam com algum nobre em seu caminho e mesmo que o chamem de homem de bem, é tão somente porque querem tirá-lo de seu caminho.

O nobre quer criar alguma coisa nobre e uma nova virtude. O homem de bem deseja o que é velho e conservar tudo o assim é.

O perigo do nobre, porém, não é tornar-se homem de bem, mas insolente, zombeteiro e destruidor.

Ah! Eu conheci nobres que perderam sua mais elevada esperança! Desde então, passaram a caluniar todas as elevadas esperanças.

Desde então têm vivido de maneira insolente e com breves alegrias, sem ver mais além que o fim de um dia para outro.

'O espírito é também voluptuosidade', diziam. Então eles quebraram as asas de seu espírito. Agora rasteja de um lado para outro e macula tudo quanto consome.

Em outros tempos pensavam em tornar-se heróis. Hoje, são apenas gente que se diverte. O herói é para eles aversão e desgosto.

Mas, em nome de meu amor e de minha esperança, exorto-te: não repudies o herói que há em tua alma! Venera como sagrada tua mais elevada esperança!"

Assim falava Zaratustra.

Dos Pregadores da Morte

Há pregadores da morte e a terra está cheia de indivíduos a quem é preciso pregar a renúncia à vida.

A terra está cheia de supérfluos e os que estão aí em demasia estragam a vida. Tirem-nos desta com o engodo da "eterna"!

"Amarelos" se costuma chamar aos pregadores da morte, ou então "pretos". Eu, porém, quero apresentá-los também sob outras cores.

Terríveis são os que têm dentro de si a fera e que só podem escolher entre as concupiscências e as mortificações. E até mesmo seus prazeres são mortificação.

Esses temíveis que sequer se tornaram homens ainda. Que preguem, pois, a renúncia à vida e que eles também desapareçam!

Aí estão os tísicos da alma. Mal nasceram e já começaram a morrer e sonham com doutrinas de cansaço e de renúncia.

Quereriam estar mortos e nós devemos aceitar seus desejos. Livremo-nos de acordar esses mortos e de tocar em suas sepulturas.

Encontram um doente, um velho ou um cadáver e de imediato dizem: "A vida está reprovada!"

Os reprovados, contudo, são eles unicamente, eles e seus olhos que só vêem um aspecto de sua existência.

Confinados em densa melancolia e ávidos dos leves acidentes que matam, ficam esperando, com dentes cerrados.

Ou então estendem a mão para doces e zombam de suas próprias criancices. Estão encostados à de sua vida como uma palha e escarnecem do fato de se apoiarem ainda a uma palha.

Sua sabedoria diz: "Louco é aquele que se agarra à vida, mas neste ponto nós somos loucos! E esta é a maior loucura da vida!"

"A vida não é só sofrimento", dizem outros, e não mentem. Tratai pois de abreviar a vossa. Fazei cessar a vida que é só sofrimento!

Eis o ensinamento de vossa virtude: "Tu deves te suicidar! Deves desaparecer diante de ti mesmo!"

"A luxúria é pecado" – dizem alguns dos que pregam a morte. "Separemo-nos e deixemos de gerar filhos!"

"É doloroso dar à luz" – dizem outros. "Para que continuar a dar à luz?" Também esses são pregadores da morte.

"É preciso ser compassivo" – dizem os terceiros. "Tomai e levai o que tenho. Tomai e levai o que sou! Assim ficarei menos preso à vida."

Se fossem verdadeiramente compassivos, procurariam tornar insuportável a vida do próximo. Serem maus, seria a verdadeira bondade.

Eles, porém, querem libertar-se da vida. Que lhes importa prender outros a ela mais estreitamente com suas correntes e suas dádivas?

E vós também, para quem a vida é um trabalho selvagem e inquietação, não estais muito cansados da vida? Não estais bastante preparados para a pregação da morte?

Vós todos que amais o trabalho selvagem e tudo o que é rápido, novo, desconhecido, mal vos suportai-vos a vós mesmos. Vossa atividade é fuga e vontade de vos esquecerdes de vós mesmos.

Se tivésseis mais fé na vida, não vos entregaríeis tanto ao momento presente. Mas não tendes consistência alguma para a espera nem para a preguiça.

Por toda parte ressoa a voz dos que pregam a morte e a terra está cheia daqueles a quem convém pregar a morte.

Ou "a vida eterna" – que para mim é o mesmo – contanto que se vão depressa.

Assim falava Zaratustra.

Da Guerra e dos Guerreiros

Não queremos ser poupados por nossos melhores inimigos, nem tão pouco por aqueles a quem amamos de coração. Deixai-me, portanto, dizer-vos a verdade!

Meus irmãos na guerra! Amo-vos de todo o coração. Eu sou e sempre fui dos vossos. Também sou vosso inimigo. Deixai-me, portanto, dizer-vos a verdade!

Conheço o ódio e a inveja de vosso coração. Não sois bastante grandes para não conhecer o ódio e a inveja. Sede, pois, bastante grandes para não vos envergonhardes disso!

Se não podeis ser os santos do conhecimento, sede ao menos seus guerreiros. Eles são os companheiros e os precursores dessa santidade.

Vejo muitos soldados. Oxalá possa ver muitos guerreiros. Chama-se "uniforme" aquilo que trajam. Não seja, porém, uniforme o que esse traje oculta!

Para mim, vós deveis ser daqueles cujos olhos procuram sempre um inimigo, vosso inimigo. Em alguns de vós se descobre o ódio à primeira vista.

Vós deveis procurar vosso inimigo e fazer vossa guerra, uma guerra por vossos pensamentos. Se vosso pensamento vier a sucumbir, vossa lealdade, contudo, deve cantar vitória.

Amai a paz como um meio para novas guerras e amai mais a breve paz que a prolongada.

Não vos aconselho o trabalho, mas o combate. Não vos aconselho a paz, mas a vitória. Seja vosso trabalho uma batalha! Seja vossa paz uma vitória!

Não é possível ficar calado e permanecer em paz senão quando se tem flechas no arco. Caso contrário, passa-se o tempo em questionamentos. Seja a vossa paz uma vitória!

Dizeis que é a boa causa que santifica também a guerra? Eu vos digo: a boa guerra é a que santifica todas as coisas.

A guerra e a coragem têm feito mais grandes coisas do que o amor ao próximo. Não foi vossa piedade mas vossa bravura que até hoje salvou os desafortunados.

O que é bom? – perguntais. Ser valente é bom. Deixai as meninas dizerem: “Bom é o bonito e o comovente”.

Chamam-vos gente sem coração. Mas vosso coração é sincero, e me agrada a modéstia de vossa cordialidade. Envergonhai-vos de vosso fluxo, enquanto os outros se envergonham de seu refluxo.

Sois feios? Que o seja, meus irmãos, coragem! Envolvei-vos de modo sublime, com o manto da fealdade.

Quando vossa alma cresce, torna-se arrogante e há maldade em vossa elevação. Eu vos conheço.

Na maldade, a arrogância se encontra com a debilidade, mas não se compreendem. Conheço-vos.

Só deveis ter inimigos para os odiar e não para os desprezar. Deveis sentir-vos orgulhosos de vosso inimigo. Então os triunfos dele serão também vossos.

A revolta é a nobreza do escravo. Seja a obediência vossa nobreza. Que vosso próprio comando seja também obediência!

Para o verdadeiro homem de guerra soa melhor “Tu deves” do que “Eu quero”. E mesmo tudo o que vos é caro, procurai antes de mais nada que também esse vos seja comandado.

Que vosso amor à vida seja o amor pela mais elevada esperança e que vossa mais elevada esperança seja o mais alto pensamento da vida.

Mas vosso pensamento mais alto deveis ouvi-lo de mim e é este: o homem é algo que deve ser superado.

Vivei assim vossa vida de obediência e de guerra. Que importa que a vida seja longa? Haverá guerreiro que gostaria de ser poupado?

Eu não vos poupo, de todo o coração vos amo, irmãos na guerra!

Assim falava Zaratustra.

O Novo Ídolo

Em certos lugares, ainda há povos e rebanhos, mas não entre nós, irmãos. Entre nós há Estados.

Estados? Que é isso? Coragem! Abri os ouvidos porque vou falar-vos da morte dos povos.

Estado chama-se o mais frio dos frios monstros. E com frieza é que mente. Aqui está a mentira que sai de sua boca: "Eu, o Estado, sou o Povo".

Mentira! Os que criaram os povos e sobre eles suspenderam uma fé e um amor, esses eram criadores: assim se puseram a serviço da vida.

Os que armam laços para a multidão e chamam a isso um Estado são destruidores. Suspendem sobre si uma espada e cem apetites.

Onde há ainda povo, não está incluído o Estado que é detestado como um mau olhar, como um pecado contra os costumes e contra os direitos.

Eu vos dou este sinal: cada povo fala uma língua peculiar com relação ao bem e ao mal, língua que o vizinho não entende. Cada povo inventou sua própria língua para seus costumes e seus direitos.

Mas o Estado mente em todas as línguas do bem e do mal e em tudo quanto diz mente, tudo quanto tem, roubou-o.

Tudo nele é falso. Esse mordedor, morde com dentes roubados. Até as suas entranhas são falsas.

Uma confusão das línguas do bem e do mal: este é o sinal que vos dou, o sinal do Estado. Na verdade, o que esse sinal indica é a vontade de morrer! Na verdade, ele acena para os pregadores da morte.

Nascem homens demais. Foi para esses supérfluos que o Estado foi inventado!

Vede como ele os atrai e os seduz! Como os engole, os mastiga e volta a mastigá-los!

"Na terra nada há maior do que eu. Eu sou o dedo ordenador de Deus" – assim ruge o monstro. E não são só os que têm orelhas compridas e vista curta que caem de joelhos!

Ai! Também em vós, grandes almas, sussurra suas mentiras sinistras! Ai! Ele encontrou os corações ricos que gostam de ser pródigos!

Sim, ele vos adivinha a vós também, vencedores do antigo Deus! Saístes cansados do combate e agora vossa fadiga ainda está a serviço do novo ídolo!

Ele queria rodear-se de heróis e homens respeitáveis. Este frio monstro gosta de se aquecer ao sol da boa consciência.

A vós, ele quer dar tudo, contanto que diante dele vos prostreis e o adoreis. Assim compra o brilho de vossa virtude e o altivo olhar de vossos olhos.

Por meio de vós quer atrair os supérfluos! Sim, inventou com isso uma máquina infernal, um cavalo de morte, ajaezado com o brilho de honras divinas.

Sim, inventou para a multidão uma morte que se preza de ser vida. Na verdade, o melhor serviço que se podia oferecer a todos os pregadores da morte.

O Estado é o lugar onde todos bebem veneno, os bons e os maus, onde todos se perdem, bons e maus, onde o lento suicídio de todos se chama "a vida".

Vede, pois, esses supérfluos! Roubam as obras dos inventores e os tesouros dos sábios. Cultura, eis o nome que dão a essa rapina e para eles tudo se transforma em doença e incômodo.

Vede, pois, esses supérfluos! Estão sempre doentes, vomitam a bílis. A isso é que chamam de jornais. Devoram-se e sequer têm forças para se digerir.

Vede, pois, esses supérfluos! Adquirem riquezas e só se tornam mais pobres. Querem o poder, esses incompetentes, e antes de mais nada o trampolim do poder: muito dinheiro!

Vede como trepam, esses ágeis macacos! Para ganhar dos demais, trepam uns sobre os outros e acabam se arrastando todos juntos para o lamaçal e para o abismo.

Todos querem ascender ao trono. É sua loucura – como se a felicidade estivesse no trono! Muitas vezes é a lama que está no trono, e muitas vezes o trono é que está afundado na lama.

Para mim, são todos uns doidos, macacos trepadores e barulhentos. Seu ídolo, esse monstro frio, cheira mal. Todos eles, esses idólatras, cheiram mal.

Meus irmãos, quereis agora sufocar-vos na exalação de suas bocas e de seus apetites? Antes disso, arrancai as janelas e saltai para o ar livre!

Evitai o mau cheiro! Afastai-vos da idolatria dos supérfluos.

Evitai o mau cheiro! Afastai-vos da fumaça desses sacrifícios humanos!

A terra ainda é livre para as almas grandes. Para os que vivem solitários ou aos pares ainda há muitos lugares vagos onde sopra a fragrância dos mares silenciosos.

Ainda existe uma vida livre para as almas grandes. Na verdade, quem pouco possui tanto menos é possuído. Bendita seja a modesta pobreza!

Onde acaba o Estado começa o homem que não é supérfluo. Somente lá começa o canto do necessário, a única e insubstituível melodia.

Onde acaba o Estado. – Olhai para lá, meus irmãos! Não conseguis ver o arco-íris e as pontes que levam ao super-homem?

Assim falava Zaratustra.

As Moscas da Praça Pública

Foge, meu amigo, para tua solidão! Eu te vejo aturdido pelo rumor dos grandes homens e apoquentado pelo aguilhão dos pequenos.

Dignamente contigo sabem calar-se os bosques e os rochedos. Assemelha-te de novo à árvore que amas, a árvore de grande ramagem que escuta silenciosa, suspensa sobre o mar.

Onde cessa a solidão começa a praça pública; onde começa a praça pública começa também o ruído dos grandes cômicos e o zumbido das moscas venenosas.

No mundo as melhores coisas nada valem se não houver alguém que as ponha em cena. O povo chama a esses encenadores de grandes homens.

O povo não tem a dimensão do que é grande, quer dizer, o que cria. Mas dá sentido a todos os apresentadores e a todos os comediantes de grandes causas.

O mundo gira em torno dos inventores de novos valores. Gira de modo invisível, mas é em torno dos comediantes que gira o povo e a fama: assim anda o mundo.

O comediante tem espírito, mas pouca consciência do espírito. Crê sempre naquilo pelo qual faz crer mais energicamente – crer em si mesmo.

Amanhã surgirá uma nova crença e depois de amanhã outra mais nova. Possui, como o povo, percepções rápidas e intuições que mudam rápido.

Derrubar: chama a isto demonstrar. Enlouquecer: chama a isto convencer. E o sangue é para ele o melhor de todos os argumentos.

Chama mentira e nada a uma verdade que só penetra em ouvidos apurados. Verdadeiramente só crê em deuses que provocam muito barulho no mundo.

A praça pública está cheia de palhaços solenes e o povo se vangloria de seus grandes homens. São para eles os senhores do momento.

O momento os oprime e eles a ti, por sua vez, oprimem. Exigem de ti um sim ou um não. Infeliz! Queres colocar-te entre um pró e um contra?

Não invejes esses intransigentes, esses exigentes, tu que amas a verdade! Nunca a verdade pendeu do braço de um intransigente.

Diante desses impulsivos, recua para teu abrigo! Não é só na praça pública que assediam para arrancar a alguém "um sim ou um não?"

Com muito vagar é que todos os poços profundos vivem sua experiência. Têm de esperar muito tempo para saber o que foi que caiu em seu fundo.

Tudo quanto é grande passa longe da praça pública e da fama. Longe da praça pública e da fama sempre viveram os inventores de novos valores.

Foge, meu amigo, para tua solidão. Vejo-te aqui atacado por moscas venenosas. Refugia-te onde sopre um vento rijo e forte!

Foge para tua solidão. Vivias próximo demais dos pequenos e mesquinhos. Foge de sua vingança invisível! Contra ti, só procuram vingança.

Não levantes mais o braço contra eles! São inumeráveis e teu destino não é ser espanta-moscas!

São inumeráveis esses pequenos e mesquinhos e mais de um altivo edifício foi visto desmoronar pela ação das gotas de chuva e das ervas daninhas.

Não és uma pedra, mas já te corroeram infinitas gotas. Acabarás por rachar e desmoronar sob a ação dessas infinitas gotas.

Vejo-te picado pelas moscas venenosas, vejo-te arranhado e sangrando em muitos lugares. E teu orgulho nem uma só vez se quer encolerizar.

Elas desejariam teu sangue com a maior inocência. Suas almas exangues reclamam sangue e picam com a maior inocência.

Mas tu, que és profundo, sofres profundamente até com pequenas feridas e antes da cura já passeava outra vez por tua mão o mesmo inseto venenoso.

Pareces-me altivo demais para matar esses insetos vorazes. Mas toma cuidado para que teu destino não venha a ser o de suportar toda a sua venenosa injustiça!

Aparecem zumbindo também a tua volta e, mesmo quando te louvam, seus louvores é pura importunidade. Querem estar perto de tua pele e de teu sangue.

Adulam-te como um deus ou um diabo! Choramingam diante de ti como diante de um deus ou de um diabo. Que importa? São aduladores e chorões, nada mais que isso.

Muitas vezes também se tornam amáveis contigo, mas foi sempre essa a astúcia dos covardes. Sim, os covardes são astutos!

Pensam muito em ti com sua alma mesquinha. Suspeitam sempre de ti. Tudo o que dá muito que pensar se torna inquietante.

Eles te castigam por todas as tuas virtudes. Só te perdoam, do fundo de seu coração, teus erros.

Como és benévolo e justo, chegas a dizer: "Não têm culpa da mesquinhez de sua vida". Mas sua alma tacanha pensa: "Aquele que vive uma grande vida é sempre culpado".

Mesmo que sejas benévolo com eles, ainda se consideram desprezados por ti e pagam teu benefício com atos malévolos.

Teu orgulho silencioso lhes é sempre desagradável e se alegram sobremaneira quando te mostras bastante modesto para ser vaidoso.

O que reconhecemos num homem é também o que nele nos irrita. Toma cuidado, portanto, com os que se mostram pequenos.

Em tua presença se sentem pequenos e sua baixeza arde e alimenta invisível vingança contra ti.

Não notaste como costumavam calar quando te aproximavas deles e que sua força os abandonava tal como a fumaça de um fogo que se extingue?

Sim, meu amigo, és a má consciência de teus próximos porque são indignos de ti. Por isso te odeiam e bem que gostariam de sugar teu sangue.

Teus próximos hão de ser sempre moscas venenosas. E o que é grande em ti deve necessariamente torná-los mais venenosos e mais semelhantes às moscas.

Foge, meu amigo, para tua solidão, para onde sopre vento rijo e forte. Não é destino teu ser espanta-moscas.

Assim falava Zaratustra.

Da Castidade

Gosto da floresta. Vive-se mal nas cidades. Nelas se encontram muitos seres em cio.

Não é melhor cair nas mãos de um assassino do que nos sonhos de uma mulher no cio?

Se não, olhai para esses homens. Seus olhos o dizem. Nada melhor conhecem na terra do que deitar-se com uma mulher.

Têm muita lama no fundo da alma. Infelizes deles, se sua lama tiver ainda espírito!

Se ao menos fôsseis animais completos! Mas o animal é de todo inocente.

Será isto aconselhar-vos a que mateis vossos sentidos? Aconselho-vos a inocência dos sentidos.

Será isto aconselhar-vos a castidade? Em alguns ela é uma virtude, mas em muitos é quase um vício.

Certamente eles se contêm, mas a vil sensualidade lança um

olhar de cobiça em tudo o que fazem.

Até nos picos de sua virtude e até em seu frio espírito, essa besta os persegue com sua insaciabilidade.

E quando se lhe nega um pedaço de carne, com que sutileza essa vil sensualidade sabe mendigar um pedaço de espírito!

Gostais das tragédias e de tudo o que dilacera o coração? Por isso desconfio de vossa sensualidade.

Tendes, ao que me parece, olhos demasiado cruéis e olhais com concupiscência para os que sofrem. Não será simplesmente porque vossa sensualidade se disfarçou e tomou o nome de compaixão?

Apresento-vos também esta parábola. Existem muitos que teriam gostado de expulsar seus demônios, mas acabaram eles mesmos chafurdando entre os porcos.

Se a castidade pesa a alguém, é preciso desaconselhá-la para que a mesma não se torne o caminho do inferno, isto é, da lama e da concupiscência da alma.

Falei de coisas imundas? Para mim, isso não é o pior.

Não quando a verdade é imunda, mas quando é superficial e em suas águas rasas não mergulha de bom gosto quem conhece.

Na verdade, é certo que há os castos por essência. São de coração mais meigo, riem com mais gosto e mais generosamente do que vós.

Riem também da castidade e perguntam: "Que é a castidade?

A castidade não será uma loucura? Mas essa loucura não veio ter conosco, não fomos nós que a procuramos.

Oferecemos a essa hóspede pousada e simpatia. Agora habita em nós. Que fique quanto quiser!

Assim falava Zaratustra.

Do Amigo

"Junto de mim sempre há alguém em demasia" – assim pensa o solitário. "Algumas vezes um sempre acaba por fazer dois, com o correr do tempo!"

Eu e Mim estão sempre entabulando diálogos veementes. Como se poderia suportar isto se não houvesse um amigo?

Para o solitário o amigo é sempre o terceiro. O terceiro é a bóia que impede o diálogo de se afundar nas profundezas.

Ai! Existem sempre demasiados abismos para todos os solitários. Por isso aspiram a um amigo e à sua altura.

Nossa fé nos outros revela aquilo que desejaríamos poder acreditar em nós mesmos. Nosso desejo de um amigo é nosso delator.

Muitas vezes a amizade serve apenas para saltar por cima da inveja. E muitas vezes só atacamos e criamos inimigos para ocultar que nós mesmos somos vulneráveis.

"Sê ao menos meu inimigo!" – Assim fala o verdadeiro respeito que não se atreve a solicitar a amizade.

Se quisermos ter um amigo, é preciso também lutar por ele. E para lutar é preciso poder ser inimigo.

É preciso honrar no amigo o próprio inimigo. Podes aproximar-te de teu amigo sem passar para seu lado?

No amigo deve-se vislumbrar o melhor inimigo. Quando lhe resistes, é então que mais te aproximas de seu coração.

Diante de teu amigo não queres usar roupa alguma? Será que é em honra de teu amigo que te entregas a ele tal qual és? Pois é por isso que te manda para os diabos!

Aquele que não faz nenhum mistério de si mesmo irrita. Por isso tendes tanta razão em recear a mudez! Sim, se fôsseis deuses, então poderíeis vos envergonhar de vossos trajes".

Nunca te adornarás demais para teu amigo porque deves ser para ele uma flecha e também uma aspiração veemente em direção ao super-homem.

Já viste teu amigo dormir para saber como ele realmente é? Se não, qual é então o rosto de teu amigo? É teu próprio rosto visto num espelho tosco e imperfeito.

Já viste teu amigo dormindo? Não te assustaste com sua aparência? Ó meu amigo, o homem é algo que deve ser superado!

O amigo deve ser mestre na arte de adivinhar e de calar. Não deves ter vontade de ver tudo. Teu sonho deve revelar-te o que faz teu amigo quando desperto.

Que tua compaixão seja uma arte de adivinhar para saber, antes de tudo se teu amigo quer compaixão. Talvez em ti lhe agrade o olhar impassível e a contemplação da eternidade.

Que tua compaixão para com o amigo se dissimule sob uma dura casca. Que se partam teus dentes ao morder essa compaixão. Então ela terá finura e suavidade.

Serás para teu amigo ar puro e solidão, pão e reconforto? Há quem não possa desatar suas próprias correntes, mas para o amigo se tornou um libertador.

És escravo? Então não podes ser amigo. És tirano? Então não podes ter amigos.

Há muito tempo, se ocultavam na mulher um escravo e um tirano. Por isso a mulher ainda não é capaz de amizade; apenas conhece o amor.

No amor da mulher há injustiça e cegueira para tudo quanto não ama. E mesmo no amor iluminado da mulher, se oculta sempre, ao lado da luz, o relâmpago e a noite.

A mulher ainda não é capaz de amizade. As mulheres continuam sendo gatas e aves ou, na melhor das hipóteses, vacas.

A mulher ainda não é capaz de amizade. Mas dizei-me vós, homens, qual dentre vós é porventura capaz de amizade?

Ah! Pobres homens! Quanta pobreza e avareza há em vossa alma! Por mais rico presente que possais dar a vosso amigo, estou pronto a oferecê-lo a meu inimigo sem me tornar mais pobre por isso.

O companheirismo existe. Que a amizade possa nascer!

Assim falava Zaratustra.

Dos Mil e Um Fins

Zaratustra viu muitos países e muitos povos. Descobriu assim o bem e o mal de numerosos povos. Zaratustra não encontrou maior poder na terra do que o bem e o mal.

Nenhum povo poderia viver sem estabelecer valores. Mas, para se conservar, não deve adotar os valores do vizinho.

Muitas coisas que um povo considera boas para outros são vergonha e derisão. Foi o que observei. Muitas coisas, aqui classificadas como más, em outros lugares eram revestidas com a púrpura das honrarias.

Nunca um vizinho compreendeu o outro. Cada um deles continuamente se espanta com a loucura e a maldade do vizinho.

Sobre cada povo está suspenso um quadro de bens. É o quadro, se vê, de suas vitórias sobre si mesmo; é a voz de sua vontade de poder.

É honroso o que parece difícil. O que é indispensável e difícil chama-se bom e o que livra até da necessidade suprema, o mais raro e difícil, é glorificado como santo.

O que lhe permite reinar, vencer e brilhar para atemorizar o vizinho e torná-lo ciumento, é para ele o mais elevado, o principal, a medida e o sentido de todas as coisas.

Na verdade, meus irmãos, desde que conheças a necessidade, o solo, o clima e o vizinho de um povo, então poderás adivinhar também que lei rege seus triunfos sobre si mesmo e por que razão sobe os degraus dessa escada em direção a suas esperanças.

"Deves ser sempre o primeiro e superar todos os outros; tua alma ciumenta não deve amar ninguém senão o amigo". – Aí está o que outrora fez palpitar a alma grega e a levou a seguir o caminho da grandeza.

"Dizer a verdade e saber manejar bem o arco e as flechas".

– Isto parecia caro e ao mesmo tempo que difícil para o povo a quem devo meu nome, nome que me é caro e ao mesmo tempo difícil de carregar.

"Honrar pai e mãe e ter para com eles submissão até as raízes do scr". Essa tábua das vitórias sobre si próprio escolheu outro povo e com ela foi poderoso e eterno.

"Ser fiel e, por amor a essa fidelidade, dar seu sangue e sua honra mesmo em causas más e perigosas". Por esse ensinamento venceu-se a si mesmo outro povo e, vencendo-se desse modo, chegou a encher-se de grandes e promissoras esperanças.

Na verdade, os homens se deram a si próprios todo o bem e todo o mal. Na verdade, não o receberam, não o encontraram, não lhes caiu como uma voz do céu.

O homem é que pôs valores nas coisas, a fim de se conservar. Foi ele que deu um sentido às coisas, um sentido humano. Por isso se chama "homem", isto é, o que avalia.

Avaliar é criar. Ouvi, criadores! Avaliar é o tesouro e a jóia de todas as coisas avaliadas.

Pela avaliação se dá o valor. Sem a avaliação, a noz da existência seria oca. Ouvi, criadores!

Mudança de valores é mudança de criadores. Sempre destrói apenas aquele que é criador.

Os criadores foram primeiramente povos e só mais tarde indivíduos. Na verdade, o próprio indivíduo é a mais recente das criações.

Povos suspenderam outrora sobre si uma tábua do bem. O amor que quer dominar e o amor que quer obedecer criaram juntos essas tábuas.

O prazer do rebanho é mais antigo que o prazer do Eu. E enquanto a boa consciência se chama rebanho, só a má diz: Eu.

Na verdade, o Eu astuto, o Eu sem amor, que procura seu bem no bem de muitos, este não é a origem do rebanho, mas seu declínio.

Sempre foram as almas ardorosas e criativas que criaram o bem e o mal. O fogo do amor e o fogo da cólera ardem sob o nome de todas as virtudes.

Zaratustra viu muitos países e muitos povos. Não encontrou poder maior na terra que a obra daqueles que amam; seu nome é "bem" e "mal".

Na verdade, o poder desse elogio e dessa censura é semelhante a um monstro. Dizei-me, meus irmãos: Quem o derrubará? Dizei: quem lançará uma corrente sobre as mil cabeças dessa besta?

Até o presente tem havido mil fins porque tem havido mil povos. Só falta a corrente das mil cabeças: falta o fim único. A humanidade ainda não tem um fim.

Mas dizei-me, irmãos: se falta um fim à humanidade, não será porque a própria humanidade ainda não existe?

Assim falava Zaratustra.

Do Amor ao Próximo

Vós andais muito solícitos em torno do próximo e o manifestais com belas palavras. Mas eu vos digo: vosso amor ao próximo é vosso mau amor por vós mesmos.

Fugis de vós em busca do próximo e gostaríeis de converter isso numa virtude. Mas eu firo à luz do dia vosso "desinteresse".

O Tu é mais antigo que Eu. O Tu foi santificado, mas o Eu ainda não. Por isso o homem anda diligente atrás do próximo.

Acaso vos aconselho amar o próximo? Antes, vos aconselho a fuga do "próximo" e o amor ao remoto!

Mais elevado que o amor ao próximo é o amor ao longínquo, ao que está por vir, acima ainda que o amor ao homem coloco o amor às coisas e aos fantasmas.

Esse fantasma que acorre a ti, meu irmão, é mais belo que tu. Por que lhe não dás tua carne e teus ossos? Mas tens medo dele e procuras refúgio junto de teu próximo.

Não vos suportais a vós mesmos e não vos amais de modo suficiente. Desejaríeis seduzir o próximo por vosso amor e dourar-vos com seu erro.

Quisera que todos esses próximos e seus vizinhos se tornassem insuportáveis para vós. Assim teríeis de criar para vós mesmos vosso amigo e seu coração transbordante.

Chamais uma testemunha quando quereis falar bem de vós e logo que a haveis induzido a pensar bem de vossa pessoa, vós mesmos pensais bem de vossa pessoa.

Não só mente aquele que fala contra sua consciência, mas sobretudo aquele que fala contra sua inconsciência. E assim falais de vós no trato social, enganando o próximo e a vós mesmos.

Assim fala o louco: "O convívio com os homens estraga o caráter, sobretudo quando não se tem caráter."

Um procura o próximo porque se procura a si mesmo; outro porque gostaria de se perder. Vossa malquerença por vós mesmos converte vossa solidão num cativeiro.

Os mais afastados são os que pagam vosso amor ao próximo e desde que vos reunis em cinco, um sexto é que vai morrer.

Também não gosto de vossas festas. Nelas encontrei demasiados comediantes e os próprios espectadores se comportam muitas vezes como comediantes.

Não vos ensino o próximo, mas o amigo. Que o amigo seja para vós a festa da terra e o pressentimento do super-homem.

Eu vos ensino o amigo e seu coração transbordante. Mas é preciso saber ser uma esponja quando se quer ser amado por corações transbordantes.

Eu vos ensino o amigo que leva em si um mundo completo, um invólucro do bem, o amigo criador que tem sempre um mundo concluído para oferecer.

E como para ele o mundo desenrolou seus anéis, assim para ele os enrola novamente, como se o bem fosse produzido pelo mal, os fins pelo acaso.

Que o futuro e o remoto sejam a causa de teu hoje. Em teu amigo ama o super-homem como tua origem.

Meus irmãos, eu não vos aconselho o amor ao próximo; aconselho-vos o amor ao longínquo.

Assim falava Zaratustra.

Dos Caminhos do Criador

Queres, meu irmão, voltar à solidão? Queres procurar o caminho que te guia a ti mesmo? Espera ainda um momento e ouve.

"Aquele que procura, facilmente se perde a si mesmo. Toda solidão é um erro". Assim fala o rebanho. E tu pertenceste ao rebanho durante muito tempo.

Em ti também ainda há de ressoar a voz do rebanho. E quando disseres: "Eu não tenho mais uma única e mesma consciência moral como a vossa", isso será queixa e dor.

Olha, essa mesma dor é filha de uma só e mesma consciência moral. E esta consciência moral ainda lança a última centelha sobre tua tribulação.

Queres, porém, seguir o caminho de tua tribulação, o caminho que conduz para ti mesmo? Demonstra-me que para fazer isso tens direito e força!

Por acaso, és uma força nova e um novo direito? Um movimento primeiro? Uma roda que gira sobre si mesma? Podes obrigar as estrelas a girar em torno de ti?

Ai! Existem tantas ambições pelas alturas! Há tantas convulsões dos ambiciosos! Mostra-me que não pertences ao número desses cobiçosos nem desses ambiciosos!

Ai! Existem tantos grandes pensamentos que apenas fazem o mesmo que um fole: inchando, aumentam o vazio.

Tu te consideras livre? Quero conhecer teu pensamento fundamental e não saber que te livraste de um jugo.

Pertencerias tu aos que tinham o direito de se livrar de um jugo? Há quem perca seu último valor ao libertar-se de sua sujeição.

Livre de quê? Que importa isso a Zaratustra? Teu olhar, porém, deve anunciá-lo claramente: livre para quê?

Serias capaz de prescrever para ti mesmo teu bem e teu mal e suspender tua vontade por cima de ti como uma lei? Poderias ser teu próprio juiz e vingador de tua lei?

Terrível é estar a sós com o juiz e o vingador da própria lei, como estrela lançada ao espaço vazio no meio do sopro gelado da solidão.

Ainda hoje te atormenta a multidão, ó solitário! Ainda hoje conservas toda a força de tua coragem e tuas esperanças.

Um dia, contudo, a solidão te há de cansar; algum dia se abaterá teu orgulho e tua coragem vai cerrar os dentes. Um dia clamarás: "Estou só!"

Chegará um dia em que não poderás ver tua grandeza e em que tua pequenez a verás bem perto de ti. Teu próprio sublime te amedrontará como um fantasma. Um dia clamarás: "Tudo é falso!"

Há sentimentos que querem matar o solitário. Se não conseguirem, eles mesmos terão de morrer! Mas terás a força para ser um assassino?

Meu irmão, já conheces a palavra "desprezo"? E o tormento de tua justiça que é o de ser justo para com os que te menosprezam?

Obrigas muitos a mudarem de opinião a teu respeito; por isso te odeiam com todas as forças. Tu te aproximaste deles, mas passaste adiante; é coisa que jamais te perdoarão.

Acima deles te elevaste, mas quanto mais alto sobes, tanto menor te vêem os olhos da inveja. E ninguém é tão odiado como aquele que voa diante de todos.

"Como quereríeis ser justo para comigo!" – assim é que deves falar. "Eu escolhi para mim vossa injustiça, como parte que me está destinada".

Injustiça e baixeza é o que eles atiram sobre o solitário. Mas, meu irmão, se quiseres ser uma estrela, nem por isso haverás de iluminá-los menos.

E livra-te dos bons e dos justos! Gostam de crucificar aqueles que invejam sua própria virtude: odeiam o solitário.

E livra-te também da santa simplicidade! Para ela é sacrílego tudo o que não é simples. Ela também gosta de brincar com o fogo, com o fogo das fogueiras.

E livra-te também dos impulsos de teu amor! O solitário estende depressa demais a mão ao primeiro que encontra!

Há homens a quem não deves dar a mão, mas tão somente a pata. Além disso, quero que tua pata tenha garras.

O pior inimigo, todavia, que poderás encontrar, és tu mesmo. Nas cavernas e nos bosques és tu que te espreitas a ti mesmo.

Solitário, tu segues o caminho que te conduz a ti mesmo! E por teu caminho desfilam diante de ti tu mesmo e teus sete demônios.

Serás herege para ti mesmo, serás feiticeiro, adivinho, doido, incrédulo, ímpio e malvado.

É preciso que sintas a necessidade de consumir-te em tua própria chama. Como quererias renascer sem primeiro te reduzires a cinzas?

Solitário, tu segues o caminho do criador. Queres criar um deus de teus sete demônios!

Solitário, tu segues o caminho daqueles que amam. Tu te amas a ti mesmo e por isso te desprezas, como só sabem desprezar os amantes.

O amante quer criar porque despreza! Que saberá do amor aquele que não se sentiu constrangido em menosprezar justamente o que amava?

Vai para tua solidão, meu irmão, com teu amor e com teu ato criador. Somente mais tarde, com passo claudicante, a justiça chegará até ti.

Vai para tua solidão com minhas lágrimas, meu irmão. Eu amo aquele que quer criar algo acima e para além de si mesmo e dessa arte sucumbe.

Assim falava Zaratustra.

Das Mulheres Jovens e Velhas

"Por que deslizas tão furtivamente na penumbra, Zaratustra? E que ocultas com tanto cuidado debaixo de tua capa?

É algum tesouro que te deram? É um menino de quem foste pai? Ou segues também tu agora pelos atalhos dos ladrões, tu, amigo dos malvados?"

Na verdade, meu irmão, – respondeu Zaratustra – levo um tesouro que recebi de presente, levo uma pequena verdade.

Mas é rebelde como uma criança e se não lhe tapasse a boca gritaria alto demais.

Seguia hoje solitário meu caminho, à hora em que o sol declina, quando encontrei uma velha que falou assim à minha alma:

"Zaratustra tem falado muito até mesmo conosco, mulheres, mas nunca nos falou da mulher".

Eu respondi: "É só aos homens que se deve falar da mulher".

"Podes falar a mim também da mulher" – disse ela. "Sou bastante velha para esquecer tudo logo a seguir".

Cedi ao desejo da velha e passei a lhe falar assim:

Na mulher tudo é um enigma e tudo tem uma só solução: chama-se gravidez.

Para a mulher, o homem não passa de um meio. O fim é sempre o filho. Mas o que é a mulher para o homem?

O homem verdadeiramente homem quer duas coisas: perigo e jogo. Por isso quer a mulher que é o brinquedo mais perigoso.

O homem deve ser educado para a guerra e a mulher para prazer do guerreiro. Todo o resto é loucura.

O guerreiro não gosta de frutos doces demais. Por isso ama a mulher. A mulher mais doce é sempre amarga.

A mulher, melhor que o homem, compreende as crianças, mas o homem é mais criança que a mulher.

Em todo o verdadeiro homem se oculta uma criança, uma criança que quer brincar. Vamos lá, mulheres! Procurai descobrir a criança no homem!

Que a mulher seja um brinquedo puro e refinado como o diamante, em que cintilem as virtudes de um mundo que ainda não existe!

Cintile em vosso amor o fulgor de uma estrela! Que vossa esperança diga: "Que seja eu a mãe do super-homem!"

Haja valentia em vosso amor! Com a arma de vosso amor deveis afrontar aquele que vos inspire medo.

Que vossa honra subsista em vosso amor! Geralmente a mulher pouco entende de honra. Que vossa honra seja amar mais do que fordes amadas e nunca ficar em segundo lugar.

Que o homem tenha medo da mulher quando a mulher ama porque ela não recuará diante de nenhum sacrifício e tudo o mais para ela não tem valor.

Que o homem tenha medo da mulher quando a mulher odeia porque o homem, no fundo de sua alma, é malvado. Mas a mulher, no fundo da sua, é perversa.

A quem a mulher odeia mais? O ferro assim dizia ao ímã: "Odeio-te mais do que qualquer outra coisa porque atrais, mas não tens força suficiente para me sujeitar".

A felicidade do homem se chama "Eu quero". A felicidade da mulher se chama "Ele quer".

"Eis que o mundo acaba de se tornar perfeito!" – assim pensa toda mulher quando obedece de todo o coração.

E é preciso que a mulher obedeça e que encontre uma profundidade para sua superficialidade. A alma da mulher é superficial: uma película de tempestade sobre águas rasas.

Mas a alma do homem é profunda, sua corrente brame em grutas subterrâneas. A mulher pressente a força masculina, mas não a compreende."

Então a velha respondeu: "Zaratustra disse muitas coisas bonitas, sobretudo com relação às que são mais novas para isso.

Coisa estranha! Zaratustra não conhece bastante as mulheres e, no entanto, tem razão no que diz delas! Será porque para a mulher nada é impossível?

E agora, como recompensa, aceita uma pequena verdade. Sou suficientemente velha para te dizer.

Embrulha-a, tapa-lhe a boca, do contrário, grita alto demais, essa pequena verdade".

"Dá-me tua pequena verdade, mulher!" – eu disse. E a pequena velha mulher falou assim:

"Frequentas as mulheres? Não te esqueças do açoite!"

Assim falava Zaratustra.

A Picada da Víbora

Um dia, Zaratustra adormeceu sob uma figueira, porque fazia calor e tapava o rosto com o braço. Nisto chegou uma víbora e mordeu-lhe o pescoço. Ele soltou um grito de dor. Afastando o braço do rosto, olhou a serpente. Quando ela reconheceu os olhos de Zaratustra, contorceu-se desajeitadamente e tentou se retirar. "Não – disse Zaratustra – ainda não te agradeci! Despertaste-me a tempo, pois meu caminho ainda é longo". "Teu caminho já não é longo – disse tristemente a víbora – meu veneno é mortal". Zaratustra pôs-se a rir. "Desde quando o veneno de uma serpente matou um dragão? – disse. Reabsorve, portanto, teu veneno! Não és suficientemente rica para me dá-lo de presente". Então a víbora tornou a enlaçar-lhe o pescoço e lambeu-lhe a ferida.

Quando um dia Zaratustra contou esta história a seus discípulos, eles perguntaram: "E qual é, Zaratustra, a moral de tua história?" Ele respondeu desta maneira:

Os homens de bem e os justos me chamam de destruidor da moral. Meu conto é imoral.

Se tendes, porém, um inimigo, não lhe pagueis bem por mal porque se sentiria humilhado. Demonstrai-lhe, pelo contrário, que vos fez um bem.

E dai livre curso à vossa ira contra ele, em vez de humilhá-lo. E se alguém vos amaldiçoa, não me agrada que abençoeis. É melhor amaldiçoar também.

E se vos fizeram uma grande injustiça, respondei imediatamente com cinco pequenas injustiças. É horrível ver alguém que só sofre o peso da injustiça.

Já o sabíeis? Uma injustiça repartida é a metade de um direito. E aquele que pode suportar a injustiça, que a carregue.

Uma pequena vingança é mais humana do que absolutamente nenhuma. E se o castigo não é também um direito e uma honra para o transgressor, não quero de modo algum vossos castigos.

É mais nobre ser injusto para consigo mesmo do que reivindicar seu direito, sobretudo quando temos razão. Mas para agir assim é preciso ser bastante rico.

Não gosto de vossa justiça fria. Nos olhos de vossos juízes vejo sempre o olhar do carrasco e o frio de sua machadinha.

Dizei-me, onde se encontra a justiça que é amor com olhos lúcidos?

Inventai para mim, pois, esse amor que suporta, não somente todos os castigos, mas também todas as faltas.

Inventai para mim essa justiça que absolve todos os homens, exceto aquele que julga!

Quereis ouvir mais isso? Naquele que quer ser rigorosamente justo, até a própria mentira se transforma em filantropia.

Mas como poderia eu ser rigorosamente justo? Como poderia dar a cada um sua parte? Que me baste isso: dou a cada um minha própria parte.

Enfim, meus irmãos, evitai ser injustos com os solitários. Como poderia um solitário esquecer? Como poderia tomar medidas?

Um solitário é como um poço profundo. É fácil lançar nele uma pedra. Mas uma vez no fundo, quem se atreveria a tirá-la?

Evitai proferir ofensas contra o solitário. Mas se o ofendestes, então matai-o também!

Assim falava Zaratustra.

Do Filho e do Casamento

Tenho uma pergunta, mas só para ti, meu irmão. Lanço-a em tua alma como uma sonda, a fim de lhe conhecer a profundidade.

És moço e desejas filho e casamento. Mas eu te pergunto: Serás tu um homem que tenha o direito de desejar um filho?

És tu o vitorioso, o dominador de ti mesmo, o dono dos sentidos, o senhor de tuas virtudes? É isso que te pergunto.

Ou o que fala em teu desejo é o animal e a necessidade? Ou a solidão? Ou a insatisfação consigo mesmo?

Eu quero que tua vitória e tua liberdade suspirem por um filho. Deves erigir monumentos vivos à tua vitória e à tua libertação.

Deves construir algo superior a ti, para mais além do que tu. Mas é preciso, assim o desejo, que antes tenhas te construído a ti mesmo, bem moldado de corpo e alma.

Não deves somente te reproduzir, mas te ultrapassar a ti mesmo! Que o jardim do matrimônio te ajude a tanto!

Deves criar um corpo superior, um movimento primeiro, uma roda que gire por si própria. É um criador que deves criar.

Casamento. Chamo assim a vontade de dois seres de criar um só ser que seja mais do que aqueles que o criaram. O matrimônio é respeito mútuo, respeito para com aqueles que são movidos por semelhante vontade.

Que seja este o sentido e a verdade de teu casamento. Mas isso a que chama de casamento a multidão desses supérfluos, ai! como poderia chamá-lo?

Ai! Essa pobreza de alma a dois! Ai! Essa imundície de alma a dois! Ai! Essa mísera concordância a dois!

A tudo isso chamam matrimônio e dizem que essas uniões se concluem no céu!

Mas esse céu dos supérfluos eu não o quero. Não, eu não quero essas bestas presas nas redes celestiais!

Fique também bem longe de mim esse Deus que vem mancando para abençoar aquilo que não uniu!

Não zombeis de semelhantes casamentos! Que filho não teria razão para chorar por causa de seus pais?

Digno e maduro me parecia esse homem para o sentido da terra, mas quando vi a mulher dele, a terra me pareceu uma casa de loucos.

Sim, gostaria que a terra entrasse em convulsões e começasse a tremer quando se acasalam um santo e uma pata.

Este partiu como herói em busca de verdades e finalmente não conseguiu trazer outra coisa senão uma pequena mentira engalanada. A isso ele chama seu casamento.

Aquele era frio em suas relações e exigente em suas escolhas. Mas de um só golpe e para sempre estragou sua companhia. A isso chama seu casamento.

Outro procurava uma criada com as virtudes de um anjo. Mas de repente se tornou servo de uma mulher e, ainda por cima, precisava agora tornar-se um anjo.

Escrupulosos achei agora todos os compradores e todos com olhar astuto. Mas mesmo o mais astuto compra sua mulher às cegas.

Muitas breves loucuras, isso é que chamais amor. E a muitas breves loucuras põe fim vosso casamento, única tolice prolongada.

Vosso amor pela mulher e o amor da mulher pelo homem, ah! se pudessem ser compaixão para deuses doentes e ocultos! No mais das vezes, porém, são dois animais que se farejam.

Até vosso melhor amor não passa ainda de uma imagem extasiada e um doloroso ardor. É um facho que deve iluminar vossos passos para caminhos superiores.

Um dia devereis amar acima e para além de vós mesmos! Assim, aprendei primeiro a amar! Por isso vos foi preciso beber o cálice amargo de vosso amor.

Existe amargura no próprio cálice do melhor amor. Assim ela te faz aspirar ao super-homem, assim ela te dá sede, ó tu que crias.

Sede do criador, flecha lançada para o super-homem e anseio. Fala, meu irmão, é essa tua vontade quando anseias por te casar?

Sagrados são para mim semelhante vontade, semelhante casamento."

Assim falava Zaratustra.

Da Livre Morte

Muitos morrem tarde demais e alguns cedo demais. Ainda nos soa estranho esse preceito: "Morre a tempo!"

Morrer a tempo é o que ensina Zaratustra.

Claro que aquele que nunca viveu a tempo, como há de morrer a tempo? Que jamais tivesse nascido! Eis o que aconselho aos supérfluos.

Mas até mesmo os supérfluos dão grande importância a sua morte e até a mais vazia das nozes ainda quer ser partida.

Todos encaram com seriedade a morte, mas morrer ainda não é uma festa. Os homens ainda não aprenderam como celebrar as mais belas festas.

A morte que realiza, eis o que vos mostro, aquela que, para os vivos, vem a ser um aguilhão e uma promessa.

Morre sua morte, aquele que cumpre seu destino, vitorioso, rodeado daqueles que esperam e prometem.

Assim seria preciso aprender a morrer. E não deveria haver festa alguma sem que tal moribundo abençoasse a promessa dos vivos.

Morrer assim é o melhor. E, em segundo lugar, é morrer no combate e prodigalizar uma grande alma.

Ora, combatente e vitorioso odeiam igualmente vossa morte cheia de caretas, que vai se arrastando como uma ladra e, contudo, chega como soberana.

De minha morte vos faço o elogio, da morte livre que vem a mim porque eu quero.

Mas quando haveria de querer? Aquele que tem um fim e aquele que tem um herdeiro, quer a morte a tempo para esse fim e para esse herdeiro.

E por respeito ao fim e ao herdeiro, já não suspenderá coroas murchas no santuário da vida.

Na verdade, não quero assemelhar aos cordoeiros que esticam seus fios e, segurando-os, vão caminhando sempre atrás.

Há também quem se faça velho demais para suas verdades e suas vitórias. Uma boca desdentada já não tem direito a toda verdade.

E aquele que ambiciona a celebridade deve despedir-se a tempo das honras e deve exercer a difícil arte de se retirar a tempo.

É quando nos tornamos mais saborosos que se deve deixar de ser alimento. Aqueles que querem ser amados muito tempo sabem disso.

Certamente há também maçãs azedas, cujo destino quer que esperem até o último dia do outono. E de repente amadurecem, tornam-se amareladas e enrugam.

Em alguns, envelhece primeiramente o coração, em outros, o espírito. E alguns são grisalhos desde sua juventude, mas quem tardiamente se torna jovem por mais tempo permanece jovem.

Muitos falham em sua vida. Um verme venenoso lhes devora o coração. Que tratem ao menos de ter melhor êxito em sua morte.

Muitos nunca se tornam doces. Em pleno verão já apodrecem. Só a preguiça os sustenta no ramo.

Há em demasia aqueles que ficam e permanecem por excessivo tempo dependurados em seus ramos. Que venha uma tempestade que faça cair da árvore todos esses podres e bichados!

Que venham pregadores de morte rápida! Para mim seriam as verdadeiras tempestades e os verdadeiros sacudidores da árvore da vida! Mas eu só ouço pregar morte lenta e paciência com tudo o que é terrestre.

Ah! Pregais paciência com o que é terrestre? Mas esse terrestre é que tem demasiada paciência convosco, víboras!

Na verdade, cedo demais morreu aquele hebreu a quem veneram os pregadores de morte lenta e para muitos foi fatalidade ter ele morrido cedo demais.

Ele só conhecia ainda lágrimas e melancolia dos hebreus, juntamente com o ódio dos homens de bem e dos justos, esse hebreu Jesus; por isso o acometeu o desejo da morte.

Por que não ficou no deserto, longe dos homens de bem e dos justos? Talvez tivesse aprendido a viver e a amar a terra e, mais ainda, a rir!

Acreditai em mim, meus irmãos! Morreu cedo demais! Ele mesmo se retrataria de sua doutrina, se tivesse vivido até minha idade! Era bastante nobre para se retratar!

Mas não estava ainda maduro. O amor do jovem é imaturo e imaturo também seu ódio do homem e da terra. A alma e as asas do espírito lhe são ainda atadas e pesadas.

Mas no homem feito há mais de criança do que no jovem e menos melancolia: compreende melhor a morte e a vida.

Livre para a morte e livre na morte, um santo deve dizer não quando já passou o tempo de dizer sim: assim compreende a vida e a morte.

Não seja vossa morte, meus amigos, uma blasfêmia contra os homens e contra a terra. Aí está o que imploro do mel de vossa alma.

No momento de vossa morte devem se inflamar ainda vosso espírito e vossa virtude, semelhantes ao sol que sobre a terra se põe. Caso contrário, vossa morte será um malogro.

Assim, eu mesmo quero morrer, a fim de que, meus amigos, por amor de mim, ameis com mais amor a terra. E terra quero voltar a ser, a fim de encontrar repouso naquela que me gerou.

Na verdade, Zaratustra tinha um objetivo, lançou sua bola. Agora vós, meus amigos, sede os herdeiros de meu fim, eu vos lanço a bola de ouro.

O que prefiro antes de tudo, meus amigos, é vos ver lançar a bola de ouro. E assim, me demoro mais um pouco sobre a terra. Perdoai-me!

Assim falava Zaratustra.

Da Virtude Generosa

1.

Quando Zaratustra deixou a cidade que seu coração amava e cujo nome é "Vaca Malhada", muitos dos que se diziam seus discípulos o seguiram, formando escolta. Assim chegaram a uma encruzilhada. Então Zaratustra lhes disse que agora queria prosseguir sozinho porque era amigo das caminhadas solitárias. Ao se despedirem dele, os discípulos lhe ofereceram de presente um bastão, cujo castão representava uma serpente enroscada em torno do sol. Zaratustra gostou do bastão e se apoiou nele. A seguir, falou assim a seus discípulos:

Dizei-me, pois: como aconteceu que o ouro tenha alcançado o mais alto valor? Por ser raro e inútil, de brilho cintilante e brando.

É somente por ser imagem da virtude suprema que o ouro se tornou o valor supremo. Como o ouro, brilha o olhar daquele que dá. O brilho do ouro firma a paz entre lua e sol.

A mais alta virtude é rara e inútil. Brilhante e suave em seu fulgor. A virtude suprema é uma virtude generosa.

Na verdade, vos adivinho em tudo, meus discípulos. Como eu, aspirais à virtude generosa. Que poderíeis ter de comum com os gatos e com os lobos?

Vossa ambição é querer converter-vos, vós mesmos, em vítimas e oferendas. Por isso tendes a sede de acumular todas as riquezas em vossas almas.

Vossa alma aspira insaciavelmente a tesouros e jóias, porque é insaciável a vontade de dar de vossa virtude.

Obrigais todas as coisas a se aproximarem de vós e a penetrar em vós, para tornarem a emanar de vossa fonte como os dons de vosso amor.

Na verdade, é preciso que esse amor generoso se faça de todos os valores sua presa, mas eu chamo sadio e sagrado esse egoísmo.

Há outro egoísmo, um egoísmo demasiado pobre que morre de fome, que quer roubar sempre, o egoísmo dos doentes, o egoísmo doente.

Com olhos de ladrão olha tudo o que reluz, com a avidez da fome mede aquele que tem abundantemente do que comer e sempre gira em torno da mesa dos que dão.

Pela boca desse desejo, é doença que fala e invisível degenerescência. É de um corpo ressequido que fala a avidez que rouba, própria desse egoísmo.

Dizei-me, meus irmãos! Qual a coisa que nos parece má, a pior de todas? Não é a degenerescência? E sempre diagnosticamos a degenerescência quando falta a alma generosa.

Caminhamos para as alturas, ultrapassando a espécie para atingir a espécie superior, temos horror ao sentido degenerado, o sentido que diz: "Tudo para mim".

Nosso sentido voa para o alto, de modo que é imagem de nosso corpo, imagem de uma ascensão. Dessa ascensão são outros tantos símbolos os nomes das virtudes.

Assim caminha o corpo, ao longo da história, evoluindo e lutando. E o espírito? Que é ele para o corpo? É arauto, companheiro e eco de suas lutas e vitórias.

Todos os nomes do bem e do mal são imagens. Não falam, limitam-se a acenar. Louco é aquele que delas quer receber o conhecimento.

Meus irmãos, prestai atenção a qualquer um dos momentos em que vosso espírito quer falar em imagens. Ali está a fonte de vossa virtude.

É então que vosso corpo se eleva e ressuscita. Com sua alegria arrebata o espírito para que se torne aquele que cria, que avalia, que ama e benfeitor de todas as coisas.

Quando vosso coração borbulha, ampla e plenamente, como um rio, bênção e perigo para os ribeirinhos, ali está a fonte de vossa virtude.

Quando vos elevais acima de louvor e censura e que vossa vontade, como vontade daquele que ama, quer mandar em todas as coisas, ali está a fonte de vossa virtude.

Quando desprezais o que é agradável, a cama fofa e quando nunca vos credes bastante longe da moleza para cair na cama, lá está a fonte de vossa virtude.

Quando com uma vontade única sois realmente os que querem e que essa esquina de toda necessidade se chama vossa necessidade, lá está a fonte de vossa virtude.

Na verdade, um novo bem e um novo mal, eis o que é então vossa virtude! Na verdade, um novo murmúrio profundo e a voz de uma nova fonte!

Essa nova virtude é poder, um pensamento soberano e, em torno dele, uma alma prudente. Um sol de ouro e, em torno dele, a serpente do conhecimento.

2.

Aqui Zaratustra calou-se por um momento e olhava os discípulos com ternura. Em seguida prosseguiu e sua voz havia mudado:

Meus irmãos, permanecei fiéis à terra com todo o poder de vossa virtude! Que vosso amor generoso e vosso conhecimento estejam a serviço da terra. Eu vos imploro e a isso vos conjuro.

Não deixeis vossa virtude fugir das coisas terrestres e com suas asas bater contra muralhas eternas. Ai! Tem havido sempre tanta virtude que em seu vôo se extraviou!

Como eu, restituí à terra a virtude que em seu vôo se extraviou. Sim, restituí-a ao corpo e à vida, para que à terra dê seu sentido, um sentido humano!

O espírito, bem como a virtude, tem-se extraviado e enganado assim de mil maneiras até agora em seu vôo. Ai! Ainda agora habita em nosso corpo toda essa loucura e esse desvio: tornaram-se corpo e vontade.

O espírito, bem como a virtude, de mil maneiras até hoje tentou e se perdeu. Sim, uma tentativa, disso não passa o homem. Ai! Quanta ignorância e quanto erro se incorporam a nós!

Não só a razão dos milênios, mas também sua loucura se revela em nós. É muito perigoso ser herdeiro.

Lutamos ainda passo a passo com o gigante Acaso e sobre a humanidade inteira reinou até hoje o absurdo, a falta de sentido.

Que vosso espírito e vossa virtude sirvam, meus irmãos, para o sentido da terra! E a todas as coisas dai novamente valor. Por isso é que deveis ser lutadores! Por isso é deveis ser criadores!

O corpo se purifica pelo saber, eleva-se com as tentativas conscientes. Para aquele que conhece, todos os instintos se santificam. A alma daquele que se eleva se enche de alegria.

Médico, cura-te a ti mesmo; assim, haverás de curar também teu doente. Que sua melhor assistência seja a de ver com seus próprios olhos aquele que se cura a si mesmo.

Há ainda mil sendas que nunca foram trilhadas, mil fontes de saúde e mil ilhotas de vida. Inesgotáveis e inexplorados, assim permanecem ainda e sempre o homem e a terra dos homens.

Vigiai e escutai, solitários! Do futuro chegam ventos que batem as asas em segredo. Aos que possuem ouvidos apurados chega a boa nova.

Solitários de hoje, que viveis marginalizados, algum dia devereis chegar a ser um povo. De vós que vos escolhestes a vós mesmos, deverá surgir e crescer um povo eleito, do qual nascerá o super-homem.

Na verdade, um lugar de cura, isso é que deverá ainda se tornar a terra. Já a envolve um novo odor, portador de saúde, e uma nova esperança.

3.

Depois de ter assim falado, Zaratustra emudeceu como quem não disse ainda a última palavra. Sopesou demoradamente o bastão, como que em dúvida. Por fim falou assim, e sua voz havia mudado de tom:

Agora, meus discípulos, vou embora sozinho! Parti daqui vós também, parti sozinhos! Assim o quero.

Na verdade, vos aconselho: Afastai-vos de mim e precavei-vos contra Zaratustra! Melhor ainda, envergonhai-vos dele! Talvez vos tenha enganado!

O homem que busca o conhecimento não só deve poder amar seus inimigos, mas também poder odiar seus amigos.

Mal se recompensa a um mestre, se dele ficarmos sempre discípulos. E por que não quereis arrancar nada de minha coroa?

Vós me venerais! Mas que acontecerá se um dia vossa veneração desaparecer? Tomai cuidado para que uma estátua não vos esmague!

Dizeis que acreditais em Zaratustra, mas que importa Zaratustra? Vós sois meus fiéis, mas que importam todos os fiéis?

Vós ainda não vos havíeis procurado quando me encontrastes. Assim fazem todos os fiéis. Por isso é que toda fé é tão pouca coisa.

Agora vos ordeno que me percais e vos encontreis a vós mesmos. E só quando todos me houverdes renegado quero voltar para vós.

Na verdade, meus irmãos, então procurarei com outros olhos aqueles que perdi. Então vos amarei com outro amor.

E uma vez mais voltareis a ser meus amigos e filhos de uma só esperança. Então quero estar a vosso lado pela terceira vez, para festejar convosco o grande meio-dia.

E o grande meio-dia será quando o homem estiver na metade de seu trajeto, entre o animal e o super-homem, se mantiver firme, como sua esperança suprema, e festeja seu caminho para o ocaso, porquanto será o caminho para uma nova manhã.

Então o que declina se abençoará a si mesmo por estar passando para outra esfera. E o sol de seu conhecimento atingirá seu zênite.

"Todos os deuses morreram. Agora queremos que viva o super-homem!" Que seja esta, chegado o grande meio-dia, nossa última vontade!

Assim falava Zaratustra.

Segunda Parte

"E só quando todos me houverdes renegado quero voltar para vós.
Na verdade, meus irmãos, então procurarei com outros olhos aqueles que perdi. Então vos amarei com outro amor."

Zaratustra, Da Virtude Generosa

A Criança e o Espelho

Depois disto Zaratustra voltou para as montanhas e para a solidão de sua caverna, conservando-se afastado dos homens, e ficou esperando, como o semeador que lançou sua semente. Mas a alma, se encheu de impaciência e desejo por aqueles que amava, porque ainda tinha muito para lhes dar. O mais difícil é, com efeito, fechar por amor a mão aberta e conservar o pudor ao dar.

Assim decorreram para o solitário meses e anos. Mas sua sabedoria aumentava e, quanto mais crescia, mais sentia sofrimento.

Certa manhã, despertando antes mesmo da aurora, meditou por muito tempo na cama e por fim disse consigo:

De que em meu sonho tive tanto medo que cheguei a acordar? Não se aproximou de mim uma criança trazendo um espelho?

"Zaratustra," – disse ela – "olha-te neste espelho!"

Quando, porém, olhei para o espelho, soltei um grito e meu coração sofreu um baque, porque não era a mim que via, mas a cara contorcida e zombeteira de um demônio.

Na verdade, compreendo muito bem o significado e a advertência do sonho. Minha doutrina está em perigo, o joio quer fazer-se passar por trigo.

Meus inimigos se tornaram poderosos e desfiguraram tanto a imagem de minha doutrina que meus prediletos se envergonharam dos dons que lhes fiz.

Perdi meus amigos! Chegou o momento de ir procurar os que perdi!

Dizendo estas palavras, Zaratustra levantou sobressaltado, não como alguém angustiado que procura recuperar fôlego, mas como um vidente e um poeta sobre quem cai o espírito. A águia e a serpente olharam-no estupefatas porque à semelhança da aurora, uma próxima ventura parecia surgir de seu semblante.

Que me aconteceu, ó meus animais? – disse Zaratustra. Não estou transformado?! Não me assaltou a felicidade como um vento de tempestade?

Minha felicidade é louca e dirá somente loucuras; ainda é jovem demais. Suportai-a com paciência!

Estou ferido por minha ventura! Que sejam meus médicos todos os que sofrem!

Tenho o direito de descer para junto de meus amigos e também de meus inimigos! Zaratustra pode tornar a falar e dar e a fazer o que ele tem de mais caro para aqueles que ama!

O meu impaciente amor transborda em torrentes, para o nascente e o poente. Até minha alma se agita nos vales, abandonando os montes silenciosos e as tempestades da dor.

Demasiado tempo sofri e por muito tempo estive olhando para lugares distantes. Por demasiado tempo pertenci à solidão. Agora esqueci o silêncio.

Tornei-me todo inteiro boca e estrondo de um rio que desce de elevadas rochas. Quero precipitar minhas palavras nos vales.

A torrente de meu amor poderia muito bem se chocar com obstáculos intransponíveis! Como uma torrente não encontraria enfim o caminho do mar?

Sem dúvida há um lago em mim, um lago solitário que se basta a si mesmo; mas minha torrente de amor o arrasta consigo para a planície, para o mar.

Caminho por novas sendas e encontro uma linguagem nova. Como todos os criadores, cansei-me das velhas línguas. Meu espírito já não quer mais seguir com sandálias gastas.

Lento demais é para mim o curso de todo discurso. Salto para teu carro, tempestade! E a ti também quero fustigar com minha malícia!

Quero viajar por vastos mares como um grito e como um clamor de alegria, até encontrar as ilhas Afortunadas onde moram meus amigos. E, entre eles, meus inimigos! Como agora os amo a todos, contanto que tenha o direito de lhes falar! Meus próprios inimigos fazem parte de minha felicidade.

E quando quero montar no mais fogoso dentre meus cavalos, nada me ajuda tanto como minha lança. Está sempre pronta a me servir.

A lança que atiro contra meus inimigos! Como estou grato a meus inimigos que enfim me permitem lançá-la contra eles!

Demasiado grande foi a tensão de minhas nuvens. Por entre os risos dos relâmpagos quero lançar rajadas de granizo nas profundidades.

Vigorosamente se inflará meu peito. Vigorosamente soprará sua tempestade por sobre as montanhas. Assim se aliviará.

Na verdade, minha felicidade e minha liberdade desabam como uma tempestade! Ora, meus inimigos imaginarão, meus inimigos, que o Maligno desencadeia seu furor sobre suas cabeças.

Sim, também vós, meus amigos, ficareis espantados com minha sabedoria selvagem e talvez vos ponhais em fuga com meus inimigos.

Ah! Que eu possa fazer-me entender com o encanto de minhas flautas pastoris, que vos possa atrair para junto de mim! Ah! Que minha leoa Sabedoria aprenda a rugir com ternura! Já temos aprendido tanta coisa juntos!

Minha sabedoria selvagem engravidou pelas montanhas solitárias. Nas pedras áridas pariu seu filho, o mais novo de todos.

Agora minha velha sabedoria selvagem corre tresloucada pelo deserto inexorável e procura sem cessar relva fresca.

Na terna relva de vossos corações, meus amigos, em vosso amor ela gostaria de depositar o que tem de mais caro!

Assim falava Zaratustra.

Nas Ilhas Afortunadas

Os figos caem das árvores. São gostosos e doces. E conforme caem, se rompe sua casca vermelha. Um vento do norte para os figos maduros, isso eu sou.

Assim como os figos, caem sobre vós estes preceitos, meus amigos. Alimentai-vos agora de seu suco e de sua doce polpa. Em torno de nós reina o outono, céu sereno, à tarde.

Vede que riqueza em torno de nós! E é lindo olhar os longínquos mares!

Outrora, quando se olhava para os mares longínquos, dizia-se "Deus", mas eu vos ensinava a dizer super-homem.

Deus é uma conjectura, mas eu quero que vossa conjectura não vá muito além de vossa vontade criadora.

Poderíeis criar um Deus? Pois então não me faleis de deuses! Mas de criar um super-homem, bem que seríeis capazes.

Talvez não vós próprios, meus irmãos! Mas poderíeis vos recriar para ser pais e antepassados do super-homem. Que seja essa vossa melhor criação!

Deus é uma conjectura, mas eu quero que vossa conjectura se limite ao que se pode pensar.

Um deus, seríeis capazes de pensá-lo? Mas que a vontade de verdade signifique para vós que tudo se transforme em humanamente pensável, humanamente visível, em humanamente sensível! Vossos próprios sentidos, isto é que deveis enfim pensar.

E o que chamáveis vosso mundo, isso é que a partir de vós mesmos deveis primeiramente criar. Que isso se torne vossa razão, vossa imagem, vossa vontade, vosso amor! E, na verdade, para vossa ventura, discípulos do conhecimento!

E sem essa esperança, como poderíeis suportar a vida, discípulos do conhecimento? Não deveríeis aceitar em permanecer no que é inconcebível nem no que é irracional.

Mas é preciso que vos revele tudo o que tenho no coração, meus amigos. Se existissem deuses, como poderia eu suportar não ser um deus? Por conseguinte, não há deuses.

Fui eu mesmo quem tirou essa conclusão, mas agora é ela que me tira a mim mesmo.

Deus é uma conjectura. Mas dessa conjectura, quem haveria de beber sem morrer, todos os tormentos? Acaso será necessário tirar ao criador sua fé e à águia seu vôo pelos horizontes que lhe pertencem?

Deus é um pensamento que torce tudo o que é direito e que faz girar tudo o que está fixo. Quê? Não existiria mais tempo, e tudo o que é perecível seria mentira?

Pensar desse modo produz rebuliço e vertigem no esqueleto humano e, mais ainda, náuseas no estômago. Na verdade, a doença do gira-gira (que afeta os carneiros – N.T.), assim é que chamo semelhante conjectura.

Mau e inimigo do homem chamo a todo esse ensinamento do único e do perfeito, do imóvel e do satisfeito, do imperecível.

Todo imperecível – é apenas uma imagem! E os poetas mentem demais.

As melhores imagens devem falar do tempo e do devir; devem ser elogio e justificação de tudo o que pertence ao perecível.

Criar, este é o grande resgate do sofrimento e o que torna a vida mais leve. Mas, para ser o criador, são necessárias dor e numerosas metamorfoses.

Sim, em vossa vida é preciso que morrais amargamente muitas vezes, ó criadores! E sereis assim porta-vozes justificadores de tudo o que pertence ao perecível.

Para que aquele que cria ser ele próprio o filho que nasce, é preciso que queira ser a parturiente com as dores da parturiente.

Na verdade, meu caminho me fez atravessar centenas de almas, centenas de berços e centenas de dores de parto. Muitas vezes me despedi, conheço os últimos instantes que dilaceram o coração.

Mas assim o quer minha vontade criadora, meu destino. Ou, para dizê-lo mais francamente, esse destino é que quer ser precisamente minha vontade.

Em mim, tudo o que sente sofre, está aprisionado, mas a mim vem continuamente a vontade como a que me liberta e me traz alegria.

É querer que liberta. Essa é a verdadeira doutrina sobre a vontade e a liberdade. É aquela que vos ensina Zaratustra.

Não mais querer, não mais avaliar e não mais criar! Ah! Que fique sempre longe de mim esse grande desinteresse!

Mesmo na busca do conhecimento só sinto o prazer de minha vontade, quando procria e se realiza. E se há inocência em meu conhecimento, é somente porque nele subsiste uma vontade de procriação.

Essa vontade me arrastou para longe de Deus e dos deuses. Que haveria, pois, a criar se houvesse deuses?

Minha ardente vontade de criar impele-me sempre de novo para os homens, assim como o martelo é impelido para a pedra.

Ai, homens! Para mim, uma imagem dorme na pedra, a imagem de minhas imagens! Ai! Por que escolheu para dormir justamente a pedra mais dura, mais feia?

Agora meu cruel martelo se encarniça contra a sua prisão. A pedra voa em pedaços. Que me importa?

Quero acabar minha obra porque uma sombra vem até mim. De todas as coisas, a mais tranquila e a mais leve, um dia, veio a mim!

A beleza do super-homem veio a mim como uma sombra. Ah, meus irmãos! Que me importam ainda os deuses?

Assim falava Zaratustra.

Dos Compassivos

Meus amigos, aos ouvidos de vosso amigo chegaram palavras zombeteiras: "Olhem para Zaratustra! Ele não anda entre nós como anda no meio dos animais?"

Seria melhor dizer: "Enquanto andar entre os homens, aquele que procura o conhecimento anda no meio de animais".

O próprio homem é, para aquele que tem o conhecimento, animal de faces rosadas.

De onde vem esse apelativo? Não será por que teve que se envergonhar de si mesmo demasiadas vezes?

Ó meus amigos! Assim fala aquele que possui o conhecimento: Vergonha, vergonha, vergonha! Esta é toda a história do homem!

E por isso o homem nobre impõe a si mesmo o dever de não envergonhar ninguém. Diante de quem quer que sofra ele se inclina.

Na verdade, não gosto desses misericordiosos que em sua compaixão encontram sua felicidade. São por demais desprovidos de pudor.

Se for necessário ser compassivo, não quero ao menos que se diga que o sou. E quando o for, que o seja só à distância.

Gosto também de ocultar meu rosto e fugir antes de ser reconhecido. Meus amigos, convido-vos a fazer o mesmo.

Possa meu destino trazer sempre em meu caminho aqueles que, como vós, não sofrem e aqueles com quem posso compartilhar esperanças, comida e mel!

Na verdade, tenho feito isto e aquilo pelos que sofrem, mas sempre me pareceu que o melhor a fazer era aprender a me divertir melhor.

Desde que há homens, o homem tem-se divertido muito pouco. É somente esse, meus irmãos, nosso pecado original.

E quando aprendemos a nos divertir melhor, melhor nos esqueceremos de fazer sofrer os outros e de lhes fazer o mal.

Por isso lavo a mão que auxiliou o que sofre; por isso lavo ainda a alma.

Porque, vendo sofrer o que sofre, envergonhei-me de sua vergonha e quando fui em seu socorro feri duramente seu orgulho.

Grandes obrigações não produzem gratidão, mas ressentimento e o pequeno benefício que não se esquece se transforma em verme roedor.

Ao aceitar, sede altivos! E distingui bem ao aceitar! Aconselho isto aos que não têm o que oferecer.

Eu, porém, sou dos que dão. Gosto de dar, como o amigo aos amigos. Estrangeiros e pobres, contudo, podem colher eles mesmos o fruto de minha árvore. Ficarão assim menos humilhados.

Quanto aos mendigos, melhor seria suprimi-los de vez! Na verdade, irritamo-nos por lhes dar e nos irritamos por não lhes dar.

O mesmo ocorre com os pecadores e com as más consciências! Acreditai em mim, meus amigos: remorso ensina a morder.

O pior de tudo, no entanto, são os pensamentos mesquinhos. Na verdade, é melhor ainda um ato mau que pensar de modo mesquinho.

De certo dizeis: "Sentir prazer em pequenas maldades poupa-nos mais de um grande delito". Mas nesse domínio, não se deveria querer poupar.

A ação má é como um abscesso: irrita, dá coceira e arrebenta: sua linguagem é franca.

"Vede, sou uma doença." Assim fala a má ação, tamanha é sua franqueza.

Mas o pensamento mesquinho se assemelha ao bolor: arrasta-se, agacha-se e não quer estar em parte nenhuma, até que pequenos fungos corroam e murchem todo o corpo.

Mas eu digo estas palavras ao ouvido daquele que possui o demônio: "É melhor que ainda deixes crescer teu demônio! Para ti também existe ainda uma via que leva à grandeza!"

Ai, meus irmãos! Sabemos demais uns dos outros! E há quem chegue a ser transparente para nós sem que possamos por muito tempo, entretanto, passar através dele.

É difícil viver com os homens, uma vez que é tão difícil guardar silêncio.

E aquele com quem somos mais injustos não é aquele que é contra nós, mas com aquele que nos é de todo indiferente.

Se tens, contudo, um amigo que sofre, sê um consolo para

seu sofrimento, mas até certo ponto um leito duro, um leito de campanha. Assim é que lhe serás mais útil.

E se um amigo te faz mal, diz-lhe: "Eu te perdôo o que me fizeste, mas se o tivesses feito a ti mesmo, como poderia te perdoar?"

Assim fala todo grande amor. Supera até o perdão e a compaixão.

É preciso conter o coração, porque, se o deixamos livre, depressa perdemos a cabeça!

Ai! Onde se cometeram mais loucuras na terra do que entre os compassivos? E no mundo, quem fez sofrer mais que as loucuras dos compassivos?

Infelizes daqueles que amam sem ter domínio de sua compaixão!

Assim me falou o diabo um dia: "Deus também tem seu inferno. É seu amor pelos homens".

E recentemente ouvi dele dizer estas palavras: "Deus morreu. Morreu de sua compaixão pelos homens".

Previno-vos, pois, contra a compaixão. É dela que, para os homens, ainda surge uma nuvem carregada. Na verdade, eu entendo muito bem de sinais de tempestade!

Mas lembrai-vos também destas palavras: Todo grande amor está ainda acima de toda sua compaixão porque aquilo que ele ama quer também criá-lo.

"Eu mesmo me ofereço a meu amor e a meu próximo como a mim mesmo". Assim se exprimem todos os criadores.

Mas todos os criadores são cruéis.

Assim falava Zaratustra.

Dos Sacerdotes

Um dia Zaratustra acenou para seus discípulos e assim lhes falou:

"Olhai estes sacerdotes. Embora sejam meus inimigos, passai diante deles tranquilamente e com a espada embainhada.

Também entre eles há heróis, muitos sofreram demais. Por isso querem fazer sofrer os outros.

São maus inimigos. Nada há de mais vingativo que sua humildade. E quem os ataca, facilmente se suja.

Mas meu sangue é aparentado com o deles. E eu quero que meu sangue seja honrado até no deles."

Quando passaram, Zaratustra ficou embargado pela dor. Depois de lutar uns momentos com a dor, começou a falar assim:

Esses sacerdotes me causam pena. Repugnam-me também, mas desde que estou entre os homens, isso é o que menos me importa.

Com eles, no entanto, sofro e sofri. Considero-os prisioneiros e marcados por um sinal. Aquele a quem chamam Salvador os carregou de algemas.

Dessas algemas que são os falsos valores e as palavras ilusórias! Ah! Talvez de seu redentor ainda possam ser resgatados!

Sacudidos pelo mar, um dia acreditaram ter aportado numa ilha, mas não passava afinal de um monstro adormecido!

Falsos valores e palavras ilusórias, para mortais, são os monstros mais perigosos. Por muito tempo neles dorme e aguarda o destino.

Mas, por fim, desperta, destrói e devora todo aquele que nela havia levantado suas tendas.

Oh! Observai essas tendas que esses sacerdotes construíram! Eles chamam igrejas seus antros de perfume enjoativo.

Oh! Essa luz artificial, esse ar enfumaçado! A alma ali não tem o direito de voar até suas alturas.

Eis, porém, o que sua fé prescreve: "Subi os degraus de joelhos, vós que pecastes!"

Na verdade, prefiro ver o impudico a esses olhos revirados por seu pudor e por sua devoção!

Quem criou semelhantes antros e semelhantes graus de penitência? Não eram os que queriam esconder-se e tinham vergonha de si mesmos diante do céu puro?

E só quando o céu puro brilhar de novo através das abóbadas rachadas e contemplar, ao longo das paredes em ruínas, sobre a erva e as vermelhas papoulas, só então inclinarei novamente meu coração para os santuários desse Deus.

Eles chamaram Deus àquilo que os contrariava e os prejudicava. E, na verdade, havia em sua adoração muito heroísmo!

E não souberam amar a seu Deus de outra maneira, senão pregando o homem na cruz!

Pensaram viver como cadáveres, vestiram de negro seus cadáveres e até em suas palavras percebo o mau cheiro dos sepulcros.

Viver junto a eles é viver em negros pântanos, de onde o sapo, com doce melancolia, modula sua canção.

Seria necessário que entoassem melhores canções para que eu aprendesse a acreditar em seu redentor, que seus discípulos tivessem mais aparência de redimidos.

Gostaria de vê-los nus, porque só a beleza devia pregar a penitência. Mas a quem haverá de convencer essa compunção mascarada?

A bem da verdade, nem seus próprios salvadores descendiam da liberdade e do sétimo céu da liberdade! A bem da verdade, eles próprios jamais puseram os pés sobre o tapete do conhecimento!

O espírito desses salvadores era feito de buracos, mas em cada buraco haviam posto sua ilusão e a seu tapa-buracos chamaram Deus.

Em sua compaixão se havia afogado seu espírito e quando se enchiam e se inflavam de compaixão, sempre flutuava uma grande loucura na superfície.

Apressadamente lançavam seu rebanho no caminho, dando gritos, como se houvesse somente uma passarela que fosse dar ao futuro! Na verdade, mesmo esses pastores não passavam ainda de ovelhas.

Esses pastores tinham espírito pequeno e almas grandes, mas até agora, meus irmãos, quão pequenas foram essas almas, mesmo as maiores!

Marcaram o caminho que trilhavam com sinais sangrentos e sua loucura ensinava que pelo sangue se prova a verdade.

O sangue, porém, é o pior testemunho da verdade. O sangue infecta a doutrina mais pura e transforma-a em loucura e em ódio no fundo do coração.

E mesmo que alguém atravesse o fogo por sua doutrina, isso prova o quê? Na verdade, prova melhor é que de seu próprio braseiro surge sua doutrina.

Coração ardente e cabeça fria. Quando essas duas coisas se reúnem, nasce o furacão, o "redentor".

Na verdade, houve homens maiores e melhor nascidos do que aqueles a quem o povo chama salvadores, esses furacões devastadores.

E é preciso, meus irmãos, que sejais resgatados por outros maiores ainda do que todos os salvadores, se quereis encontrar o caminho da liberdade.

Nunca houve até hoje um super-homem. Tenho visto nus todos os homens, desde o maior até o menor.

Parecem-se ainda demais uns com os outros. Na verdade, até o maior me pareceu que era demasiado humano.

Assim falava Zaratustra.

Dos Virtuosos

Com grande quantidade de trovoadas e de fogos de artifício celestes, é preciso falar aos sentidos indolentes e adormecidos.

Mas voz da beleza fala suavemente. Ela só se insinua nas almas mais despertas.

Hoje meu escudo estremeceu e riu suavemente. Era o estremecimento e o riso sagrado da beleza!

De vós, ó virtuosos, ria-se hoje minha beleza. E sua voz chegou assim até mim: "Ainda querem ser pagos."

Vós quereis ainda por cima ser pagos, homens virtuosos! Quereis um salário por vossa virtude, o céu em troca da terra e a eternidade em troca de vosso hoje!

E me censurais porque ensino que não há contador nem tesoureiro de recompensas? E na verdade, sequer ensino que a virtude seja recompensa de si própria.

Ai! Essa é minha tristeza. Introduziu-se fraudulentamente recompensa e castigo no fundo das coisas e agora até no fundo de vossas almas, virtuosos!

Mas minha palavra, semelhante ao focinho do javali, deverá dilacerar o fundo de vossas almas e eu quero ser para vós relha de arado.

Será necessário trazer à luz todos os segredos de vosso íntimo. E quando tiverdes sido rasgados e dilacerados, expostos ao sol, então ficará também vossa mentira separada de vossa verdade.

Porque esta é vossa verdade: sois demasiado puros para a imundície destas palavras: vingança, castigo, recompensa, talião.

Amais vossa virtude como a mãe ama o filho, e quando se ouviu dizer que uma mãe quisesse ser paga por seu amor?

Vossa virtude é o melhor de vós mesmos. Vossa sede é a do anel que sempre luta e se retorce para voltar sobre si mesmo.

E toda a obra de vossa virtude é como estrela que se extingue. Sua luz caminha ainda e continua viajando. Quando deixará de caminhar?

Assim a luz de vossa virtude caminha ainda, mesmo depois da obra realizada. Pouco importa que agora esteja morta e esquecida. Seu raio de luz prossegue sua viagem.

Que vossa virtude seja vosso próprio Eu e não qualquer coisa estranha, uma casca, uma capa. Que seja a verdade que vem do fundo de vossa alma, ó virtuosos!

Mas há também alguns para quem a virtude é um espasmo produzido pelas chicotadas. E vós ouvistes de sobra seus gritos!

E há outros que chamam virtude à preguiça de seu vício. E quando alguma vez seu ódio e sua inveja se preparam para dormir, sua "justiça" desperta e esfrega os olhos sonolentos.

E há outros que se vêem arrastados para baixo. Seus diabos os puxam. Mas quanto mais aí se afundam, mais ardentemente brilham seus olhos e o desejo que têm de seu Deus.

Ai! Também o grito desses chegou a vossos ouvidos, ó virtuosos: "O que eu não sou, isso é meu Deus e minha virtude".

E há outros que andam pesadamente, chiando como carroças transportando pedra ladeira abaixo. Falam muito de dignidade e de virtude. Chamam virtude ao calço que serve de freio.

E há outros que parecem relógios a que se dá corda dia após dia. Produzem seu tique-taque e querem que esse tique-taque se chame virtude.

Na verdade, esses me divertem. Onde quer que encontre tais relógios dar-lhes-ei corda com minha ironia e, além disso, quero que para mim ronronem.

E outros se orgulham de seu punhado de justiça e em nome disso atropelam tudo, de modo que o mundo se afoga em sua iniquidade.

Ai! Como soa mal a palavra "virtude" em sua boca! E quando dizem "Sou justo", é num tom que soa como "Estou vingado!"

Por sua virtude, querem arrancar os olhos de seus inimigos e só se elevam para rebaixar os outros.

E há outros ainda que se instalam em seu pântano e que falam por entre o canavial: "Virtude é permanecer em silêncio no pântano.

Não mordemos ninguém e afastamo-nos daquele que quer morder. E em todas as coisas pensamos o que se nos diz que se deve pensar."

E há ainda outros que gostam de gesticular e acreditam que a virtude é uma espécie de mímica.

Seus joelhos estão sempre dobrados, as suas mãos se juntam em louvor à virtude, mas o coração está alheio a tudo isso.

E há outros que julgam que é virtuoso dizer: "A virtude é necessária". Mas no fundo só acreditam que a polícia é necessária.

E alguns, incapazes de ver a grandeza do homem, falam de virtude quando vêem perto demais sua baixeza. Deste modo chamam "virtude" a seu olhar malvado.

Uns querem ser elevados e encorajados e chamam a isso virtude. O outros querem ser derrubados e também a isso chamam virtude.

E assim quase todos julgam que participam da virtude e todos querem, pelo menos, serem tidos como conhecedores do "bem" e do "mal".

Ora, Zaratustra não veio para dizer a todos esses mentirosos e insensatos: "Que sabeis vós da virtude? Que poderíeis saber da virtude?"

Veio para que vós, meus amigos, vos canseis das velhas palavras que aprendestes dos mentirosos e dos insensatos:

Para que vos canseis das palavras "recompensa", "talião", "castigo", "justa vingança".

Para que vos canseis de dizer que "uma ação é boa porque é desinteressada".

Ai, meus amigos! Que vosso Eu esteja na ação como a mãe no filho. Que essa seja vossa palavra ao falar de virtude!

Na verdade, eu vos tirei palavras às centenas e os mais caros brinquedos de vossa virtude. E agora vos irritais contra mim e vos comportais como crianças amuadas.

Brincavam à beira do mar, veio então a onda e levou seus brinquedos para o fundo. Agora choram.

A mesma onda, porém, lhes trará novos brinquedos e espalhará aos pés deles novas conchas coloridas.

Assim se consolarão e vós também, meus amigos, tereis como eles vossas consolações e novas conchas coloridas".

Assim falava Zaratustra.

Da Canalha

A vida é uma fonte de prazer, mas onde quer que a canalha vá beber, todas as fontes estão infestadas.

Gosto de tudo o que é limpo, mas não posso ver as bocarras grotescas e a sede dos imundos.

Lançaram seus olhares para o fundo do poço. Agora o fundo do poço reflete seu repugnante sorriso.

Infestaram a água santa com sua concupiscência e, chamando de prazer seus torpes sonhos, infestaram ainda por cima as próprias palavras.

Rebelde se torna a chama quando instalam perto do fogo seus corações úmidos. O próprio espírito estrala e fumega quando a canalha se aproxima do fogo.

Melada e enjoativa se torna a fruta em suas mãos. Sob seu olhar a árvore frutífera se desfolha ao vento e seca.

E mais de um dos que se afastaram da vida, afastaram-se tão somente da canalha, pois não queriam repartir com a canalha o poço, a chama e o fruto.

E mais de um que se retirou ao deserto para lá sofrer a sede com os animais selvagens, queria somente não se sentar junto à cisterna em companhia de imundos cameleiros.

E mais de um que voltava de lá como exterminador e como saraivada que devasta todas as plantações, só queria pôr o pé na goela da canalha para lhe sufocar a garganta.

E o que mais me ficou travado na garganta não era saber que a própria vida se encontra necessitada de inimizade, de morte, de cruz do martírio, mas uma vez me perguntei e a pergunta quase me sufocava: O quê? Também a canalha seria para a vida uma necessidade?

Seriam necessários poços infestados, fogos pestilentos, sonhos imundos e vermes no pão da vida?

Não foi o ódio, mas o nojo que, faminto, me devorou a vida! Ai! Quantas vezes me cansei do espírito, ao descobrir que a canalha também tem espírito!

E voltei costas aos governantes assim que vi o que hoje chamam governar: tráfico e negociação de poder – com a canalha!

E vivi entre os povos que falavam língua estranha e com os ouvidos tapados, a fim de que me ficasse estranha a linguagem de seu tráfico e suas negociações do poder.

E tapando as narinas atravessei com coragem todo o ontem e o hoje. Na verdade, o ontem e o hoje empestam a canalha rabiscadora.

Como um enfermo que ficou surdo, cego e mudo, assim vivi muito tempo, para não viver com a canalha do poder, da pena e dos prazeres.

A caro custo e com cautela meu espírito subia as escadas. Esmolas de prazer foram seu reconforto. Apoiado em seu bastão de cego, arrastava-se pela vida.

Que me aconteceu, então? Como me curei dessa aversão? Quem rejuvenesceu meus olhos? Como retomei meu vôo para as alturas onde já não há canalha sentada à beira das fontes?

Minha própria aversão me deu asas e forças para descobrir esses mananciais? Na verdade, tive de voar ao mais alto dos picos para tornar a encontrar a fonte da alegria.

Ah, meus amigos, encontrei-a! Aqui, no mais alto brota para mim a fonte de alegria! E há uma vida em que ninguém da canalha põe os lábios!

Fonte da alegria, quase brotas para mim com demasiada violência! E muitas vezes esvazias a taça querendo enchê-la novamente!

Ainda tenho de aprender a aproximar-me de ti mais moderadamente. Meu coração acorre a teu encontro ainda com demasiada violência.

Meu coração onde arde meu verão, o breve, o tórrido, o melancólico verão que transborda de felicidade. Como anela por tua frescura meu coração estivo!

Terminada a tribulação hesitante de minha primavera! Terminada a malícia de meus flocos de neve em pleno junho! Já me tornei inteiramente verão e meio-dia de verão!

Verão no topo mais alto, com fontes frescas e um silêncio bem-aventurado. Ah! Vinde, meus amigos, para que se torne ainda mais bem-aventurado o silêncio!

Porque este é nosso cimo e nossa pátria. E aqui habitamos bem alto, um lugar escarpado demais para todos os imundos e sua sede.

Lançai somente vossos olhares puros, vós meus amigos, na fonte de minha alegria! Como poderia turvar-se? Sorrir-vos-á com toda a sua pureza!

Sobre a árvore do futuro construímos nosso ninho. As águias trarão no bico o sustento para nós que somos solitários.

Na verdade, um sustento de que não tivessem permissão participar os imundos! Porque os imundos julgariam devorar fogo e haveriam de queimar a garganta.

Na verdade, não oferecemos aqui asilo para os imundos! Nossa ventura seria para seus corpos e seus espíritos como uma caverna de gelo!

E nós queremos viver acima deles como ventos impetuosos, vizinhos das águias, próximos da neve, vizinhos do sol. Assim vivem os ventos impetuosos.

E à semelhança do vento, quero soprar com meu espírito entre eles um dia e cortar a respiração a seu espírito. Assim o quer meu futuro.

Na verdade, Zaratustra é um vento impetuoso para todas as terras baixas e este é o conselho que dá a seus inimigos e a todos aqueles que cospem e babam: "Evitai de cuspir contra o vento!"

Assim falava Zaratustra.

Das Tarântulas

Aí está a toca da tarântula! Queres ver a ela mesma? Aí está sua teia. Toca-a e a verás estremecer.

Ela vem, sem se fazer de rogada. Bem-vinda tarântula! Negro sobre tuas costas se assenta teu triângulo, tua marca de reconhecimento. E eu bem sei também o que há em tua alma.

Em tua alma aninha-se a vingança. Onde quer que piques, forma-se uma crosta negra. Para se vingar, teu veneno injeta na alma o redemoinho.

Assim falo em parábola a vós que injetais redemoinhos na alma, pregadores da igualdade! Vós sois, para mim, tarântulas sedentas de secretas vinganças.

Eu, porém, acabarei por revelar vossos esconderijos. Por isso rio em vossa cara com meu riso das alturas!

Por isso despedaço vossa teia para que a raiva vos faça sair de vosso antro de mentira e para que vossa vingança apareça por detrás de vossa palavra "justiça".

Com o efeito, para que o homem seja salvo da vingança. Esta é para mim a ponte para a esperança superior e um arco-íris que aparece após grandes tempestades.

Mas as tarântulas querem certamente outra coisa: "Que seja justamente nossa justiça que encha o mundo de tempestades de nossa vingança!" Assim falam elas entre si.

"Queremos vingança e calúnia contra todos aqueles que não se assemelham a nós." Assim juram a si mesmas as tarântulas.

"E vontade de igualdade, isto deverá se tornar de ora em diante o nome da virtude e queremos erguer nosso clamor contra tudo o que tem poder!"

Pregadores da igualdade, assim a tirânica loucura de vossa impotência reclama em brados a "igualdade". Assim, por detrás das palavras de virtude se escondem vossos mais secretos desejos de tiranos!

Vaidade amarga, inveja contida, talvez vaidade e inveja de vossos pais, em vós eclodem como chama e loucura de vingança.

O que o pai calava, o filho expressa em palavras e muitas

vezes vi revelado no filho o segredo do pai.

Parecem inspirados. O coração, no entanto não os inspira, mas a vingança. E se tornam frios e sutis; não é o espírito, mas a inveja que os torna frios e sutis.

Seu ciúme os conduz também pelas sendas dos pensadores e o sinal de seu ciúme é que vão sempre demasiado longe, tão longe que, no fim, seu cansaço os força a dormir no meio da neve.

Todos os seus lamentos têm acentos de vingança. Todos os seus elogios ocultam a intenção de prejudicar e serem juízes é para eles a suprema felicidade.

Eu vos dou, contudo, este conselho, meus amigos: Desconfiai de todos aqueles que sentem forte desejo de castigar!

São pessoas de origem e raça más. Em seus rostos brilham o espião e o carrasco.

Desconfiai de todos aquele que falam muito de sua justiça! Na verdade, não é só mel que falta a suas almas.

E quando se autodenominam "os homens de bem" e "os justos" não esqueçais que, agora, para serem fariseus só lhes falta – poder.

Meus amigos, não quero ser misturado nem confundido com os outros.

Há quem pregue a minha doutrina da vida, mas são a um tempo pregadores da igualdade e das tarântulas.

Estas aranhas venenosas falam em favor da vida, se bem que estejam acomodadas em suas tocas e afastadas da vida. É porque dessa maneira querem fazer sofrer.

Querem prejudicar os que têm agora o poder porque entre esses a pregação da morte é ainda a coisa mais familiar.

Se fosse de outro modo, as tarântulas pregariam outra doutrina porque outrora foram elas justamente as que melhor souberam caluniar o mundo e queimar hereges.

Com estes pregadores da igualdade é que eu não quero ser misturado nem confundido. Porque a justiça me fala assim: "Os homens não são iguais".

Não devem tampouco chegar a sê-lo. Que seria, com efeito, meu amor ao super-homem, se eu falasse doutro modo?

Por mil pontes e por mil caminhos se devem precipitar

para a conquista do futuro e sempre haverá de crescer entre eles a guerra e a desigualdade. Assim me faz falar meu grande amor!

Devem-se tornar inventores de imagens e de fantasmas em suas inimizades, uns contra os outros, e com suas imagens e seus fantasmas devem travar entre si o supremo combate.

Bom e mau, rico e pobre, alto e baixo, todos os nomes de valores devem ser armas e símbolos bélicos, em sinal de que a vida sempre se há de superar novamente a si mesma.

Ela, a própria vida, quer elevar-se às alturas com pilares e degraus. Quer olhar para os longínquos horizontes e, para além, as supremas belezas. Porque ela tem necessidade de alturas.

E porque necessita de alturas, necessita de degraus e de contradição entre os degraus e entre aqueles que sobem! Subir é o que quer a vida e, ao subir, superar-se.

E vede, meus amigos! Aqui, onde está a toca da tarântula, elevam-se as ruínas de um templo antigo. Observai-o com olhos radiantes.

Na verdade, aquele que aqui em outros tempos elevou na pedra seus pensamentos para as alturas, esse deve ter conhecido o segredo da vida toda como o mais sábio.

Que até na beleza haja luta e desigualdade e guerra pelo poder e pela supremacia. Isso ele aqui nos ensina com a mais significativa imagem.

Assim como aqui, de modo divino, abóbadas e arcos travam um combate singular, pugnam lançando entre eles assaltos de luz e sombra, eles que aspiram ao divino, assim também, de maneira segura e nobre, sejamos nós também inimigos, meus amigos! Vamos nos tomar de assalto divinamente uns contra os outros!

Desgraça! A mim também me picou a tarântula, minha velha inimiga! Divinamente firme e bela, ela me picou no dedo!

"É preciso castigo, justiça" – pensa a tarântula. "Não é impunemente que aqui se deva cantar hinos em honra da inimizade!"

Sim, ela se vingou! Pobre de mim! Agora, para se vingar, ela vai dar a minha própria alma o redemoinho da vingança!

Mas para que eu não gire, meus amigos, atai-me fortemente a esta coluna. Prefiro ser um santo de coluna que um redemoinho de vingança!

Na verdade, Zaratustra não é um ciclone nem um turbilhão e, se é dançarino, pelo menos não será jamais dançarino de tarantela!

Assim falava Zaratustra.

Dos Sábios Célebres

Todos vós, ó sábios célebres, a serviço do povo e da superstição do povo é que vos pusestes e não da verdade! E é precisamente por isso que vos têm honrado.

E por isso também foi tolerada vossa incredulidade porque parecia uma brincadeira e um jogo para o povo. Assim o amo solta a rédea do pescoço de seus escravos e se regozija com sua liberalidade.

Mas aquele que detesta o povo, como os cães odeiam o lobo, é o espírito livre, inimigo das algemas, aquele que a ninguém presta culto e que habita nas florestas.

Tirá-lo de seu esconderijo é o que o povo chamou sempre de "sentido da justiça". Sempre ainda contra ele o povo atiça seus mais ferozes cães.

"Porque a verdade existe! E o povo também existe! Infeliz, infeliz daquele que a procura!" Este grito é que ecoa através de todos os tempos.

Queríeis justificar a veneração de vosso povo e a isto chamastes "vontade de verdade", ó sábios célebres!

E vosso coração dizia sempre a si mesmo: "Eu saí do povo. Dele me veio também a voz de Deus".

Teimosos e prudentes como o asno, sempre vos arvorastes como porta-vozes do povo.

E mais de um poderoso, que queria estar bem com o povo, atrelou à dianteira dos seus cavalos um pequeno asno, um sábio célebre.

E agora, ó sábios célebres, gostaria que finalmente lançásseis para longe de vós a pele de leão.

A pele da fera, a pele malhada e a crina do explorador, do investigador e do conquistador.

Ah! Para que eu pudesse acreditar em vossa "veracidade", seria necessário primeiramente romper com vossa vontade respeitosa.

Veraz, assim eu chamo aquele que vai para o deserto sem Deus e que aniquilou seu coração reverente.

No meio da areia fulva, queimado pelo sol, morrendo de sede ele olha para as ilhas de copiosas fontes onde, sob árvores de grande ramagem, repousam os vivos.

Mas sua sede não o persuade a imitar esses que estão satisfeitos porque onde há oásis há também ídolos.

Faminta, violenta, solitária, sem deus, assim se quer a si própria a vontade leonina.

Livre da felicidade servil, libertada de deuses e orações, impávida e terrível, grande e solitária, essa é a vontade do veraz.

No deserto têm vivido sempre os verdadeiros, os espíritos livres, como senhores do deserto. Mas nas cidades residem os sábios célebres e bem alimentados: os animais de tração.

Porque eles puxam sempre, asnos que são, a carroça do povo!

Não certamente porque isso me leve a irritar-me contra eles, mas para mim não passam de servidores, de puxadores de carroça, mesmo que sejam dourados seus arreios.

E muitas vezes têm sido bons servidores, dignos de louvor, porque assim fala a virtude: "Se é forçoso seres servidor procura aquele a quem mais aproveitem teus serviços.

O espírito e a virtude do teu amo devem crescer por estares a serviço dele. Com seu espírito e sua virtude tu mesmo te engrandeces."

E, na verdade, ó sábios célebres, servidores do povo, crescestes com o espírito e a virtude do povo e o povo cresceu por vossa causa. Digo isto em vossa honra.

Continuais, porém, a ser povo, até em vossas virtudes, povo de olhos fracos, povo que não sabe o que é o espírito.

O espírito é a vida que clarifica a própria vida. Seu próprio tormento aumenta seu próprio saber. Já o sabíeis?

E a felicidade do espírito consiste nisto: em receber a unção e a bênção cheia de lágrimas para se tornar vítima de holocausto. Já o sabíeis?

E a cegueira do cego, suas hesitações e seu tatear ainda são testemunhas do poder do sol que contemplou. Já o sabíeis?

E aquele que possui o conhecimento deve aprender a construir com montanhas! Deslocar montanhas é pouca coisa para o espírito. Já o sabíeis?

Vós só vedes as centelhas do espírito, mas não a bigorna que o espírito é, como ignorais a crueldade de seu martelo.

Na verdade, vós não conheceis a altivez do espírito! Ainda menos haveríeis de suportar sua modéstia, se um dia a modéstia do espírito quiser falar!

E nunca conseguistes mergulhar vosso espírito numa cova de neve. Não tendes calor suficiente para isso! Ignorais também, por conseguinte, os arroubos de seu frio.

Em todas as coisas, porém, me pareceis tratar com o espírito de modo demasiado familiar e muitas vezes fizestes da sabedoria um asilo e um hospital de maus poetas.

Não sois águias. Por isso não conhecestes a felicidade dos terrores do espírito. Quem não é ave não deve construir ninhos sobre abismos.

Para mim, sois mornos, mas fria é a torrente de todo o conhecimento. Frias como gelo são as glaciais fontes interiores do espírito. Para mãos ardentes e trabalhadores ardentes são um reconforto.

Respeitáveis e eretos vos mantendes perante mim, firmes e costas aprumadas, ó sábios célebres! Nem vos altera a força de vento algum, de vontade alguma.

Nunca vistes cruzar o mar uma vela trêmula enfunada e que estremecia sob a borrasca?

Semelhante a essa vela, estremecendo sob a borrasca do espírito, assim cruza o mar minha sabedoria, minha sabedoria selvagem!

Mas vós, servidores do povo, sábios ilustres, como poderíeis acompanhar-me na travessia?

Assim falava Zaratustra.

Canto Noturno

É noite. Mais alto falam agora todas as fontes que jorram. E minha alma também é uma fonte que jorra.

É noite. Agora despertam todas as canções dos amantes. E minha alma também é uma canção de um homem que ama.

Há qualquer coisa em mim de insaciado, de insaciável e que quer elevar a voz. Há em mim um desejo de amor que fala a linguagem do amor.

Eu sou luz. Ah! se eu não fosse noite! Mas minha solidão é estar rodeado de luz.

Ah! Se eu fosse sombra e trevas! Como sorveria meu leite dos seios da luz!

E também a vós gostaria de abençoar, ó estrelinhas cintilantes, vagalumes celestes! E ficaria cheio de ventura em receber vossa luz.

Mas eu vivo em minha própria luz, absorvo em mim mesmo as chamas que de mim brotam.

Não conheço a felicidade daquele que recebe e frequentemente tenho sonhado que roubar deve ser ainda felicidade maior do que receber.

Minha pobreza reside em que minha mão nunca se cansa de dar. Minha inveja são os olhos que vejo esperando e as noites claras da nostalgia.

Ó sorte maldita de todos aqueles que dão! Ó eclipse de meu sol! Ó desejo de desejar! Ó fome devoradora na saciedade!

Eles recebem de mim. Mas sua alma, consigo tocá-la ainda? Entre dar e receber há um abismo. E o menor abismo é o último que se fecha.

De minha beleza se alimenta e cresce uma fome. Gostaria de fazer sofrer aqueles que ilumino, gostaria de despojar aqueles que cumulo de bens. Tal é minha fome de maldade.

Retirando a mão quando outra mão para ela já se estende, hesitando como a cascata que vacila até em sua queda, assim eu tenho fome de maldade.

Tal é a vingança que medita minha riqueza. Tais perfídias jorram de minha solidão.

O prazer que provo ao dar já morreu à força de dar. Minha virtude se cansou de si mesma em sua superabundância.

Aquele que sempre dá corre o risco de perder o pudor. Aquele que reparte sem cessar, à força de simplesmente repartir acaba por calejar as mãos e o coração.

Meus olhos já não se arrasam de lágrimas ao ver a vergonha dos que imploram. Minha mão endureceu demais para experimentar o tremor das mãos cheias.

Para onde foram as lágrimas de meus olhos e o aveludado de meu coração? Ó solidão de todos aqueles que dão! Ó silêncio de todos aqueles que brilham!

Muitos sóis gravitam no espaço vazio. Sua luz fala a tudo o que é obscuro. Só para mim emudeceram.

Ah! Para aquele que brilha é a inimizade da luz que inexoravelmente prossegue por suas vias!

Injusto até no fundo de seu coração para com aquele que brilha, cheio de frieza para com os outros sóis, assim caminha qualquer sol.

Como uma tempestade, voam os sóis por suas órbitas. É a maneira deles de viajar. Obedecem a sua vontade inexorável. É a sua frieza.

Oh! Só vós criaturas escuras e noturnas, só vós tirais vosso calor do luminoso. Só vós bebeis vosso leite e vosso reconforto nos seios da luz!

Ai! Tudo é gelo em torno de mim. Minha mão se queima ao tocar o gelo! Ai! Tenho uma sede que suspira por vossa sede!

É noite. Ai! Por que hei de ser luz? E ter sede do noturno? E solidão?

É noite. Como uma fonte, brota agora meu desejo e meu desejo é de falar.

É noite. Mais alto falam agora todas as fontes que jorram. E minha alma, ela também é uma fonte borbulhante.

É noite. Agora despertam todas as canções daqueles que amam. E minha alma também é a canção de um homem que ama.

Assim falava Zaratustra.

A Canção para Dançar

Uma tarde, Zaratustra caminhava por um bosque, acompanhado de seus discípulos. Ao procurar uma fonte, chegou a um verde prado rodeado de árvores e pequenas matas. Estavam ali dançando juntas algumas jovens. Logo que viram Zaratustra pararam de dançar. Mas Zaratustra aproximou-se delas amigavelmente e disse estas palavras:

"Não pareis de dançar, encantadoras meninas! Quem se aproxima de vós não é um obstáculo a vosso entretenimento, um olho mau, um inimigo das jovens.

Sou o advogado de Deus perante o diabo. Esse diabo é o espírito do peso. Vós, tão leves, como poderia eu ser inimigo das divinas danças? Ou dos pés das jovens de graciosos tornozelos?

É certo que sou uma selva e uma noite de árvores sombrias, mas aquele que não se amedrontar de minhas trevas encontrará sob meus ciprestes coroas de rosas.

Saberá também encontrar o pequenino Deus preferido das donzelas. Está junto da fonte, tranquilo, de olhos fechados.

Na verdade, adormeceu em pleno dia o folgado! Sem dúvida, andou atarefado demais, não é? Com sua caça às borboletas.

Não vos zangueis comigo, formosas dançarinas, se contra o pequeno Deus ando um tanto irritado. Sem dúvida, ele vai gritar e chorar. Mas, até quando chora, se presta ao riso.

E, com lágrimas nos olhos, ele vai vos convidar para uma dança. Eu mesmo acompanharei essa dança com uma canção.

Uma canção para dançar e uma sátira sobre o espírito do peso, sobre meu diabo soberano e onipotente que dizem ser o 'dono do mundo'".

Aqui está a canção que Zaratustra cantou, enquanto juntos dançavam Cupido e as jovens:

"Ainda há pouco fitei teus olhos, ó vida! E no insondável parecia que eu ia me afogar!

Mas tu voltaste a pescar-me, preso em teu anzol de ouro. Desataste a rir quando te chamei insondável.

Assim falam todos os peixes – dizias –, o que eles não podem penetrar é insondável.

Eu, porém, sou volúvel e selvagem, mulher em tudo e nunca virtuosa.

Posto que para vós, homens, eu seja 'a profunda', ou a fiel', 'a eterna', 'a misteriosa'.

Mas vós, homens, ó virtuosos! Vós nos emprestais sempre vossas próprias virtudes.

Assim ria ela, a inacreditável. Mas nunca acredito nela, nem nela nem em seu riso, quando fala mal de si própria.

E quando eu falava a sós com minha selvagem sabedoria, encolerizada me disse: "Tu queres, tu desejas, tu amas! E só por isso elogias a vida".

Pouco me faltou para responder mal e dizer a verdade à irritada. E ninguém pode responder pior do que quando "diz a verdade" à sua sabedoria.

Tais são as relações que mantemos a três. Eu nada amo mais profundamente do que a vida e ainda mais quando a detesto.

Mas se sou complacente com a sabedoria, e amiúde em excesso, é porque me lembra muito a vida.

Tem seus olhos, seu riso e até seu anzol de ouro. Que posso fazer, se as duas tanto se parecem?

E quando um dia a vida me perguntou:

"Mas, que é a sabedoria?" – Eu respondi pressuroso: "Ah! sim! a sabedoria!

Estamos sedentos dela e não nos saciamos. Olhamos para ela através de um véu e a caçamos com redes.

É verdade que é formosa? Não sei! Até as carpas mais velhas, porém, ainda mordem suas iscas.

É versátil e obstinada. Muitas vezes a vi morder os lábios e eriçar o cabelo com o pente.

Talvez seja má e falsa e, em todas as coisas, mulher. Mas quando fala mal de si mesma é justamente quando seduz mais".

Quando dizia isto à vida, ela riu-se maldosamente e cerrou os olhos. "Mas de quem falas tu? – disse. É de mim?

E conquanto tivesses razão, serão coisas que se digam na cara? Mas agora fala-me, pois, de tua sabedoria!"

"Ai! E então tornaste a abrir os olhos, ó amada vida! E de novo me pareceu que me afogava no insondável."

Assim cantava Zaratustra. Mas quando a dança terminou e as jovens partiram, ficou triste.

"O sol já se pôs há muito – disse por fim. O prado está úmido, dos bosques sopra uma brisa agradável.

Há algo de desconhecido que me envolve e me olha pensativo. O quê? Ainda vives, Zaratustra?

Por quê? Para quê? Onde? Como? Não é uma loucura viver ainda?

Ah! meus amigos! É a noite que assim me interroga. Perdoai-me a tristeza!

Caiu a noite! Perdoai-me por ter caído a noite!

Assim falava Zaratustra.

A Canção do Sepulcro

"Lá além fica a ilha dos sepulcros, a ilha taciturna. Lá estão também os sepulcros de minha juventude. Para lá quero levar uma coroa imarcescível da vida".

E tendo assim resolvido em meu coração, atravessei o mar.

Ó imagens e visões de minha juventude! Vós todos, olhares de amor, momentos divinos! Como vos desvanecestes depressa! Penso hoje em vós como em meus mortos.

De vós, mortos prediletos, chega até mim um suave perfume, um perfume que alivia o coração e faz correr as lágrimas. Na verdade, esse perfume comove e alivia o coração do navegante solitário.

Sou sempre o mais rico e mais digno de inveja, eu, o solitário! Porque vos tive e vós ainda me tendes. Dizei-me, houve alguém que da árvore lhe tivessem caído, como para mim, mais maçãs vermelhas?

Eu sou ainda o herdeiro e a herança de vosso amor, onde florescem, em vossa memória, meus amados, virtudes silvestres de todas as cores!

Ai! Nós éramos feitos para viver juntos, uns ao lado dos outros, vós que tendes minha afeição, vós estranhas maravilhas! E tínheis vindo para mim e para meu desejo, não como tímidas aves, não, mas como confiantes em quem vos dava confiança!

Sim, feitos para a fidelidade como eu e para doces eternidades, terei agora de vos lembrar por vossa infidelidade, ó olhares divinos e momentos divinos! Ainda não aprendi outros nomes.

Na verdade, demasiado cedo morrestes para mim, fugitivos. Não fugistes de mim, entretanto, nem eu de vós. Não somos culpados reciprocamente de nossa infidelidade.

Foi para me matarem que vos estrangularam, aves canoras de minhas esperanças! Sim, para vós, amados meus, a maldade sempre atirou suas flechas para me atingir o coração.

E o atingiu! Vós não fostes continuamente o que de mais caro eu tinha, meu bem, minha posse? Por isso tivestes de morrer jovens e prematuramente.

Para o mais vulnerável que havia em mim foi disparada a flecha. Contra vós, cuja pele se assemelha a uma penugem e, mais ainda, a um sorriso que se dissolve ao primeiro olhar.

Eu, porém, hei de dizer a meus inimigos: O que são todos os assassinatos cometidos em comparação com o que me fizestes?

O que fizestes comigo é pior que um assassinato. Não se pode restituir o que me tirastes. Assim vos falo, inimigos meus!

Matastes as visões e os prodígios mais caros de minha juventude. Tirastes de mim meus companheiros de jogo, os espíritos bem-aventurados! Em memória deles deposito esta coroa e esta maldição.

Esta maldição contra vós, meus inimigos! Porque abreviastes minha eternidade como se interrompe um som na fria noite. Só a vi brilhar como um piscar de olhos, como um instante.

Assim me falava em hora oportuna um dia minha pureza: "Para mim todos os seres devem ser divinos".

Então me assombrastes com imundos fantasmas. Ai! para onde fugiu agora aquela hora propícia?

"Todos os dias devem ser sagrados para mim". Assim me falava outrora a sabedoria de minha juventude. Palavras, na verdade, de uma sabedoria alegre.

Mas então, meus inimigos, vós me roubastes minhas noites e as trocastes pelo tormento da insônia. Ai! Para onde fugiu agora aquela sabedoria alegre?

Outrora eu suspirava por bons presságios e então lançastes em meu caminho uma monstruosa coruja. Ai! Para onde fugiu então minha terna aspiração?

Um dia fiz voto de renunciar a toda repugnância e vós convertestes em úlceras purulentas meus próximos e, dentre todos, os mais próximos. Ai! Para onde fugiram então meus mais nobres votos?

Como cego foi que outrora percorri caminhos felizes. No caminho do cego então lançastes vossas imundícies. E agora de seu antigo caminho de cego, ele tem repugnância.

E quando concluía o que era mais árduo para mim e festejava comigo mesmo minha vitória, então levastes aqueles que me estimavam a clamar que dentre todos os sofrimentos eu lhes havia infligido o maior.

Na verdade, sempre procedestes assim. Envenenastes meu melhor mel e o zelo de minhas melhores abelhas.

Sempre enviastes à minha caridade os mendigos mais insolentes. Sempre apinhastes em torno de minha compaixão incuráveis desavergonhados. Assim feristes minhas virtudes em sua fé.

E quando oferecia em sacrifício meu bem mais sagrado, no mesmo instante vossa "devoção" acrescentava a isso suas oferendas mais gordas, de modo que na fumaça de vossas gorduras se afogava meu bem mais sagrado.

E uma vez quis dançar como nunca o havia feito. Quis dançar acima e para além de todos os céus. Então envolvestes com artimanhas meu mais querido cantor.

E entoou então uma surda e lúgubre melodia. Ai! Como tromba fúnebre soava a meus ouvidos!

Cantor assassino, instrumento de maldade, tu, que eras o mais inocente! Eu estava pronto para a mais bela dança e tu com teus sons mataste meu embalo.

Só na dança é que eu sei dizer os símbolos das coisas mais sublimes e agora meus membros não puderam expressar meu mais elevado símbolo.

Inexpressa e não libertada ficou minha mais elevada esperança! E todas as visões e todos os confortos de minha juventude morreram.

De que maneira o pude somente suportar? Como pude suportar e vencer semelhantes feridas? Como ressuscitou minha alma desses túmulos?

Sim, há algo invulnerável em mim, qualquer coisa que não se pode enterrar e que perfura os rochedos. Chama-se minha vontade. Taciturna, imutável, ela atravessa os anos.

Minha antiga vontade quer trilhar seu caminho com meus pés. Sua resolução é dura até o âmago e invulnerável.

Eu só sou vulnerável no calcanhar! Assim ainda estás aqui, viva e igual a ti mesma, ó vontade pacientíssima! Sempre e ainda conseguiste emergir de todos os túmulos!

Em ti ainda vive o que não foi resgatado de minha juventude. E, como vida e juventude, permaneces sentada nesse lugar, cheia de esperança, sobre os amarelados escombros das sepulturas.

Sim, tu para mim ainda és a destruidora de todas as sepulturas. Salve, minha vontade! E somente onde há sepulturas é que há ressurreições!"

Assim cantava Zaratustra.

Da Vitória sobre Si Próprio

Chamais "vontade de verdade", sábios insignes, o que vos impele e vos excita?

Vontade de tornar concebível tudo o que existe, assim chamo, eu, vossa vontade.

Primeiro, quereis tornar pensável tudo o que existe porque duvidais, com justa desconfiança, que pensável já o seja.

Mas tudo o que existe deve também se adaptar e se curvar! Assim o quer vossa vontade. Que tudo o que existe se humilhe e se submeta ao espírito como seu espelho e sua imagem.

É essa toda a vossa vontade, sábios insignes, uma vontade de poder e mesmo quando falais do bem e do mal e das apreciações de valores.

Quereis ainda criar o mundo perante o qual possais ajoelhar-vos. É esta vossa última esperança e vossa última embriaguez.

Os não sábios, todavia, o povo, são semelhantes ao rio sobre o qual avança um barquinho e nesse barquinho vão, solenes e mascaradas, as apreciações de valores.

Sobre o rio do futuro, pusestes vossa vontade e vossos valores. Uma velha vontade de poder, isso é o que o povo me revela, aquilo que o povo considera bom e mau.

Fostes vós, os mais sábios, que instalastes esses passageiros nesse barquinho e lhes destes pompa e nomes suntuosos, vós mesmos e vossa vontade dominadora.

Agora o rio arrasta para mais longe o vosso barquinho. Ele tem de arrastá-lo. Pouco importa que a onda quebrada espume e ferozmente lhe resista a quilha.

Não é esse rio vosso perigo e o destino de vosso bem e de vosso mal, ilustres sábios, mas essa mesma vontade de que falei, a vontade de poder, o inesgotável, o fecundo querer viver.

Mas para compreenderdes minha palavra sobre o bem e o mal, quero dizer-vos ainda uma palavra sobre a vida e a condição de todo ser vivo.

Eu tenho seguido o rastro do que é vivo, segui-o pelos caminhos grandes e pequenos, a fim de lhe conhecer a natureza.

Quando sua boca ficava fechada, captei seu olhar num espelho de cem facetas para que seus olhos pudessem me falar. E seus olhos me falaram.

Mas por onde quer que encontrasse o ser vivo, ouvi palavras de obediência. Todo ser vivo é obediente.

E aqui está o segundo ponto: Recebe ordens aquele que não sabe obedecer a si mesmo. Tal é a condição natural do vivo.

E aqui está o que ouvi em terceiro lugar: Mandar é mais difícil do que obedecer. E não somente porque aquele que manda suporta o peso de todos os que obedecem e essa carga facilmente o esmaga, mas porque descobri que mandar é um perigo e um risco. E sempre que manda, o ser vivo se expõe a si mesmo.

Sim, mesmo quando manda a si próprio, então deve expiar por sua ordem. De sua própria lei deve tornar-se juiz, vingador e vítima.

Como isso é possível? – perguntei a mim mesmo. O que é que persuade o vivo a obedecer, a mandar e a ser obediente, mesmo mandando?

Ouvi agora o que vos tenho a dizer, ilustres sábios! Examinai seriamente se penetrei no próprio coração da vida e até as raízes de seu coração!

Onde quer que encontrasse o que é vivo, encontrei a vontade de poder. Até na vontade daquele que obedece encontrei a vontade de ser senhor.

Se o mais fraco serve ao mais forte, é que a isso é persuadido por sua vontade que quer dominar sobre alguém mais fraco ainda. É essa a única alegria de que não se quer privar.

E como o menor se entrega ao maior, a fim de ter sobre o menor prazer e poder, assim também se entrega o maior e, por amor ao poder, arrisca sua vida.

É o maior de todos que se submete e entra por sua vez na roda, correndo risco e perigo e jogando dados com a morte.

E onde há sacrifício e serviço e olhares de amor, há igualmente vontade de ser senhor. Por caminhos secretos desliza o mais fraco até a fortaleza e até mesmo ao coração do mais poderoso, para roubar o poder.

E a própria vida me confiou este segredo: "Olha" – disse – "eu sou aquela que deve sempre dominar-se a si mesma".

Certamente vós chamais a isso vontade de produzir ou tendência para a finalidade, para o mais sublime, para o mais longínquo, para o mais complexo. Mas tudo isso é apenas uma só coisa e um único segredo.

Prefiro desaparecer a renunciar a essa coisa única. E, na verdade, onde há declínio e queda de folhas, é onde se sacrifica a vida pelo poder.

É preciso que eu seja luta e sucesso e finalidade e, entre as finalidades, contradição. Ah! Que minha vontade possa desvendar por quais vias tortuosas será preciso que ele siga.

Seja qual for a coisa que eu crie e o amor que lhe tenha, em breve devo ser adversário dessa coisa e o adversário de meu amor. Assim o quer minha vontade.

E tu também, conhecedor, não és mais do que a senda e a pista de minha vontade. Na verdade, minha vontade de poder segue também os vestígios de tua vontade de verdade.

Certamente não encontrou a verdade aquele que falava da "vontade de viver". Tal vontade não existe.

Porque o que não existe não pode querer. Mas como poderia aquele que existe desejar ainda a existência!

Só onde há vida há vontade. Não vontade de viver, mas, como eu ensino, vontade de poder.

Há muitas coisas que o vivo aprecia mais que a própria vida. Mas na própria apreciação fala a "vontade de poder".

Isto me ensinou outrora a vida e por isso, sábios ilustres, resolvo o enigma de vosso coração.

Em verdade vos digo, bem e mal imperecíveis não existem. É a partir de si que é preciso dominar-se sempre de novo.

Com vossos valores e vossas palavras de bem e de mal, vós, apreciadores de valor, exerceis violência. E aí está vosso amor secreto e o resplendor, o tremor e a superabundância de vossas almas.

Mas a partir de vossos valores surgem e crescem uma vontade mais poderosa e uma nova dominação. Contra elas se rompem gelo e banquisa.

E aquele que é necessariamente no bem e no mal um criador esse, na verdade, tem de ser primeiramente um negador e que por ele primeiramente sejam destruídos valores.

Assim a maior maldade se torna parte integrante da maior bondade, mas quero dizer daquela que é criadora.

Vamos falar somente disso, sábios ilustres, mesmo que seja discurso péssimo. Calar é pior ainda. Porque todas as verdades que nos recusamos a dizer se tornam venenosas.

E pouco importa que venha a se estatelar contra nossas verdades tudo o que pode quebrar-se! Há ainda muitas casas para construir!

Assim falava Zaratustra.

Dos Sublimes

Tranquilo é o fundo de meu mar. Quem desconfiaria que nele se ocultam monstros divertidos!

Minha profundidade é imperturbável, mas radiante de enigmas flutuantes e de gargalhadas flutuantes!

Hoje vi um homem sublime, solene, um penitente do espírito. Oh! Como minha alma riu de sua feiúra!

Peito inflado, como quem enche o peito de ar, assim se mantinha, de pé, esse sublime, sem dizer palavra. Engalanando com feias verdades suas polainas de caça e coberto de vestes rotas, nele havia também muitos espinhos, mas não vi nenhuma rosa.

Ainda não conhecia o riso nem a beleza. Sombrio, esse caçador voltava do bosque do conhecimento.

Voltava de seu combate com animais selvagens, mas sua rígida fisionomia ainda reflete o animal selvagem, uma fera indomada.

Como um tigre preparando o salto, ainda se mantém de pé, mas não aprecio essas almas tensas, não são de meu gosto todos esses retraídos.

E vós me dizeis, meus amigos, que de gosto e de cores não se discute. Toda a vida, contudo, não passa de disputa por gostos e cores.

O gosto é a um tempo o peso, a balança, e o pesador. E infeliz de todo ser vivo que pretendesse viver sem disputa de peso e balança.

Se este homem sublime se cansasse de sua sublimidade, só então se ouviria a voz de sua beleza e só então eu poderia prová-lo e encontrar nele sabor.

E só quando se afastar de si mesmo poderá saltar para além de sua sombra e, na verdade, para junto de seu sol.

Demasiado tempo esteve sentado à sombra, esse penitente do espírito. Suas faces se tornaram pálidas e pouco faltou para que, em sua espera, morresse de inanição.

Ainda há desdém em seus olhos. Sua boca causa repugnância. É verdade que descansa agora, mas ainda não se estendeu ao sol.

Deveria fazer como o touro e sua felicidade deveria exalar o cheiro da terra e não o desprezo da terra.

Gostaria de vê-lo como um touro branco que sopra e muge diante do arado e seu mugido deveria cantar o louvor de tudo o que é terrestre.

Seu semblante ainda está sombrio. Nele se projeta a sombra de sua mão. Ainda coberto de sombra está o pensamento de seu olhar.

Sua própria ação não é nele mais que uma sombra. A mão lança uma sombra sobre aquele que atua. Ainda não domina seu ato.

Gosto de ver nele o pescoço de um touro, mas agora gostaria também de ver nele o olhar de um anjo.

É preciso igualmente que esqueça sua vontade de herói. Que seja um homem elevado e não somente sublime. Até o éter o deveria elevar, esse sem vontade.

Dominou monstros, decifrou enigmas, mas deveria ainda libertar seus monstros e seus enigmas, deveria transformá-los em filhos celestiais.

Seu conhecimento ainda não aprendeu a arte de sorrir e de não ter inveja. A onda de sua paixão ainda não encontrou repouso na beleza.

Na verdade, não é na saciedade que se deve calar e submergir, mas na beleza. A graça faz parte da alma magnânima dos grandes espíritos.

Com o braço dobrado sobre a cabeça, assim deveria repousar o herói, assim deveria ainda tornar-se senhor de seu repouso.

Mas justamente para o herói o belo é a mais difícil de todas as coisas. Nenhuma vontade violenta domina o belo.

Um tanto mais, um tanto menos, justamente aqui é muito, aqui é essencial.

Permanecer inativo, com os músculos descontraídos, a vontade desenvolta é o que há de mais difícil para vós, homens sublimes.

Quando o poder se torna clemente e desce ao visível, a essa clemência chamo beleza.

De ninguém exijo tanto a beleza como de ti, ó poderoso. Que tua bondade seja tua última vitória sobre ti mesmo.

Julgo-te capaz de toda maldade e, por conseguinte, quero de ti o bem.

Na verdade, seguidamente me entreguei ao riso por causa dos fracos que se julgam bons por terem as patas inertes!

Deverias aspirar à virtude da coluna. Quanto mais se eleva, vai ficando mais bela e mais fina, porém mais dura e resistente em seu interior.

Sim, homem sublime, um dia serás belo e apresentarás ao espelho tua própria beleza.

Então estremecerá tua alma com desejos divinos e em tua vaidade ainda haverá adoração!

Porque aqui está o segredo da alma: quando o herói a abandona, somente então é que dela se aproxima em sonhos – o super-herói".

Assim falava Zaratustra.

Do País da Cultura

Longe demais eu voava em direção ao futuro. Apoderou-se de mim um calafrio de horror.

Quando olhei em torno de mim, reparei que o tempo era meu único contemporâneo.

Então voltei, retornei para meu país, cada vez mais apressado. Assim cheguei até vós, meus contemporâneos, assim cheguei ao país da cultura.

Pela primeira vez vos olhei com olhos favoráveis e com bons desejos. Na verdade, foi o desejo do coração que me trouxe.

E o que me aconteceu? Apesar da angústia que me invadiu, não pude deixar de rir. Jamais meus olhos haviam visto algo tão bizarro.

Eu ria, ria, ao passo que meus pés tremiam e também meu coração. "Mas este – dizia comigo – é sem dúvida o país de todos os vasos coloridos!"

Com a face e os membros pintados de cinquenta cores diferentes, assim vos vi sentados, para meu assombro, vós, meus contemporâneos!

E com cinquenta espelhos em torno de vós que ressaltavam e refletiam o efeito de vossas cores.

Na verdade, não podíeis usar melhores máscaras que vossa própria cara, meus contemporâneos! Quem vos poderia reconhecer?

Completamente lambuzados com sinais do passado, cobertos por seu turno com outros sinais, assim vos ocultastes a todos os hermeneutas!

E embora se soubesse examinar as entranhas, quem acreditaria que tivésseis entranhas? Pareceis feitos de cores e de papéis colados.

Todos os tempos e todos os povos se revelam por meio de vossos véus. Todos os costumes e todas as crenças se exprimem de modo confuso por meio de vossos gestos.

Aquele que vos tirasse os véus, as cores, os retoques, ficaria exatamente com o bastante para espantar os pássaros.

Na verdade, eu mesmo sou um pássaro espantado que uma

vez vos vi nus e sem retoques! E quando esse esqueleto me acenou com amor, fugi sem pensar.

Porque preferiria descer ao mundo subterrâneo e viver entre as sombras do passado! Os habitantes do mundo subterrâneo são mais gordos e mais consistentes do que vós.

A amargura de minhas entranhas é tanta, que não vos posso suportar nem nus, nem vestidos, homens contemporâneos!

Tudo o que inquieta no futuro e tudo o que pode afugentar um pássaro espantado, tudo isso, na verdade, inspira mais quietude e calma do que vossa "realidade".

Porque vós dizeis: "Somos inteiramente reais, não temos crenças nem superstições". Assim encheis o papo, sem ter papo sequer.

Sim, como poderíeis ser capazes de crer, vós lambuzados, vós que sois pinturas de tudo quanto se tem acreditado!

Sois a refutação ambulante da própria fé, isso é que sois, a ruptura de todos os pensamentos. Seres incapazes de crer! Assim eu vos chamo, homens reais!

Todas as épocas em vossos espíritos argumentam e se digladiam. Os sonhos e o palavreado de todos os períodos foram ainda mais reais que vossa lucidez.

Sois estéreis: por isso vos falta a fé. Aquele, porém, que devia criar, sempre teve seus sonhos reveladores e seus sinais nos astros, mas acreditava na fé!

Sois portas entreabertas, diante das quais aguardam os coveiros, isso é que sois. Eis vossa realidade: "Tudo merece desaparecer".

Ah! Como ficais aí diante de mim, homens estéreis? Como tendes as costelas descarnadas! E quantos dentre vós sequer se deram conta.

E dizem: "Sem dúvida, algum deus arrancou-me secretamente, enquanto eu dormia, qualquer coisa. Na verdade, o suficiente para fabricar uma mulherzinha!

É estranha a pobreza de minhas costelas!" Assim têm falado já muitos homens contemporâneos.

Sim, sem dúvida, fazeis rir-me, homens contemporâneos!

E sobretudo quando vós mesmos vos assombrais de vós mesmos!

Pobre de mim se não pudesse rir de vosso assombro e se tivesse de beber tudo quanto há de repugnante em vossas escudelas!

Mas eu quero levar a coisa pelo lado mais leve, pois tenho coisas pesadas para carregar. E que me importa se pousam em minha carga escaravelhos e moscas?

Na verdade, minha carga não será mais pesada por isso! Não sois vós, contemporâneos, que me haveis de ocasionar maior fadiga.

Ai! Para onde devo subir ainda agora com minha nostalgia? Do alto de todos os picos perscruto o horizonte à procura de pátrias e de terras natais.

Em nenhuma parte, porém, as encontrei. Ando errante por todas as cidades e, diante de cada porta, uma desilusão.

Os homens de hoje, para quem há pouco se inclinava meu coração, agora me são estranhos e me provocam o riso. E vejo-me expulso das pátrias e das terras natais.

Já não amo, pois, senão o país de meus filhos, inexplorado, entre mares longínquos. A minha vela ordeno que o procure sem cessar.

Em meus filhos quero remediar o fato de ter sido filho de meus pais. E, no futuro todo, quero remediar este presente.

Assim falava Zaratustra.

Do Imaculado Conhecimento

Ontem a lua, ao nascer, pareceu-me que ia dar à luz um sol, tão avultada e grávida se estendia no horizonte.

Mas ela me enganou com sua gravidez e mais gostaria de acreditar na lua homem do que na lua mulher.

Claro que também é muito pouco homem este noctâmbulo medroso. Na verdade, anda pelos telhados com a consciência turva.

Porque está cheio de concupiscência e de ciúmes o monge que vive na lua. Ele cobiça a terra e todas as alegrias dos que amam.

Não, não posso aturar essa gata pelos telhados! Repugnam-me todos aqueles que deslizam junto a janelas semicerradas!

Devota e silenciosa, viaja sobre um tapete de estrelas. Mas eu detesto todos esses pés cautelosos em que nem mesmo as esporas tilintam.

Os passos do homem leal falam, mas a gata, como ladra, desliza pelo solo. Vede, a lua chega aqui, como uma gata, deslealmente.

A vós, hipócritas afetados, dedico esta imagem, vós, adeptos do "conhecimento puro". Eu vos chamo libidinosos.

Vós também amais a terra e tudo o que é terrestre, bem vos compreendi! Vosso amor, porém, mistura-se com a vergonha e com a consciência maldosa. Sois semelhantes à lua.

Vosso espírito convenceu-se de que deve menosprezar tudo quanto é terreno, mas vossas entranhas não se convenceram disso. Elas são, contudo, o que de mais poderoso há em vós.

E agora vosso espírito se envergonha de obedecer a vossas entranhas. Diante de sua própria vergonha, segue caminhos escusos e mentirosos.

"Para mim a coisa mais elevada seria – assim diz a si mesmo o vosso falso espírito – contemplar a vida sem cobiça e não como cães, com a língua de fora.

Seria ser feliz na contemplação, com a vontade mortificada, isento de capacidade e de apetite egoísta, frio de corpo e grisalho como cinza, mas com os olhos embriagados de lua.

Para mim seria melhor – assim se engana a si mesmo o enganado – amar a terra como a luz a ama e tocar em sua beleza apenas com os olhos.

E aquilo a que eu chamaria de imaculado conhecimento de todas as coisas seria o fato de que dessas nada querer, a não ser a de ter direito de estar aqui estendido diante delas, como um espelho de cem faces.

Hipócritas afetados e libidinosos! Falta-vos a inocência em vossa cobiça e por isso caluniais agora o desejo!

Na verdade, vós não amais a terra como criadores, como procriadores e prelibadores do devir.

Onde há inocência? Onde há vontade de procriação. E aquele que quer criar acima e para além de si mesmo, para mim esse é o que tem a vontade mais pura.

Onde há beleza? Onde com toda minha vontade não posso senão querer, onde quero amar e declinar, com receio de que uma imagem não fique reduzida a uma simples imagem.

Amar e declinar: são coisas que andam lado a lado há eternidades. Querer amar é também estar pronto para morrer. Assim vos falo, covardes!

Mas vosso olhar ambíguo de castrados quer ser chamado "contemplação"! E aquilo que se pode tatear com olhos covardes deve ser chamado "belo!" Ó profanadores de palavras nobres!

Mas vossa maldição, ó imaculados, ó puros detentores do conhecimento, será a de que jamais dareis à luz, por mais avultados e grávidos que pudésseis aparecer no horizonte.

Na verdade, encheis a boca de palavras nobres e havíamos de crer que vosso coração transborda, ó impostores?

Mas eu me contento com palavras humildes, desprezadas e informes. Recolhi, durante vosso banquete, o que cai da mesa.

Com minhas modestas palavras chego sempre a vos dizer a verdade, hipócritas! Sim, minhas arestas, minhas conchas e minhas folhas espinhentas devem provocar-vos cócegas no nariz, hipócritas!

Viveis e comeis sempre em ar viciado porque no ar flutuam vossos pensamentos libidinosos, vossas mentiras e vossas dissimulações.

Ousais em primeiro lugar acreditar em vós mesmos, em vós e em vossas entranhas! Aquele que não crer em si mesmo mente sempre.

Pusestes diante de vós a máscara de um deus, ó "puros"! Vosso abominável réptil se enroscou por detrás da máscara de um deus.

A verdade é que vos enganais, "contemplativos!" Zaratustra também foi outrora joguete de vossas divinas peles. Não suspeitou que eram serpentes que davam enchimento a essas peles.

Foi uma alma divina que tive outrora a ilusão de ver brincar em vossos olhos, vós detentores do conhecimento puro! Outrora, eu não conhecia arte melhor que vossos truques!

A distância me ocultava a imundície de réptil e o fétido cheiro e eu não sabia que por aqui rondava, lasciva, a astúcia de um ofídio.

Aproximei-me, porém, de vós. Então me apareceu a luz – que agora chega a vós –, então se acabou para mim o flerte com a lua.

Olhai-a. Aí a tendes surpreendida em falta e pálida antes da aurora!

Porque já surge ardente a aurora, seu amor pela terra se aproxima! Todo amor solar é inocência e desejo criador.

Vede como a aurora vem impaciente por sobre o mar! Não sentis a sede e o sopro ardente de seu amor?

Nos seios do mar quer beber e levantar até as alturas suas profundezas. Então do mar, como de mil peitos, se levanta o desejo.

Porque o mar quer ser beijado e aspirado pela sede do sol. Quer tornar-se ar e altura, senda luminosa e a própria luz.

Na verdade, eu, à semelhança do sol, amo a vida e todos os mares profundos.

E é isso que eu chamo conhecimento: tudo o que é profundo deve se elevar até minha altura!

Assim falava Zaratustra.

Dos Eruditos

Enquanto eu dormia, uma ovelha começou a comer a coroa de hera de minha cabeça e, ao devorar a hera, a ovelha dizia: "Zaratustra já não é mais um erudito".

Dito isto, retirou-se altiva e desdenhosa. Assim me contou um menino.

Gosto de me deitar aqui, onde as crianças brincam, junto ao muro arruinado, entre os cardos e as papoulas vermelhas.

Ainda sou um erudito para as crianças e também para os cardos e para as papoulas vermelhas. Todos eles são inocentes até em sua maldade.

Já não o sou para as ovelhas. Assim o quer minha sorte. Bendita seja!

Porque a verdade é que fui embora da casa dos eruditos, batendo a porta atrás de mim.

Demasiado tempo esteve minha alma faminta sentada à mesa deles. Não me assemelho a eles que tentam adquirir conhecimento como quem quebra nozes.

Amo a liberdade e o ar que sopra sobre uma terra fresca. Gosto muito mais de dormir sobre peles de bois do que sobre suas honrarias e dignidades.

Sou ardente demais e estou demasiado consumido por meus próprios pensamentos. Muitas vezes sinto falta de respiração. Então preciso sair ao ar livre e deixar todos esses compartimentos empoeirados.

Mas eles também estão sentados ao ar livre sob fresca sombra. Em parte alguma querem passar de espectadores e se cuidam muito bem para não sentar onde o sol esquenta os degraus.

À semelhança dos que se postam no meio da rua a olhar de boca aberta quem passa, assim eles aguardam de boca aberta os pensamentos dos outros.

Se forem tocados com as mãos, involuntariamente levantam pó em torno de si, como sacos de farinha, mas quem suspeitaria que seu pó procede do trigo e do dourado esplendor dos campos de verão?

Se dão mostras de sábios, horrorizam-me com suas pequenas

máximas e verdades. Muitas vezes, sua sabedoria cheira como se saísse de um pântano e, na verdade, já ouvi nele o coaxar das rãs.

São destros e têm dedos hábeis. Que tem a ver minha simplicidade com suas múltiplas habilidades? Seus dedos entendem muito bem tudo o que se refere a fiar, enrolar e tecer, tanto assim que tecem as meias do espírito.

São bons relógios – sempre que haja o cuidado de lhes dar corda – porque indicam a hora sem errar e com um ruído discreto.

Trabalham como moinhos e pilões. Basta deitar-lhes grão!

Eles já sabem moer muito bem o grão e convertê-lo em branca farinha.

Vigiam os dedos uns dos outros com desconfiança. Engenhosos em pequenas astúcias, espreitam aqueles em quem, sobre pernas deficientes, o saber avança. Como aranhas eles esperam.

Sempre os vi preparar veneno com precaução, tapando as mãos com luvas de cristal.

Também sabem jogar com dados falsos e os vi jogar com tal entusiasmo que estavam banhados de suor.

Somos estranhos uns aos outros e suas virtudes ainda me contrariam mais do que suas astúcias e seus dados falsos.

E quando eu andava entre eles, alojava-me acima deles. Por isso me olham de soslaio.

Não querem ouvir que ninguém ande por cima de suas cabeças. Por isso entre mim e suas cabeças puseram madeira, terra e lixo.

Assim abafaram o ruído de meus passos e até agora ninguém me ouviu tão mal como os eruditos.

Entre mim e eles puseram todas as fraquezas e todas as faltas dos homens. “Piso falso”, eis como chamam a isto em suas casas.

Mas apesar de tudo, ando sempre por cima da cabeça deles com meus pensamentos e, mesmo que quisesse andar sobre meus próprios defeitos, ainda assim estaria acima deles e de suas cabeças.

Porque os homens não são iguais, assim fala a justiça. E o que eu quero não lhes seria permitido querer!

Assim falava Zaratustra.

Dos Poetas

"Desde que conheço melhor o corpo" – dizia Zaratustra a um de seus discípulos – "para mim o espírito já não é espírito senão até certo ponto e todo o 'imperecível' não é também mais que uma imagem".

"Já te ouvi falar assim," – respondeu o discípulo – e nesse tempo acrescentavas: Os poetas, porém, são por demais mentirosos. Por que dizias que os poetas mentem demais?"

"Por quê?" – disse Zaratustra. "Perguntas por quê? Eu não pertenço ao número daqueles a quem é lícito interrogar sobre seu porquê.

Por acaso, nasci ontem? Há muito tempo, tudo o que opino repousa sobre experiências vividas.

Precisaria ser um tonel de memória para poder guardar junto de mim todas as minhas próprias razões.

Já me custa bastante guardar minhas opiniões. E mais de um pássaro me foge.

E também me acontece às vezes de encontrar em meu pombal um pássaro estranho e que treme de medo quando o afago com minha mão.

No entanto, que te dizia um dia Zaratustra? Que mentirosos em demasia são os poetas? Zaratustra, contudo, também é poeta.

Julgas então que ele falava a verdade? Que razão tens de acreditar?"

O discípulo respondeu: "Eu creio em Zaratustra". Mas Zaratustra meneou a cabeça e sorriu.

"A fé não me torna feliz – respondeu – e a fé em mim mesmo, menos ainda que qualquer outra.

Supondo, todavia, que alguém dissesse seriamente que os poetas mentem demais, esse alguém teria razão. Nós somos mentirosos demais.

Sabemos também pouco demais e aprendemos mal demais. Assim, somos forçados a mentir.

Logo, quem entre nós, poetas, não terá alguma vez adulterado seu vinho? Muitas misturas envenenadas se têm feito em nossas tabernas. Tem-se feito nelas o indescritível.

E é por sabermos pouco que nos seduzem os pobres de espírito, especialmente quando são mulheres jovens.

E até desejamos ainda ouvir as coisas que as velhas contam entre si à noite. É o que em nós mesmos chamamos o eterno feminino.

E como se existisse um caminho secreto que conduzisse ao saber que seria subtraído aos que aprendem alguma coisa, assim cremos no povo e em sua 'sabedoria'.

Todos os poetas, porém, julgam que aquele que está deitado na relva ou numa encosta solitária, com o ouvido à escuta entre o céu e a terra, esse sabe alguma coisa.

E se experimentam ternas emoções, os poetas supõem sempre que a própria Natureza está apaixonada por eles.

E que desliza até seus ouvidos para sussurrar coisas secretas e palavras carinhosas. Disso se gabam e se gloriam, perante todos os mortais.

Ah! Existem tantas coisas entre o céu e a terra que só os poetas puderam por um pouco sonhar!

E sobretudo no céu porque todos os deuses são símbolos de poeta e subterfúgios de poeta.

A verdade é que sempre nos sentimos atraídos para o reino das nuvens. Sobre elas instalamos nossos manequins multicoloridos, a quem chamamos de deuses e super-homens.

Para ocupar tais assentos, todos esses deuses e super-homens devem ser bastante leves!

Ah! Como estou farto de toda essa pobreza que quer se arvorar em acontecimento! Ah! Como estou farto dos poetas!"

Quando Zaratustra disse isto, o discípulo ficou irritado, mas calou-se. Zaratustra também calou. Voltou seus olhos para o íntimo como se olhasse para longínquos horizontes. Por fim, suspirou e retomou fôlego.

"Eu sou hoje e de outrora," – disse – "mas em mim há coisas que são de amanhã, de depois de amanhã e de mais tarde ainda.

Estou cansado de poetas, dos antigos e dos novos. Para mim todos são superficiais, todos são mares sem profundidade.

Seus pensamentos não atingiram a profundidade. Por isso mesmo seus sentimentos não mergulharam fundo.

Um tanto de voluptuosidade, um tanto de tédio, eis a que se reduziu sua melhor meditação.

Para mim, todo o seu raspar de harpas não vale mais que sopro e passagem sussurrante de fantasmas. Até hoje que sabem eles sobre os sons?

Também os acho pouco asseados. Eles turvam todas as suas águas para parecerem profundas.

Gostam de se fazer passar por conciliadores. Mas, para mim, são sempre pessoas de meios termos, de sonhadores, de promíscuos e sujos!

Ai! Lancei minhas redes nos mares deles para apanhar belos peixes, mas pesquei somente a cabeça de um deus antigo.

Assim o mar deu uma pedra ao faminto. E talvez os próprios poetas tenham nascido do mar.

Certo, neles encontram-se pérolas. Por isso se parecem ainda mais a moluscos de casca dura. E em vez de alma tenho visto frequentemente em seu interior espuma salgada.

Também do mar aprenderam sua vaidade. Não é verdade que o mar é o primeiro dos pavões reais?

Até diante do mais feio búfalo abre sua cauda e nunca se há de cansar de seu leque de rendas, prata e seda.

O búfalo olha essas coisas com enfado, pois sua alma está interessada em areias, mais ainda em matas e muito mais em pântanos.

Que lhe importam a beleza, o mar e a aparência do pavão? Esta imagem, eu a dedico aos poetas.

Na verdade, seu próprio espírito é o rei dos pavões e um mar de vaidade.

O espírito do poeta quer espectadores, mesmo que fossem búfalos!

Eu, porém, cansei-me desse espírito e vejo chegar um tempo em que ele próprio se haverá de cansar de si mesmo.

Já vi poetas se transformarem e já os vi voltar contra si mesmos seu olhar.

Vi chegar redentores do espírito. Tinham nascido entre os poetas".

Assim falava Zaratustra.

Dos Grandes Acontecimentos

Há uma ilha no mar, perto das ilhas Afortunadas de Zaratustra, onde fumega constantemente um vulcão. O povo, e sobretudo as velhas, dizem que essa ilha está colocada como um penhasco diante da porta do mundo subterrâneo, mas que através do mesmo vulcão desce um estreito atalho que leva a essa porta do mundo subterrâneo.

Aconteceu, pois, nessa época em que Zaratustra vivia nas ilhas Afortunadas, que um navio lançou âncoras perto da ilha onde se encontra a montanha fumegante e sua tripulação saltou em terra para caçar coelhos. Mas ao meio-dia, porém, quando novamente se reuniram o capitão e sua gente, viram de súbito um homem atravessar o ar perto deles e uma voz pronunciou nitidamente estas palavras: "Já é tempo! Não há um instante a perder!" Quando a visão se aproximou mais – passava rápida, como uma sombra, em direção da montanha de fogo – reconheceram sobressaltados que era Zaratustra porque todos já o conheciam, exceto o capitão, e o amavam, como o povo ama, misturando em partes iguais o amor e o temor.

"Olhem," – disse o piloto – "é Zaratustra que vai para o inferno!"

Pela mesma época em que estes marinheiros atracavam à ilha de fogo, correu o boato de que Zaratrustra desaparecera e, interrogados seus amigos, responderam que durante a noite embarcara sem dizer para onde.

Houve, por conseguinte, certa inquietação, mas ao fim de três dias a essa inquietação veio se juntar a narrativa dos marinheiros e todo o povo julgava que o demônio levara Zaratustra. A verdade é que os discípulos dele se riam desses boatos e até um deles chegou a dizer: "Prefiro acreditar que foi Zaratustra quem levou o demônio". No íntimo, porém, todos estavam cheios de angústia e de sobressalto! Grande foi, portanto, o seu alvoroço quando, depois de cinco dias, Zaratustra apareceu.

Aqui está a descrição do diálogo entre Zaratustra e o cão de fogo:

"A terra" – disse – "tem pele e essa pele sofre enfermidades. Uma dessas doenças, por exemplo, chama-se 'homem'.

E a outra se chama 'cão de fogo'. Acerca dele os homens têm dito e deixado dizer muitas mentiras.

Para aprofundar esse enigma cruzei o mar e vi a verdade nua. Na verdade, nua dos pés à cabeça.

Sei agora a que me hei de ater sobre o cão de fogo, assim como sobre todos os demônios da revolta e da erupção que atemorizam não só as velhas mulheres.

Sai de tua profundidade, cão de fogo – exclamei – e confessa quão profunda é essa profundidade! De onde tiras o que vomitas?

Bebes copiosamente a água do mar e é daí que vem o sal de tua eloquência. Na verdade, para um cão das profundezas, tomas demasiado alimento da superfície.

Considero-te em suma, como o ventríloquo da terra e sempre que ouço falar dos demônios de subversão e de erupção, sempre os achei semelhantes a ti, salgados, mentirosos e triviais.

Sabeis rugir e obscurecer com vossas cinzas! Tendes as maiores bocarras e aprendestes bem a arte de fazer ferver o lodo.

Por onde quer que andes sempre há perto de ti lodo e coisas lamacentas, cavernosas e comprimidas. Tudo isso quer liberdade.

'Liberdade!' é teu grito predileto, mas eu perdi a fé nos 'grandes acontecimentos' desde que em torno deles haja muitos rugidos e muita fumaça.

Creia em mim, amigo estrépito do inferno! Os acontecimentos maiores não nos surpreendem nas horas mais ruidosas, mas nas mais silenciosas.

O mundo gravita, não em torno dos inventores de novos estrondos, mas em volta dos inventores de novos valores. Ele gravita em silêncio.

E confessa-o! Quando teu ruído e tua fumaça se dissipam, sempre bem pobre resulta o acontecimento. Que importa que uma cidade seja mumificada e que caia na lama uma estátua!

E acrescentarei mais estas palavras aos destruidores de estátuas: É mesmo o cúmulo da loucura jogar sal no mar e estátuas na lama.

A estátua jazia no lodo de vosso desprezo, mas justamente sua lei quer que surja novamente do desprezo com nova vida e fulgurante beleza.

Ergue-se agora com traços mais divinos e de uma dolorosa sedução. E, na verdade, ainda vos agradecerá, destruidores, por a terdes destruído.

É este, porém, o conselho que dou aos reis e às igrejas e a todo aquele que é fraco em idade e virtude: "Deixai-vos derrubar para volverdes à vida e para que a vós retorne a virtude!"

Assim falava diante do cão de fogo, mas ele me interrompeu rosnando e me perguntou: 'Igreja? Que é isso?'

Igreja – respondi – é uma espécie de Estado, e a espécie mais enganosa. Cala-te, porém, cão hipócrita! Tu conheces tua espécie melhor que ninguém!

O Estado é um cão hipócrita como tu. Como tu, gosta de falar com rugidos e fumaça para fazer crer que sua voz, como a tua, sai das entranhas das coisas.

Porque o Estado quer ser a todo custo o animal mais importante da terra. E consegue fazer o povo acreditar que o seja.

Quando disse isto, o cão de fogo pareceu louco de ciúmes. "O quê!" – exclamou. – "O animal mais importante da terra? E conseguiu fazê-lo acreditar?" E de sua goela saíram tanta fumaça e vozes tão terríveis que acreditei que a cólera e a inveja o haveriam de sufocar.

Por fim acalmou-se e deixou de ofegar. Mas quando se acalmou, eu lhe disse rindo:

"Ficaste encolerizado, cão de fogo! Logo, tenho razão.

E para conservar a razão, deixa-me falar de outro cão de fogo, cuja voz nasce realmente no coração da terra.

Seu hálito é de ouro e uma chuva de ouro. Assim o quer seu coração. Que lhe interessam ainda as cinzas, a fumaça e a lama efervescente?

O riso que sai dele esvoaça como uma nuvem colorida. É inimigo de teus gargarejos, de tuas erupções e da raiva de tuas entranhas.

Seu ouro e seu riso, porém, tira-os do coração da terra porque, não sei se sabes, o coração da terra é de ouro!"

Ao ouvir isto, o cão de fogo não conseguiu mais escutar.

Envergonhado, meteu o rabo entre as pernas e disse confuso: "Uá, uá, uá! !" E foi esconder-se em seu antro.

Assim contava Zaratustra, mas os discípulos quase o não ouviam, tanta era sua vontade de lhe falar da história dos marinheiros, dos coelhos e do homem voador.

"Que devo pensar disso?" – disse Zaratustra. "Acaso sou um fantasma?

Isso deve ter sido minha sombra. Já ouvistes falar do viajante e de sua sombra?

O certo é que devo manter minha sombra sob rédeas mais curtas ou tornará a prejudicar minha reputação.

E Zaratustra tornou a menear a cabeça com admiração: "Que devo pensar disso? – repetiu.

"Por que gritaria o fantasma 'Já é tempo! Não há um instante a perder!'?

Mas, para que é que já é tempo?"

Assim falava Zaratustra.

O Adivinho

"...E vi uma grande tristeza baixar sobre os homens. Os melhores se cansaram de suas obras.

Espalhou-se uma doutrina e com ela circulou uma crença: Tudo é vão, tudo é igual, tudo passou!"

E das colinas o eco repetia: "Tudo é vão, tudo é igual, tudo passou!"

É verdade que fizemos a colheita, mas por que apodreceram e enegreceram nossos frutos? Que foi que na última noite caiu da má lua?

Nosso trabalho foi inútil, nosso vinho se tornou veneno, um mau olhado queimou nossos campos e tornou amarelos nossos corações.

Ressequimos todos e se caísse fogo em cima de nós, nossas cinzas voariam em pó. Sim, cansamos o próprio fogo.

Todas as fontes secaram para nós e o mar se retirou. Todo o solo se quer abrir, mas os abismos não nos querem tragar!

"Ai! Onde haverá ainda um mar em que nos possamos afogar?" Assim nossa queixa ressoa ao longo dos pântanos rasos.

Na verdade, já nos fatigamos demais até para morrer. Agora continuamos a velar e a viver em câmaras funerárias!

Assim ouviu Zaratustra falar um adivinho. E sua predição tocou-lhe o coração e o transformou. Vagueou triste e fatigado e tornou-se semelhante àqueles de que falara o adivinho.

Na verdade – disse ele aos discípulos – pouco falta para chegar esse grande crepúsculo. Ai! Como poderei salvar minha luz?

Oxalá não se extinga nessa tristeza! Para mundos mais longínquos ainda deverá servir de luz e mesmo para as mais longínquas noites!

Profundamente preocupado, Zaratustra começou a vaguear de uma a outra. Durante três dias não comeu nem bebeu, nem descansou e perdeu a palavra. Por fim, caiu num profundo sono. Entretanto, os discípulos passavam grandes vigílias, sentados em torno dele, e aguardavam ansiosamente que ele despertasse e se curasse de sua tristeza.

Aqui está o discurso que Zaratustra lhes dirigiu ao despertar, ainda que sua voz parecesse vir de muito longe.

Ouvi o sonho que tive, amigos, e ajudai-me a desvendar seu significado!

Para mim este sonho é um enigma. Seu sentido permanece ainda oculto e cativo nele. Com asas livres sobre ele ainda não abre sua significação.

Sonhei que renunciara à vida. Convertera-me em vigilante noturno e guardião dos túmulos, na montanha, junto ao solitário do castelo da Morte.

Lá eu guardava seus ataúdes. As abóbadas sombrias estavam cheias desses troféus. Através dos féretros de cristal olhavam-me as vidas vencidas.

Eu respirava a atmosfera de eternidades reduzidas a pó. Minha alma jazia sufocada e poeirenta. E quem poderia fornecer um pouco de ar à alma nesse lugar?

Rodeava-me a claridade da noite e a seu lado se agachava a solidão. E, terceiro companheiro, a mortal taciturnidade, cortada por estertores, o pior de meus amigos.

Eu levava minhas chaves, as mais ferrugentas de todas e com elas sabia abrir as portas mais rangentes.

Com gritos roucos de cólera corriam os sons por largas galerias quando se abriam os batentes da porta. Uma ave soltava gritos sinistros. Não gostava de ser acordada.

Mais terrível ainda, porém, e mais se comprimia o coração era quando tudo outra vez se calava e reinava silêncio em todos os cantos e eu tornava a ver-me só nessa lúgubre taciturnidade.

Assim para mim passava, deslizava o tempo, se é que ainda se podia falar de tempo. Que podia eu saber a respeito? Mas finalmente aconteceu alguma coisa que me despertou.

Soaram três pancadas à porta, como se fossem estrondos de trovoadas, as abóbadas tremeram e ressoaram três vezes seguidas. Aproximei-me da porta.

"Êpa! – exclamei. Quem leva sua cinza para a montanha? Alpa! Alpa! Quem leva sua cinza para a montanha?"

E girei a chave, empurrava a porta e forcejava. Mas a porta não cedeu um dedo sequer.

Nisto um vento violento separou-lhe os batentes. Silvando, rugindo, cortando, jogou sobre mim um negro ataúde.

E no meio dos silvos, dos uivos, dos rugidos, o ataúde se despedaçou e vomitou mil gargalhadas multiplicadas.

E mil rostos de crianças, de anjos, de corujas, de loucos e de borboletas do tamanho de crianças se riam com sarcasmo e zombavam com grande tumulto de mim.

Eu tinha um medo horrível. Caí no chão e gritava de pavor como nunca gritara.

Mas foi meu grito que me despertou e tornei a mim.

Assim Zaratustra contou seu sonho depois calou-se porque ainda não lhe descobrira um sentido. Mas seu discípulo mais dileto levantou-se imediatamente, pegou a mão dele e disse:

"A tua própria vida nos dá a chave para esse sonho, Zaratustra!

Não serás tu o vento de silvos estridentes que arranca as portas do castelo da Morte?

Não serás tu o ataúde cheio de multicoloridas maldades da vida e de suas angélicas caretas?

Na verdade, com mil gargalhadas infantis penetra Zaratustra todas as câmaras mortuárias, rindo-se de todos esses vigias noturnos e de todos esses guardiães dos sepulcros que agitam suas chaves de sons sinistros.

Tu os espantarás e derrubarás com teu riso. O desmaio e o despertar provaram teu poder sobre eles.

E mesmo quando chegar o longo crepúsculo e a mortal lassidão, tu não desaparecerás de nosso céu, patrocinador da vida!

Mostraste-nos novas estrelas e novos esplendores noturnos. Na verdade, estendeste sobre nós o próprio riso como um céu ricamente colorido.

Agora, dos túmulos brotarão sempre risos infantis. Agora soprará, sempre vitorioso de todos os desfalecimentos mortais, um vento enérgico, do qual tu és o fiador e o adivinho.

Na verdade, foste tu que sonhaste teus próprios inimigos. Esse foi teu sonho mais doloroso.

Mas assim como despertaste deles e tornaste a ti, assim eles devem despertar-se a si próprios e tornar para ti."

Assim falou o discípulo e todos os outros se apinhavam em torno de Zaratustra, tomavam suas mãos e queriam induzi-lo a largar o leito e a tristeza para voltar para eles. Zaratustra, porém, continuava sentado, apoiado em seu leito, com um olhar estranho. Como se regressasse de longa ausência contemplava seus discípulos e perscrutava seus semblantes. Ainda não os reconhecia. Mas quando o ergueram e o puseram de pé, seus olhos se transformaram de repente, compreendeu tudo o que acontecera, alisou a barba e disse com voz firme:

"Coragem! A cada coisa seu tempo, mas agora, meus discípulos, providenciai uma boa refeição e já! Quero assim penitenciar-me de meus maus sonhos!

O adivinho, porém, deve comer e beber a meu lado. Na verdade, eu ainda quero lhe indicar um mar onde possa se afogar".

Assim falava Zaratustra. Mas depois olhou por longo tempo o discípulo que lhe explicara o sonho e meneou a cabeça.

Da Redenção

Um dia, passando pela ponte grande, Zaratustra viu-se rodeado de aleijados e mendigos e um corcunda assim lhe falou:

"Olha, Zaratustra! Também o povo aprende de ti e começa a acreditar em teus ensinamentos. Mas para acreditarem de todo em ti, ainda falta uma coisa. Tens que nos convencer também a nós, aleijados. Tens por onde escolher e, na verdade, ocasião fácil de aproveitar! Podes curar cegos, fazer andar os paralíticos e aliviar um tanto o que leva às costas carne demais. Será este, a meu ver, o melhor modo de fazer com que os aleijados creiam em Zaratustra".

Zaratustra respondeu ao que assim falara: "Quem tira do corcunda sua corcunda, tira-lhe ao mesmo tempo o espírito – assim diz o povo. Quem restitui a vista ao cego, este passa a ver na terra demasiadas coisas más, de forma que passa a maldizer aquele que o curou. Quem faz o paralítico andar lhe inflige o pior dos danos porque apenas se vê andando e correndo, correm-lhe atrás todos os seus vícios, segundo o povo fala no capítulo dos aleijados. E por que razão não haveria Zaratustra de aprender do povo, se o povo aprende de Zaratustra?

Desde que vivo entre os homens, porém, o que menos me importa é ver que a este falta um olho, àquele um ouvido, a um terceiro a perna, ou que haja outros que perderam a língua, o nariz ou a cabeça.

Vejo e já vi coisas piores. E há algumas tão horrorosas que não gostaria de falar de todas elas, mas de uma não consigo calar, isto é, a desses homens a quem falta tudo, salvo uma coisa que têm em excesso. Há homens que nada são, a não ser um grande olho, ou uma grande boca, ou um grande ventre, ou qualquer outra coisa que seja grande. A esses chamo de aleijados às avessas.

Quando, ao sair de minha solidão, atravessava pela primeira vez esta ponte, não dei crédito a meus olhos, não parei de olhar e acabei por dizer: "Isto é uma orelha! Uma orelha do tamanho de um homem!" Acercava-me mais e, por trás da orelha, movia-se algo tão pequeno, mesquinho e débil que dava dó.

E, na verdade, a monstruosa orelha se apoiava em haste frágil e tênue, mas essa haste era um homem! Olhando através de uma lente ainda se podia reconhecer um semblante minúsculo e invejoso e também uma alma vaidosa que se agitava na ponta da haste. O povo, contudo, dizia-me que essa orelha não era somente um homem, mas um grande homem, um gênio. Eu, porém, nunca acreditei no povo quando ele me falava de grandes homens e continuei a acreditar que se tratava sim de um aleijado às avessas que tinha pouquíssimo de tudo e uma coisa em demasia".

Assim que Zaratustra disse isto ao corcunda e àqueles de quem era intérprete e representante, voltou-se para os discípulos com profundo descontentamento e disse:

"Meus amigos, ando entre os homens como entre fragmentos e pedaços de homens.

Para meus olhos o mais espantoso é vê-los destroçados e desconjuntados como em campo de batalha e de morticínio.

E se meus olhos fogem do presente para o passado, sempre se deparam com o mesmo espetáculo: fragmentos, pedaços, acasos cruéis, mas não homens!

O presente e o passado sobre a terra, ah!, meus amigos, eis para mim o mais insuportável. E já não poderia viver, se não fosse um vidente do que necessariamente há de vir.

Um vidente, um voluntário, um criador, um futuro mesmo e uma ponte para o futuro. Ai! Até certo ponto, também um aleijado no meio dessa ponte. Tudo isto é Zaratustra.

E vós também vos interrogais amiúde: "Para nós, quem é Zaratustra? Como poderemos chamá-lo?" E como eu mesmo, respondeste a vossas perguntas com outras perguntas.

É um homem que promete? Ou que cumpre? Um conquistador? Ou um herdeiro? Um outono? Ou uma relha de arado? Um médico? Ou um convalescente?

É um poeta? Ou alguém que diz a verdade? Um libertador? Ou um dominador? Um bom? Ou um mau?

Eu ando entre os homens como entre os fragmentos do futuro, desse futuro que contemplo.

E eis que toda minha poesia e toda minha pretensão é poder considerar e juntar como coisa única o que é fragmento, enigma e cruel acaso.

E como haveria de suportar ser homem, se o homem não fosse também poeta, decifrador de enigmas e redentor do acaso?

Redimir aqueles do passado e transformar tudo e em vez de dizer "Já era!" se diga "Assim o quis!", a isto eu chamaria de redenção.

Vontade, assim se chama o libertador e o mensageiro da alegria. Esse foi meu ensinamento, meus amigos. Ouvi, porém, ainda isso agora: a própria vontade é ainda escrava.

O querer liberta, mas como se chama aquele que aprisiona o próprio libertador?

"Já era!" Assim se chama o ranger de dentes e a mais solitária aflição da vontade. Impotente contra o fato, a vontade é para todo o passado um malévolo espectador.

A vontade não pode querer para trás. Não pode aniquilar o tempo e o desejo do tempo é sua mais solitária aflição.

O querer liberta, mas o que é que o próprio querer inventa para se livrar de sua aflição e zombar de seu cárcere?

Ai! Todo preso enlouquece! Também loucamente se liberta a vontade cativa.

Sua raiva acumulada é que o tempo não retrocede. "O que foi já foi", assim se chama a pedra que a vontade não pode remover.

E por isso, por despeito e raiva, remove pedras e vinga-se daquele que não sente como ela raiva e despeito.

Assim a vontade, essa libertadora, tornou-se maléfica e vinga-se de tudo o que é capaz de sofrer, por não poder voltar para trás.

Isto, e só isto, é a vingança em si mesma, contra o tempo e contra seu "Já foi", o ressentimento da vontade.

Realmente vive uma grande loucura em nossa vontade. E a maldição de todo o humano é que essa loucura aprendeu a ter espírito.

O espírito de vingança, meus amigos, tal foi até hoje a melhor reflexão dos homens. E onde quer que houvesse sofrimento, exigia-se sempre que fosse decorrente de castigo.

"Castigo", assim se chama a si mesma a vingança. Com uma palavra enganadora finge uma consciência limpa.

E como naquele que quer há sofrimento, posto que não é permitido querer para trás, a própria vontade e toda a vida deviam ser castigo.

E agora se acumularam sobre o espírito nuvens sobre nuvens, até que a loucura proclamou: "Tudo passa. Por conseguinte, tudo merece passar!"

"E é a própria justiça, essa lei do tempo que o obriga a devorar seus próprias filhos". Assim pregou a loucura.

"As coisas são ordenadas moralmente segundo o direito e o castigo. Ai! Como nos livrarmos do fluxo das coisas e do castigo de 'existir'? Onde está, pois a redenção?" Assim pregou a loucura.

"Como pode haver redenção, se há um direito eterno? Ai! Não se pode remover a pedra "Já era!". É preciso que todos os castigos sejam também eternos!" Assim pregou a loucura.

"Nenhum fato pode ser destruído. Como poderia ser desfeito pelo castigo? Eis o que há de eterno no castigo de 'existir': a existência não pode ser outra coisa senão uma eterna sequência de fato e culpabilidade.

A não ser que a vontade acabe por se libertar a si mesma e que o querer se mude em não querer." Mas, irmãos, vós conheceis estas canções da loucura!

Eu vos afastei delas quando vos disse: "A vontade é um criador".

Todo o "Já era!" é fragmento, enigma, acaso cruel, até que a vontade criadora acrescente: "Mas eu assim o quis!"

Até o dia em que a vontade criadora acrescente: "Assim eu o quero! Assim o hei de querer!"

Mas já falou assim? E quando acontecerá isso? Acaso a vontade se desarmou de sua própria loucura?

Porventura se tornou a vontade para si mesma redentora e mensageira de alegria? Acaso esqueceu o espírito de vingança e todo o ranger de dentes?

Então quem lhe ensinou a se reconciliar com o tempo e qualquer coisa mais elevada que a reconciliação?

É preciso que a vontade, que é vontade de poder, queira alguma coisa mais elevada que a reconciliação. Mas como pode ocorrer? Quem a ensinará também a retroceder?"

Neste ponto de seu discurso, Zaratustra se calou bruscamente, como se de súbito fosse assaltado pelo terror. Contemplou os discípulos com olhos espantados. Seu olhar penetrava como flechas em seus pensamentos e segundas intenções. Passado um breve momento, porém, tornou a rir e disse com serenidade:

"É difícil viver entre os homens porque é muito difícil calar. Sobretudo para um falador!"

Assim disse Zaratustra. O corcunda, entretanto, escutara a conversa ocultando o rosto. Quando ouviu Zaratustra rir, ergueu os olhos com curiosidade e disse lentamente:

"Por que é que Zaratustra nos fala de uma maneira e de outra a seus discípulos?"

Zaratustra respondeu: "Que há de surpreendente nisso? Com os corcundas pode-se muito bem falar uma linguagem corcunda!"

"Certamente" – disse o corcunda. – "E com estudantes bem se pode falar em linguagem de escola.

Mas, por que é que Zaratustra fala de um modo a seus discípulos e de outro a si próprio?"

Da Prudência com os Homens

"Não é a altura, mas o declive que aterroriza!

O declive de onde o olhar se precipita para o fundo e a mão se estende para o topo. É aqui que se apodera do coração a vertigem de sua dupla vontade.

Ah! meus amigos! Adivinhais a dupla vontade de meu coração?

Tal é, sim tal é minha inclinação, para mim, e tal é meu perigo: que meu olhar se precipite para o cume, enquanto minha mão quereria agarrar-se e amparar-se... no abismo!

Ao homem se aferra minha vontade, ao homem me prendo com correntes porque para o alto em direção ao super-homem me sinto atraído. Porque para lá pende minha outra vontade.

E se vivo cego entre os homens, como se não os conhecesse, é para que minha mão não perca inteiramente sua fé num ponto firme.

Não vos conheço, ó homens. Essa obscuridade e essa consolação muitas vezes me envolvem por inteiro.

Fico sentado diante do portão, à disposição de todos os pérfidos e pergunto: Quem quer me enganar?

Essa é minha primeira prudência para com os homens. Eu me deixo enganar para que não precise desconfiar dos enganadores.

Ai! Se eu desconfiasse do homem, como poderia o homem me servir de âncora para reter meu balão? Com muita facilidade meu balão me arrastaria para o alto e para bem longe.

A providência que preside meu destino é que devo ser necessariamente sem prudência.

E aquele que não quiser morrer de sede entre os homens deve aprender a beber em todos os vasos e aquele que quiser permanecer limpo entre os homens deve aprender a lavar-se em água suja.

Eis o que a mim mesmo tinha dito muitas vezes para meu consolo: "Coragem, coragem, velho coração! Um infortúnio te feriu. Tira dele proveito como de uma ventura!"

Eis aqui, porém, minha segunda prudência com os homens:

trato com mais consideração os vaidosos que os orgulhosos.

Não é a vaidade ferida, mãe de todas as tragédias? Mas, onde é o orgulho que se fere, cresce qualquer coisa melhor do que ele.

Para que o espetáculo da vida seja agradável, é preciso que seja bem representado; mas para isso necessitam-se bons atores.

Todos os vaidosos me têm parecido bons atores. Representam e querem que a gente se divirta em vê-los. Todo o seu espírito está nesse desejo.

Eles se empenham no espetáculo, inventam-se a si próprios. Nas imediações deles é que gosto de contemplar a vida. É um bom remédio para a melancolia.

Por isso sou diferente com os vaidosos, porquanto são os médicos de minha melancolia e me apegam ao homem como a um espetáculo.

Quem medirá, em toda a sua profundidade, a modéstia do vaidoso? Eu gosto dele e lastimo-o pela sua modéstia.

De vós quer aprender a fé em si mesmo, de vossos olhares se alimenta, em vossas mãos vem comer o elogio.

Até acredita em vossas mentiras, se mentis bem a respeito dele, porque no fundo do coração suspira: "Quem sou eu?"

E se a verdadeira virtude é a que nada sabe de si mesma, o vaidoso nada sabe de sua modéstia!

Eis aqui, porém, minha terceira prudência com os homens: não quero privar-me do espetáculo dos maus por uma timidez igual à vossa.

Sinto-me feliz em ver os milagres que faz eclodir um sol ardente: tigres e palmeiras e cobras cascavéis.

Também se vêm entre os homens belas crias do sol ardente e muitas coisas admiráveis entre os maus.

Da mesma maneira que vossos sábios ilustres não me pareciam tão sábios, assim também encontrei a maldade dos homens inferior à sua reputação.

E muitas vezes perguntei a mim mesmo, meneando a cabeça: Por que ainda tocais, cobras cascavéis?

Na verdade, até para o mal há um futuro. E ainda não se descobriu para o homem o meio-dia mais ardente.

Quantas coisas hoje costumais chamar de as piores maldades, quando na realidade só têm doze pés de largura e três meses de existência. Algum dia, porém, virão ao mundo dragões maiores.

Para que não falte ao super-homem seu dragão, o superdragão digno dele, é preciso, com efeito, que sobre a úmida floresta virgem mais de um sol brilhe!

É preciso que vossos gatos monteses se transformem em tigres e vossos sapos venenosos em crocodilos, porque ao bom caçador convém boa caça!

É verdade, justos e bons, há em vós muitas outras coisas que se prestam ao riso, especialmente vosso temor pelo que até hoje se chama "diabo"!

E vossa alma está tão longe do que é grande que o super-homem vos espantaria com sua bondade!

E vós, sábios e eruditos, haveríeis de fugir desse ardente sol da sabedoria em que, com prazer, o super-homem banha sua nudez!

Vós, homens superiores em que tem tropeçado meu olhar! É esta minha dúvida sobre vós e meu riso secreto.

Adivinho que haveríeis de chamar diabo a meu super-homem!

Ai! Estou cansado desses homens superiores e melhores. Do alto de sua "altura", aspirei subir mais alto, mais longe, rumo ao super-homem.

Deu-me um calafrio quando vi nus esses melhores. Então nasceram em mim asas para me transportarem para longínquos futuros.

A futuros mais remotos, a meios-dias mais meridionais que os que jamais poderia sonhar a fantasia, lá onde os deuses se envergonhariam de todo vestuário.

Mas a vós, quero ver-vos vestidos, vós que sois meus próximos e homens como eu, bem enfeitados, vaidosos e dignos, fazendo o papel de "homens de bem e justos".

E disfarçado no meio de vós, quero sentar, a fim de que não possa vos reconhecer e vós não possais me reconhecer, porque esta é exatamente minha última medida de prudência com os homens."

Assim falava Zaratustra.

A Hora do Supremo Silêncio

Que me aconteceu, meus amigos? Confuso me vedes, arrastado, obedecendo contrafeito, disposto a retirar-me. Ai! Para afastar-me de vós!

Sim, é preciso que Zaratustra torne outra vez para sua solidão. Mas agora o urso regressa sem alegria a sua caverna.

Que me aconteceu? Quem me deu esta ordem? Ah! Minha irascível dama assim o quer. Foi ela que me falou. Já vos disse alguma vez seu nome?

Ontem, perto da noite, falou-me a hora de meu supremo silêncio. Assim se chama minha irascível senhora.

E vede o que se passou, pois tenho que vos contar tudo, para que vosso coração não se endureça contra quem se ausenta precipitadamente.

Conheceis o terror daquele que adormece?

Treme da cabeça aos pés porque sente o chão lhe faltar e começa a sonhar.

Digo-vos isto em parábola. Ontem, à hora do supremo silêncio, faltou-me o chão, começava o sonho.

Os ponteiros avançaram, o relógio de minha vida respirava. Nunca havia percebido tamanho silêncio à minha volta. Meu coração estremecia assustado.

Nisto disseram-me sem voz: "Tu o sabes, Zaratustra!"

E eu gritava de terror ao ouvir aqueles sussurros, meu rosto ficou exangue, mas eu calei.

Então, tornaram a dizer-me sem voz: "Tu o sabes, Zaratustra, mas não o dizes!"

E eu respondi por fim, como alguém que provoca: "Sei-o sim, mas não o quero dizer!"

Então tornaram a dizer-me, sem voz: "Não queres, Zaratustra. É verdade? Não te entrincheires por detrás de tua teimosia!"

Eu chorava, tremia como uma criança e disse: "Ai! Bem que o queria, mas como posso fazê-lo? Poupa-me só isso! Isso ultrapassa minhas forças!"

E tornaram a dizer-me sem voz: "Que te importa, Zaratustra? Diz tua palavra e morre!"

Eu respondi: “Ai! Minha palavra? Quem sou eu? Espero aquele mais digno. Perto dele, sequer sou digno de sucumbir!”

Tornaram então a dizer-me sem voz: “Que te importa? Ainda não és bastante humilde. A humildade tem o couro mais duro.”

E eu respondi: “Que é que já não sofreu o couro de minha humildade? É junto a meu cimo que moro. Até que altura chegam meus picos? Ninguém o disse ainda. Eu, porém, conheço bem meus vales”.

Tornaram então a dizer-me sem voz: “Ó Zaratustra! Quem tem montanhas a deslocar, desloca também vales e planícies.”

E eu respondi: “Minha palavra ainda não transpôs montanhas e o que eu tenho falado não atingiu os homens. É verdade que tenho andado por entre os homens, mas ainda não consegui atingi-los.”

E tornaram a dizer-me sem voz: “Que é que sabes a esse respeito? O orvalho cai sobre a relva no momento mais silencioso da noite.”

E eu retorqui: “Zombaram de mim quando descobri e segui minha própria vida e, na verdade, tremeram-me então os pés.”

E me falavam assim: “Tinhas esquecido o caminho e agora te esqueceste também de caminhar.”

Então me falou de novo a palavra sem voz: “Que te importam suas zombarias? Tu és alguém que se esqueceu de obedecer. Agora deves mandar.

Não sabes quem é para todos indispensável? Aquele que ordena grandes coisas.

Realizar grandes coisas é difícil, mas é mais difícil ainda ordenar grandes coisas.

O mais indesculpável em ti é que tens o poder e não queres reinar”.

E eu respondi: “Falta-me a voz do leão para mandar.”

Então me falaram de novo como um sussurro: “São as palavras mais silenciosas que trazem a tempestade. Os pensamentos que vêm com pés de veludo são os que dirigem o mundo.

Zaratustra, precisas caminhar como uma sombra do que há de vir. Assim mandarás e, mandando, irás para frente.”

E eu respondi: “Tenho vergonha.”

E tornaram a dizer-me sem voz: "É preciso que voltes a ser criança e percas a vergonha.

Ainda tens o orgulho da juventude, tu te tornaste jovem muito tarde, mas aquele que quer voltar a ser criança deve também vencer sua juventude".

E longamente refleti, tremendo. Por fim, repeti o que dissera de início: "Não quero!"

Ouviu-se então uma gargalhada em torno de mim. Desgraça! Como aquele riso me penetrou nas entranhas e cortava meu coração!

E pela última vez me disseram: "Zaratustra, teus frutos estão maduros, mas tu é que não estás maduro para teus frutos!

Precisas voltar para a solidão porque ainda te abrandarás."

E ouviu-se outra risada que se afastava. Depois reinou silêncio em torno de mim, como se fosse um duplo silêncio. Eu, porém, estava caído no solo, banhado em suor.

Já ouvistes tudo e sabeis porque devo tornar para minha solidão. Nada vos ocultei, meus amigos.

Mas também aprendestes comigo quem é sempre o mais discreto dos homens e o quer ser.

Ai! Meus amigos! Teria ainda uma coisa a vos dizer, teria uma coisa ainda a vos dar! Quem me impede de dá-la? Será que fiquei avarento?"

Ditas estas palavras, a voz de Zaratustra se embargou pela força da dor e ao pensamento de que iria deixar imediatamente seus amigos, de modo que desatou a chorar e ninguém conseguia consolá-lo. Entretanto, chegada a noite, partiu sozinho, deixando os amigos.

Terceira Parte

"Vós olhais para cima quando aspirais em vos elevar.
Eu, como estou no alto, olho para baixo.
Qual de vós pode se conservar no alto e rir ao mesmo tempo?
Aquele que escala elevados montes ri-se de todas as tragédias apresentadas em palco e de todas as tragédias da vida."

O Viajante

Era aproximadamente meia-noite quando Zaratustra se pôs a caminho em direção ao ponto mais alto da ilha para chegar de madrugada à outra margem, onde queria embarcar. Nesse lugar havia uma boa enseada onde costumavam ancorar também barcos estrangeiros, os quais recebiam a bordo alguns das ilhas Afortunadas que queriam atravessar o mar. Enquanto subia a montanha Zaratustra pensava nas muitas viagens solitárias que fizera desde sua juventude e nas muitas montanhas, cristas e cumes que escalara.

"Eu sou um viajante e um escalador de montanhas" – disse para si mesmo. "Não gosto das planícies e parece que não posso ficar muito tempo sentado.

E sejam quais forem meus destinos e minhas experiências vividas, sempre implicarão caminhada e escalada de montanhas. Em suma, não se vive outra experiência, senão a si mesmo.

Passou o tempo em que o encontro com os acasos ainda me era permitido. No presente, que me poderia sobrevir que já não tenha sido meu?

O meu próprio Eu está enfim de regresso e quanto dele próprio andou durante muito tempo por estranhas terras e disperso entre todas as coisas e todas as contingências.

Nada mais sei, senão que estou agora de pé diante de meu último pico e que me foi poupado durante muito tempo. Ai! Tenho que seguir meu caminho mais difícil! Ai! Comecei minha viagem mais solitária!

Quem é, porém, de minha espécie não se livra de semelhante hora, da hora que diz: "Só agora segues teu caminho de grandeza! Cume e abismo, agora não passam de um só.

Segues teu caminho de grandeza. Veio agora a ser teu último refúgio o que até aqui se chamava teu último perigo!

Segues teu caminho de grandeza. Tua melhor coragem é que agora não existam mais caminhos atrás de ti!

Segues teu caminho de grandeza. Ninguém seguirá tuas pegadas. Teus próprios pés apagaram o caminho que deixas atrás de ti e nele está escrito: "Impossibilidade".

E se, mais adiante, faltarem todas as escadas, será preciso que te decidas em subir mais alto que tua própria cabeça, para além dela. Como poderias fazer de outra maneira?

Mais alto que tua própria cabeça, para além, mais alto que teu próprio coração. Agora o mais suave vai se tornar para ti o mais duro.

Aquele que sempre cuidou muito de si, acaba por cair doente com o excesso de cuidado. Bendito seja aquele que endurece! Não elogio o país onde fluem manteiga e mel!

Para ver muitas coisas é preciso desaprender a olhar para si mesmo. Essa dureza é necessária para escalar montanhas.

Mas aquele que procura o conhecimento com olhos indiscretos, como poderia ver mais que o primeiro plano de todas as coisas?

Mas tu, Zaratustra, quiseste ver o fundo de todas as coisas e o que está além delas. É preciso, portanto, que subas mais alto que a ti mesmo, mais adiante, mais alto, a fim de que tu mesmo possas contemplar tuas próprias estrelas abaixo de ti!

Sim, do alto olhar para mim mesmo e também para minhas estrelas! Só a isso chamaria meu cume, esse que ainda estava reservado para mim, meu topo derradeiro!

Assim falava consigo Zaratustra enquanto subia, consolando seu coração com duras máximas, porque, como nunca, havia ferido o coração. E quando chegou ao alto da crista viu estender-se à sua frente o outro mar. Ficou imóvel e calado por muito tempo. Naquela altura, a noite estava fria, clara e estrelada.

"Reconheço minha sorte" – disse afinal com tristeza. Coragem! Estou pronto! Começou agora minha última solidão.

Ai! Que mar tão negro e triste a meus pés! Ai! Que sombrio e noturno pesadelo! Ai! destino e mar! Para vós é que agora devo descer.

Estou diante de minha mais alta montanha e de minha mais longa viagem! Por isso tenho de descer como nunca desci!

Tenho de ir ao fundo da dor mais do que nunca, até suas águas mais escuras! Assim o quer meu destino. Coragem! Estou pronto!

De onde vêm as mais elevadas montanhas? Um dia perguntei isso. Soube então que vêm do mar.

Esse testemunho está escrito em suas pedras e nas paredes de suas cristas. Do mais profundo é preciso que o mais alto se eleve até sua própria altura."

Assim falava Zaratustra para si mesmo, no pico da montanha onde reinava o frio. Mas quando chegou perto do mar e se encontrou sozinho entre as rochas da margem, sentiu-se cansado do caminho e ainda mais cheio que antes de ardentes desejos.

"Tudo dorme ainda – disse. Também o mar está adormecido. Dirige-me um olhar estranho e sonolento.

Mas sinto que sua respiração é quente. E ao mesmo tempo vejo que sonha. Agita-se sonhando sobre duros travesseiros.

Escuta! Escuta! Quantos gemidos as más recordações lhe arrancam! Ou serão maus presságios?

Ai! Estou triste contigo, monstro sombrio, e aborrecido comigo mesmo por tua causa.

Ah! Por que não terá minha mão bastante força? Gostaria de livrar-te, na verdade, dos maus sonhos!"

Falando desta forma Zaratustra ria de si mesmo com melancolia e amargura. "Como, Zaratustra! – disse – até mesmo ao mar queres cantar consolações?

Ó Zaratustra! Louco rico de amor, ébrio de confiança! Mas assim foste sempre, sempre te aproximaste familiarmente de todas as coisas terríveis.

Querias acariciar todos os monstros. Um sopro de hálito quente, um pouco de pele macia nas garras e imediatamente estavas disposto a amar e a atrair.

O amor é o perigo do mais solitário, o amor por todos os seres, contanto somente que estejam vivos. Na verdade, prestam-se ao riso minha loucura e minha modéstia no amor".

Assim falava Zaratustra e pôs-se a rir outra vez. Mas então pensou nos amigos que deixara e, como se houvesse pecado contra eles em pensamento, irritou-se contra si mesmo por causa de seus pensamentos. E assim o que ria logo estava chorando. Zaratustra chorava amargamente de raiva e de nostalgia.

Da Visão e do Enigma

1.

Quando os marinheiros souberam que Zaratustra se encontrava no barco – porque, ao mesmo tempo que ele, subira a bordo um homem das ilhas Afortunadas – houve grande curiosidade e grande expectativa. Zaratustra, porém, conservou-se em silêncio, durante dois dias, e permaneceu frio e surdo, simplesmente triste, de forma que não respondia aos olhares nem às perguntas. Na noite do segundo dia, contudo, voltou a abrir os ouvidos, conquanto permanecesse calado porque naquele barco que vinha de longe e que ainda queria ir mais longe, se podia ouvir uma porção de coisas estranhas e perigosas. Zaratustra, porém, era amigo de todos os que fazem grandes viagens e de quem não sabe viver sem perigo. Por fim, à força de ouvir, sentiu a língua desatar-se também e fundiu o gelo de seu coração. Então começou a falar assim:

"A vós, intrépidos exploradores, pesquisadores, e a todos quantos alguma vez embarcaram com velas astutas em mares temíveis, a vós, ébrios de enigmas, amigos das penumbras, almas atraídas por flautas a todos os labirintos, porque não quereis seguir às cegas e com mão tateante um fio condutor e o que podeis adivinhar detestais inferi-lo.

A vós somente vou contar o enigma que vi, a visão do mais solitário.

Sombrio atravessei ultimamente o pálido crepúsculo, sombrio e duro, com os lábios contraídos. Mais de um sol se pusera para mim.

Uma trilha que subia com ar de desafio por entre despenhadeiros, uma senda perversa e solitária que já não queria erva nem arbustos, uma trilha de montanha rangia sob o desafio de meus pés.

Avançando, mudos por entre o ranger irônico dos seixos, pisando a pedra que os fazia resvalar, meus pés lutavam em direção ao alto.

Para o alto, desafiando o espírito que me impelia para baixo, para o abismo, o espírito do peso, meu demônio e mortal inimigo.

Para o alto, embora estivesse sentado sobre mim, meio anão

e meio toupeira, paralisado e paralisador, vertendo chumbo em meus ouvidos e destilando pensamentos de chumbo em meu cérebro.

"Ó Zaratustra!" – sussurrava com sarcasmo, separando as sílabas –, "pedra de sabedoria! Tu te lançaste para o alto, mas toda pedra atirada, tem de cair.

Ó tu, Zaratustra! Pedra de sabedoria, pedra de catapulta, destruidor de estrelas! Bem alto tu te lançaste, mas não há pedra lançada que não volte a cair.

Condenado a ti mesmo e à tua própria lapidação, ó Zaratustra! Atiraste muito longe a pedra, mas sobre ti é que tornará a cair!"

Aqui se calou o anão e muito tempo decorreu. Mas seu silêncio me oprimia e, em semelhante situação, em dois se está mais solitário do que quando só!

Eu subia, subia, sonhava e pensava. Mas tudo me oprimia. Assemelhava-me a um enfermo prostrado por seu duro martírio e a quem um pesadelo desperta de seu sono.

Eu, porém, tenho em mim essa coisa a que chamo de coragem. Até agora, essa coisa foi a assassina de todos os meus desencorajamentos. Foi essa coragem que, finalmente, fez-me parar e dizer: "Anão! Ou tu ou eu!"

De fato, não há melhor assassino do que a coragem, coragem que ataca, porque não há ataque sem rufar de tambores.

Mas o homem é o mais corajoso dos animais. Assim dominou todos os outros animais. Ao rufar dos tambores dominou também todas as dores. Ora, a dor humana é a mais profunda de todas as dores.

A coragem mata também a vertigem à beira dos abismos. E haverá lugar, onde o homem não está à beira de abismos? Mesmo olhar, não é ver abismos?

A coragem é o melhor dos matadores. A coragem mata até a compaixão. Ora, a compaixão é o abismo mais profundo. Quando o homem mergulha profundamente o olhar na vida, tão profundo o mergulha igualmente no sofrimento.

Mas a coragem é o melhor dos assassinos, coragem que ataca. Mata a própria morte porque diz: "O quê? E isto era a vida? Coragem! Vamos recomeçar!"

Nesta sentença ressoa muito o toque do tambor. Quem tiver ouvidos que ouça."

2.

"Pára, anão!" – eu disse. "Ou eu ou tu! Eu, porém, sou o mais forte. Tu não conheces meu pensamento abissal. Esse, não serias capaz de suportar!"

Nisto senti que minha carga se aliviava porque o indiscreto anão saltou de meus ombros. Sentou-se numa pedra diante de mim. No lugar em que paramos, encontrava-se justamente um pórtico.

"Anão! – prossegui. Olha para este pórtico! Tem duas caras. Aqui se reúnem dois caminhos e ninguém ainda os seguiu até o fim.

Esta via larga que segue atrás de nós dura uma eternidade e esta longa via diante de nós é uma segunda eternidade...

Estes caminhos são contrários, opõem-se um ao outro, e encontram-se aqui neste pórtico. O nome do pórtico, está escrito em cima, chama-se "Instante".

Se alguém, todavia, seguisse sempre, cada vez mais longe, por um destes caminhos, acaso julgas, anão, que eles eternamente se oporiam?"

"Tudo quanto é reto mente" – murmurou com desdém o anão. "Toda a verdade é sinuosa, o próprio tempo é um círculo".

"Espírito do peso!" – disse eu irado –, "não aprecies de modo leviano demais as coisas! Ou te deixo onde estás agachado, coxo, e olha que fui eu quem te trouxe aqui para o alto!

Olha para este instante! Deste pórtico Instante segue para trás uma larga e eterna via. Atrás de nós há uma eternidade.

Tudo quanto é capaz de correr não deve necessariamente já ter percorrido alguma vez esta via? Tudo o que pode acontecer não deve ter acontecido, ocorrido, realizado, passado já alguma vez?

E se tudo existiu já por aqui, que pensas tu, anão, deste instante? Esse pórtico não deve também ter existido já alguma vez por aqui?

E não estão todas as coisas tão firmemente agarradas umas às outras que para ele atrai este instante todas as coisas futuras? Em decorrência, a ele próprio também?

Porque tudo quanto é capaz de correr deverá sem dúvida alguma percorrer uma vez mais este longo caminho que se afasta daqui!

E aquela aranha que se arrasta à luz da lua e este mesmo luar e tu e eu sob este pórtico, sussurrando juntos sobre coisas eternas, não é necessariamente obrigatório que todos nós tenhamos já existido?

E tenhamos de retornar, refazer este outro caminho que se afasta diante de nós, esta longa e triste via, não será necessário que eternamente retornemos?"

Assim falava eu, em voz cada vez mais baixa, porque tinha medo de meus próprios pensamentos e de suas ocultas intenções, quando de súbito ouvi uivar um cão ali perto.

Não ouvira, já uma vez, uivar um cão dessa maneira? Meu pensamento percorreu o tempo passado. Sim, realmente, quando era criança, na minha mais distante infância:

Então ouvi um cão ladrar assim. E o havia visto também, com o pêlo eriçado, a cabeça erguida, tremendo na mais silenciosa meia-noite, quando até os cães acreditam em fantasmas.

E tive pena dele. Acabava de aparecer justamente a lua cheia, num silêncio de morte, e se havia detido exatamente em cima da casa, como chama arredondada, imóvel sobre o teto plano, como em propriedade alheia.

Foi isso que espantou o cão porque os cães acreditam em ladrões e fantasmas. E quando o tornei a ouvir uivar dessa maneira, tornei a sentir dó dele.

E o anão, onde estaria agora? E o pórtico? E a aranha? E todos os sussurros? Teria sonhado ou teria acordado? Encontrei-me de repente entre agrestes rochedos, sozinho, em pé, abandonado ao mais desolado luar.

Mas ali jazia um homem! E o cão, a saltar e a gemer, com o pêlo eriçado, via-me caminhar e começou a uivar outra vez, pôs-se a ganir. Já ouvira alguma vez um cão pedir socorro assim?

Nunca, na verdade, vi algo semelhante ao que estava presenciando. Vi um jovem pastor que se contorcia, tremendo e em convulsões, com o semblante desfigurado e uma pesada serpente negra pendendo-lhe da boca.

Quando vira eu tal repugnância e pálido terror num semblante? Adormecera, de certo, e a serpente se introduziu na garganta dele, ali se aferrando.

Minha mão começou a puxar a serpente, a puxar, mas em vão! Não consegui arrancá-la da garganta. Então me escapou um grito: 'Morde! Morde! Arranca-lhe a cabeça! Morde!' Assim gritava em mim meu espanto, meu ódio, minha repugnância, minha compaixão, todo o meu bem e meu mal se puseram a gritar em mim num só grito.

Vós, intrépidos que me rodeais! Exploradores, aventureiros e quem quer que seja dentre vós que zarpou astuciosamente por mares inexplorados! Vós que gostais de enigmas!

Decifrai-me então o enigma que se oferecia à minha vista. Interpretai a visão que teve o mais solitário, ó hermeneutas!

Porque foi a um tempo visão e previsão. Que vi então em imagem? E quem é aquele que necessariamente ainda deve chegar algum dia?

Quem é o pastor em cuja garganta se introduziu a serpente? Quem é o homem em cuja garganta se introduzira o que houver de mais negro e mais pesado?

O pastor, porém, começou a morder como meu grito lhe aconselhara, dando dentadas firmes! Cuspiu para longe de si a cabeça da serpente e saltou em pé.

Já não era pastor nem homem, estava transformado, radiante, ria! Nunca houve homem na terra que risse como ele!

Ó meus irmãos! Ouvi uma risada que não era risada de homem e agora devora-me uma sede, uma ânsia que nunca se aplacará.

Devora-me a nostalgia daquele riso. Como posso tolerar ainda estar vivo? E agora cessar de viver, como o poderia suportar?

Assim falava Zaratustra.

Da Beatitude Involuntária

Com tais enigmas e tais amarguras no coração Zaratustra prosseguia sua viagem por mar. Quando estava, porém, a quatro dias das ilhas Afortunadas e de seus amigos, vencera completamente a dor. Vitorioso e com passo firme, dominava novamente seu destino. Então, Zaratustra falou assim à sua consciência radiante de alegria:

Estou novamente só, e assim quero ficar, sozinho com o céu sereno e a imensidão do mar e novamente reina a tarde em minha volta.

À tarde, havia encontrado outrora pela primeira vez meus amigos. E das outras vezes também à tarde, à hora em que toda a luz se torna mais suave.

Porque os raios de ventura que ainda estão a caminho entre o céu e a terra procuram um refúgio numa alma luminosa. Agora, a ventura tornou mais tranquila a luz toda.

Ó tarde de minha vida! Também minha ventura desceu um dia ao vale para procurar um refúgio. Encontrou então aquelas almas francas e hospitaleiras.

Ó tarde de minha vida! Quanto eu não dei para ter uma só coisa, para ter esse viveiro de meus pensamentos e essa luz matinal de minhas mais altas esperanças!

Um dia, o criador procurou companheiros que fossem filhos de sua esperança e viu que não os poderia encontrar, a não ser que ele mesmo primeiramente os criasse.

Eu estou, portanto, no meio de minha obra, indo para meus filhos e voltando para junto deles. Por amor a seus filhos é necessário que Zaratustra queira antes completar-se a si mesmo.

Porque ninguém ama de todo o coração senão seu filho e sua obra. E onde há um grande amor de si mesmo, é sinal de fecundidade. Isso eu tenho notado.

Meus filhos, árvores de meu jardim e de minha melhor terra, ainda crescem verdejantes em sua primeira primavera, plantados lado a lado e agitados pelo mesmo vento.

E, na verdade, onde crescem juntas tais árvores é ali que estão as ilhas Afortunadas!

Quero, porém, transplantá-las um dia separadamente, a fim de aprenderem a solidão, a tenacidade e a precaução!

Nodoso e retorcido, com flexível dureza, deve cada qual erguer-se junto do mar, como farol vivo da vida invencível.

No mesmo lugar onde se precipitam no mar as tempestades, onde a falda da montanha se banha nas ondas, nesse local deverá cada um estar de sentinela dia e noite, para sua prova e para seu conhecimento.

É preciso que seja conhecido e provado, para se saber se é de minha raça e de minha espécie, se é dono de uma ampla vontade, silencioso mesmo quando fala e de tal maneira flexível que ao dar também receba.

A fim de chegar a ser um dia meu companheiro e co-criador e co-celebrante de Zaratustra. Um homem que escreva minha vontade em minhas tábuas, a fim de que todas as coisas atinjam a perfeição.

E por causa dele e de seus semelhantes devo completar-me de mim mesmo. Por isso agora fujo de minha ventura, oferecendo-me a todos os sofrimentos para minha última prova e conhecimento.

E, na verdade, já era tempo de partir. E a sombra do viajante, o instante mais longo e a hora do supremo silêncio, todos me disseram: "Não há um instante a perder!"

O vento soprou pelo orifício da fechadura e disse: "Caminha!" A porta se abriu sorrateiramente diante de mim e disse: "Vai!"

Eu, contudo, estava acorrentado pelo amor a meus filhos. O desejo havia estendido suas redes, o desejo de amor para eu ser presa de meus filhos e me perder por eles.

Para mim, desejar é já ter-me perdido. Eu vos tenho, meus filhos! Nesta posse, tudo deve ser certeza e nada desejo.

O sol de meu desejo, porém, me abrasava. Zaratustra sentia-se abrasar em seu próprio suco. Nisto passaram por mim sombras e dúvidas.

Já desejava o frio e o inverno: "Oh! Voltem o frio e o inverno para fazer-me tiritar e ranger os dentes!" – suspirava eu. Então se ergueram dentro de mim nuvens glaciais.

Meu passado destruiu suas sepulturas. Mais de uma dor enterrada viva despertou. Não fizera mais do que adormecer envolta em sudários.

Assim tudo me gritava em sinais: "É já tempo!" Mas eu não ouvia, até que, afinal, meu abismo começou a agitar-se e o pensamento me mordeu.

Ai! Pensamento abissal, tu que és meu pensamento! Quando encontrarei forças para te ouvir escavar sem tremer?

Chegam-me à garganta os baques do coração quando te ouço escavar com tua enxada. Teu próprio silêncio me asfixia, ó pensamento abissal!

Nunca me atrevi a chamar-te à superfície. Já era bastante trazer-te comigo! Ainda não tive força suficiente para a última audácia e temeridade do leão.

Bem terrível tem sido sempre teu peso para mim. Mas hei de encontrar um dia a força e a voz do leão para te chamar à superfície!

Quando tenha conseguido esse triunfo, conseguirei ainda outro maior. É uma vitória que será o selo de minha plenitude.

Entretanto, vagueio ainda por mares incertos, acariciado pelo acaso sedutor. Olho para trás e para frente e ainda não descubro fim.

Ainda não chegou a hora de meu último combate – ou talvez chegue neste instante. Na verdade, com que pérfida beleza o mar e a vida me olham de todos os lados!

Ó tarde de minha vida! Ó ventura de antes do crepúsculo! Ó porto em pleno mar! Ó paz na incerteza! Como desconfio de todos vós!

Na verdade, desconfio deveras de vossa pérfida beleza. Pareço-me com o amante que desconfia do sorriso meigo demais.

Como o ciumento repele sua amada, terno até em sua dureza, assim eu afasto de mim esta hora de beatitude.

Para longe de mim, hora de beatitude! Contigo tive felicidade, mesmo que não a quisesse! Aqui me encontro, de pé, pronto para minha mais profunda dor. Chegaste fora de hora.

Para longe de mim, hora de beatitude! Busca antes refúgio em outro lugar, junto de meus filhos! Não tardes, corre para levar-lhes antes do crepúsculo a bênção de minha felicidade!

Já se aproxima a noite. O sol declina! Foi-se minha ventura!

Assim falava Zaratustra. E esperou sua desventura toda a noite, mas esperou em vão. A noite permaneceu serena e calma e a felicidade aproximava-se cada vez mais. Perto do alvorecer, no entanto, Zaratustra se pôs a rir intimamente e disse em tom de brincadeira:

"A felicidade corre atrás de mim. A causa deve ser porque não corro atrás das mulheres. Ora, a felicidade é mulher".

Antes do Nascer do Sol

Ó céu por cima de mim, céu claro, céu profundo! Ó Abismo de luz! Ao contemplar-te estremeço de desejos divinos.

Elevar-me à tua altura: eis para mim a profundidade! Refugiar-me em tua pureza: eis minha inocência!

É sua beleza que oculta o deus. Assim ocultas tuas estrelas. Não falas e assim me anuncias tua sabedoria.

Mudo surgiste hoje para mim sobre o fervente mar. Teu amor e teu pudor revelam-se à minha alma fervente.

Belo, vieste a mim, velado em tua beleza, da maneira muda como me falas, revelas tua sabedoria!

Ah! Como não havia de adivinhar todo o pudico de tua alma! Antes de o sol raiar, vieste até a mim, solitário entre os solitários.

Somos amigos de sempre. Comuns nos são tristeza, terror e profundidade. O sol também nos é comum.

Não falamos porque sabemos demasiadas coisas. Calamos e um sorriso basta para revelar o que sabemos.

Não és tu a luz que reclama meu fogo? Não és tu a alma irmã de minha inteligência?

Tudo aprendemos juntos. Juntos aprendemos a elevar-nos acima de nós, a nos elevar até nós mesmos, a sorrir serenamente, a sorrir serenamente sem nuvens de lá de cima, a sorrir com olhos límpidos, desde remotas paragens, quando abaixo de nós se desvanecem, como névoa vaporosa que segue a chuva, a imposição, o fim e o erro.

E quando eu caminhava só, de que minha alma tinha fome durante as noites e nos caminhos do erro? E quando eu escalava montanhas, a quem procurava nos picos senão a ti?

E todas minhas caminhadas e todas minhas escaladas não passavam de um expediente e recurso de minha inexperiência. O que minha vontade toda quer é voar, voar até para dentro de ti!

E que odiava eu mais do que as nuvens e tudo o que te empana? E odiava até meu próprio ódio porque te embaçava!

Tenho aversão às nuvens, a esses gatos monteses que se arrastam. Privam-nos a ti e a mim do que nos é comum, o imenso e ilimitado que diz Sim e Amém.

Temos aversão às nuvens rasteiras, esses seres de meio termo, esses seres intrometidos, esses seres mistos que não sabem a arte de bendizer nem de maldizer com todo o seu coração.

Preferia viver sob um céu sem horizonte, estar encerrado num tonel ou, melhor ainda, no fundo de um abismo, sem ver o céu, do que te ver, céu luminoso, obscurecido pelas nuvens errantes!

E muitas vezes tenho sentido desejos de as trespassar com fulgurantes fios de ouro de um relâmpago que vão em ziguezague, a fim de poder, como o trovão, tocar tambor em sua pança de caldeirão.

Como tamborileiro furioso, visto que me roubam teu Sim e teu Amém, ó céu por sobre mim, céu puro, luminoso, abismo de luz! Porque te roubam meu Sim e meu Amém.

Porque prefiro ainda o ruído e o troar e as maldições da tempestade que essa calma felina, circunspecta e duvidosa. E também entre os homens odeio todos aqueles que caminham na ponta dos pés, aqueles que usam meias medidas, que são outras tantas nuvens errantes que duvidam e hesitam.

E “quem não sabe abençoar deve aprender a maldizer!” De um luminoso céu me caiu esta máxima luminosa. Mesmo em noites escuras ainda brilha esta estrela em meu céu.

Eu, porém, sou homem que bendigo e digo Sim, contanto somente que tu me envolvas, céu sereno, luminoso, abismo de luz! A todos os abismos, pois, levo meu abençoado Sim.

Eu cheguei a ser o que bendiz e diz Sim. Lutei muito tempo, tenho sido um lutador, a fim de um dia ter as mãos livres para abençoar.

E minha bênção consiste em estar por cima de cada coisa como o céu com sua cúpula redonda, com sua abóbada azul e sua eterna segurança. E bem aventurado daquele que assim abençoa!

Porque todas as coisas são batizadas na fonte da eternidade e além do bem e do mal. Mas o bem e o mal mesmo não são mais que sombras passageiras, úmidas aflições e nuvens errantes.

Na verdade, eu ensino bênção e não maldição quando digo: "Sobre todas as coisas se estende o céu Acaso, o céu Inocência, o céu Acidente e o céu Ufania."

"Por acaso" é a mais antiga nobreza do mundo. Eu a restituí a todas as coisas, libertando-as da servidão da finalidade.

Essa liberdade, essa serenidade celeste coloquei-a como abóbada azul sobre todas as coisas, ao ensinar que acima delas e por elas nenhuma "vontade eterna" quer.

Eu pus, em vez desta vontade, esse capricho, essa loucura quando ensinei: "Em todas as coisas, uma só é impossível, a racionalidade!"

Um pouco de razão sem dúvida, um grão de sabedoria, disperso de estrela em estrela, é fermento indubitavelmente misturado a todas as coisas. Por causa da loucura a sabedoria se encontra misturada a todas as coisas!

Um pouco de sabedoria é possível já, mas eu encontrei em todas as coisas esta feliz certeza: é com os pés do acaso que gostam muito mais de dançar.

Ó céu acima de mim, puro, excelso! Tua pureza para mim consiste agora em que não haja nenhuma aranha, nem teia de aranha eterna da razão, em que sejas um salão de baile para os acasos divinos, uma mesa divina para os divinos dados e jogadores de dados.

Mas coras? Disse coisas indizíveis? Querendo abençoar-te, proferi maldição?

Ou o que te faz corar foi o colóquio que tivemos a dois? Preferes que me retire e cale porque agora chega o dia?

O mundo é profundo e mais profundo do que jamais pensou o dia. Nem todas as coisas têm o direito de falar diante do dia. Mas chega o dia. Separemo-nos então!

Ó céu aberto sobre mim, céu pudico, céu ardente! Ó minha felicidade que precede o nascer do sol! Chega o dia. Separemo-nos!

Assim falava Zaratustra.

Da Virtude Amesquinhadora

1.

Quando Zaratustra regressou à terra firme, não foi logo direto à sua montanha e à sua caverna, mas deu muitas voltas e fez muitas perguntas para se informar de uma porção de coisas. E dizia para si próprio, brincando: "Aqui está um rio que, por mil voltas, retorna à sua nascente!" Porque ele queria saber o que fora feito do homem durante sua ausência: se engrandecera ou se se apequenara. E um dia divisou uma fileira de casas novas. Admirado, disse:

"Que significam aquelas casas? Em verdade, nenhuma alma grande as edificou como imagem de si mesma.

Teria sido uma criança idiota que as teria tirado de sua caixa de brinquedos? Pois torne a colocá-las na caixa outra criança!

E aqueles quartos e aposentos! Como poderão entrar e sair deles verdadeiros homens? Parecem feitos para bonecas de seda ou para gatos gulosos que também gostam de se deixar lamber."

E Zaratustra ficou imóvel e refletia. Por fim disse com tristeza: "Tudo se tornou pequeno!"

Por toda a parte vejo portas mais baixas; aquele que é de minha espécie ainda poderá talvez passar por elas, mas tem que curvar as costas!

Ó! Quando tornarei para minha pátria onde já não terei que curvar as costas diante dos pequenos? E Zaratustra suspirou e olhou ao longe.

Nesse mesmo dia pronunciou seu discurso sobre a virtude amesquinhadora.

2.

Passo pelo meio deste povo e mantenho os olhos abertos. Esta gente não me perdoa que eu lhe não inveje as virtudes.

Querem morder-me por eu lhes dizer que as pessoas pequenas necessitam pequenas virtudes e porque me é difícil admitir que sejam necessárias as pessoas pequenas.

Estou aqui como galo em terreiro estranho, que até as galinhas passam a bicá-lo. Mas nem por isso guardo rancor dessas galinhas.

Sou cortês com elas como se faz com todos os pequenos aborrecimentos. Irritar-se com o pequeno me parece sabedoria de ouriço.

Todos falam de mim quando estão sentados à noite em volta da lareira. Falam de mim, mas ninguém pensa em mim.

Eis o novo silêncio que aprendi a conhecer; o rumor que fazem a meu respeito estende-se como um manto sobre os pensamentos.

Eles vociferam: "Que quer de nós esta sombria nuvem? Andemos com cautela, para que não nos traga alguma epidemia!"

E ultimamente uma mulher puxou o filho que queria aproximar-se de mim e gritava: "Afastai as crianças! Olhos daqueles queimam as almas das crianças!"

Tossem quando começo a falar. Pensam que a tosse é um obstáculo contra os ventos rijos. Nada conjecturam do sussurro de minha felicidade.

"Com Zaratustra não temos tempo a perder." Essa é sua objeção. Mas que me importa um tempo que com Zaratustra "não se tem tempo a perder?

Ainda que me elogiassem, como poderia adormecer com seus elogios? Seu elogio é para mim cilício. Mortifica-me mesmo depois de o tirar.

E também aprendi isto entre eles: aquele que elogia o faz como que para pagar sua dívida. Na verdade, quer que se lhe dê mais.

Perguntai a meu pé se lhe agrada essa maneira de elogiar e de atrair! Na verdade, com esse tique-taque não pode dançar nem se manter em pé.

Procuram elogiar-me para atrair-me a sua modesta virtude. Quiseram arrastar meu pé ao som da modesta felicidade.

Eu passo pelo meio do povo e mantenho os olhos abertos. Eles amesquinharam e continuam sempre mais a amesquinhar. Deve-se isto à sua doutrina da felicidade e da virtude.

É que também são modestos em sua virtude porque querem ter suas conveniências e só uma virtude modesta se conforma com as conveniências.

Aprendem também a arte de andar a seu modo e de avançar. A isto chamo ir coxeando. São assim um obstáculo a todos que andam depressa.

E há quem caminhe para frente, a olhar para trás e com o pescoço rijo. Com eles é que gosto de esbarrar quando caminho.

Os pés, os olhos não devem mentir nem desmentir, mas entre as pessoas pequenas há muitas mentiras.

Alguns deles querem, mas na maioria apenas são queridos. Alguns são autênticos, mas muitos deles são maus comediantes.

Há entre eles comediantes sem o saber e comediantes sem o querer. Os autênticos são sempre raros, principalmente os comediantes autênticos.

Escasseia entre eles a virilidade. Por isso as mulheres se masculinizam. Porque só o que for homem bastante haverá de emancipar na mulher, a mulher.

Eis a pior das hipocrisias que tenho encontrado entre eles: até os que mandam imitam hipocritamente as virtudes dos que obedecem.

"Eu sirvo, tu serves, nós servimos" – assim reza também aqui a hipocrisia dos governantes. E ai quando o primeiro amo não é mais do que o primeiro servidor!

Ai! Meu olhar curioso deteve-se também em sua hipocrisia e desvendou sua felicidade de moscas e seu zumbido junto de vidraças ensolaradas.

Toda a bondade que vejo é pura fraqueza. Toda a justiça e compaixão, fraqueza pura.

São corretos, leais e benévolos uns para com os outros, como são corretos, leais e benévolos entre si os grãos da areia.

Abraçar modestamente uma pequena felicidade é o que chamam "resignação"! E ao mesmo tempo olham de soslaio modestamente para outra pequena felicidade.

No fundo de sua simplicidade só têm um desejo: que ninguém os prejudique. Por isso são amáveis com todos e praticam o bem.

Isto, porém, é covardia, conquanto se chame "virtude".

E quando a esses mesquinhos lhes acontece de falar com rudeza, em sua voz só ouço rouquidão porque a menor corrente de ar os enrouquece!

São hábeis. Suas virtudes têm dedos hábeis. Mas faltam-lhes os pulsos. Seus dedos não sabem desaparecer por detrás dos pulsos.

Para eles, o que modera e domestica é a virtude. Assim fizeram do lobo um cão e do próprio homem o melhor animal doméstico do homem.

"Nós colocamos nossa cadeira bem no meio – confessa-me seu sorriso satisfeito – a igual distância dos gladiadores moribundos e dos imundos suínos".

Isto, porém, é mediocridade, embora a chamem moderação.

3.

Passo por entre este povo e deixo cair muitas palavras, mas não sabem receber nem reter.

Ficam surpresos porque não vim criticar prazeres e vícios e, na verdade, também não vim para pô-los de sobreaviso contra os batedores de carteira.

Ficam surpresos porque não estou pronto a afinar e aguçar-lhes a sutileza, como se já não tivessem bastantes sábios sutis, cujas vozes chiam a meus ouvidos como rodas a que falta óleo.

E quando grito: "Maldizei todos os demônios covardes que há em vós, esses demônios sempre prontos a gemer, cruzar as mãos e adorar", então eles clamam: "Zaratustra é ateu!"

E seus pregadores de resignação são os que mais vociferam, mas é justamente a esses que gosto de gritar ao ouvido: "Sim! Eu sou Zaratustra, o sem deus!"

Os pregadores de resignação! Onde quer que haja mesquinhez, doença, infecção, arrastam-se como piolhos e só por nojo os não esmago!

Coragem! Aqui está o sermão que lhes prego aos ouvidos: Eu sou Zaratustra, o sem-deus, que diz: "Quem há mais sem-deus que eu, para me regozijar com seu ensinamento?"

Eu sou Zaratustra, o ímpio. Onde encontrarei outro igual a mim? São iguais a mim todos aqueles que por si próprios definem sua vontade e se livram de toda resignação.

Eu sou Zaratustra, o ímpio. Em meu caldeirão cozinho todos os acasos. E só quando estão no ponto é que lhes dou as boas-vindas como sustento meu.

E, na verdade, mais de um acaso se aproximou de mim com ares de senhor. Mas minha vontade lhe falou de uma maneira ainda mais imperiosa e logo se ajoelhou a meus pés, suplicando-me que lhe desse asilo e afeição, dizendo em tom adulador: "Olha Zaratustra, só um amigo pode aproximar-se assim de um amigo!"

A quem falar, porém, quando ninguém tem meus ouvidos? Por isso quero gritar a todos os ventos:

Gente mesquinha, cada vez vos amesquinhais mais! Gente acomodada, estais caindo em migalhas! E acabareis por ir a pique com vossa infinidade de pequenas virtudes, de múltiplas pequenas faltas e de múltiplas pequenas resignações.

Poupar em demasia, ceder em demasia, esse é vosso solo em que viveis! E para uma árvore crescer robusta tem de se agarrar a duras rochas com duras raízes.

Até vossas faltas se incluem na trama de todo o futuro dos homens que teceis. Até vosso nada é uma teia de aranha, de uma aranha que vive o sangue do futuro.

E quando recebeis é como se furtásseis, mesquinhos e virtuosos. Até entre ladrões, contudo, diz a voz da honra: "Só se deve furtar onde não se pode saquear".

"Isso se dá" – é outro ensinamento da resignação. Mas eu vos digo, a vós que gostais de conforto! Isto é tomado e será tomado sempre, ainda mais de vós.

Ai! Se pudésseis de uma vez rejeitar essa meia vontade e assumir resolutamente a preguiça como modo de agir!

Ai! Se pudésseis compreender estas minhas palavras: "Fazei sempre o que quiserdes, mas sede desde logo daqueles que podem querer!"

"Amais sempre vosso próximo como a vós mesmos, mas sede desde logo dos que se amam a si mesmos, dos que se amam com grande amor, dos que se amam com grande desdém". Assim fala Zaratustra, o ímpio.

Mas para que falar, quando ninguém tem meus ouvidos? Ainda uma hora mais cedo cheguei aqui.

Eu sou entre esta gente meu próprio precursor, meu próprio canto de galo nas ruas escuras.

Haverá de chegar, porém, a hora deles! Chega também a minha! A cada hora se tornam menores, mais pobres, mais estéreis. Pobre erva! Pobre terra!

Breve estarão diante de mim como feno seco, como a estepe e cansados de si próprios, mais sedentos de fogo que de água!

Ó bendita a hora do raio! Ó mistério de antes do meio-dia! Há de chegar a vez de eu os converter em fogo que se propaga e em arautos de língua de chamas.

Até anunciarão um dia com línguas de chamas: Já vem, já se aproxima o grande meio-dia!

Assim falava Zaratustra.

No Monte das Oliveiras

O inverno, mau hóspede, penetra em minha morada. Tenho as mãos arroxeadas por seus afetuosos apertos de mão.

Honro este hóspede maligno, mas gosto de deixá-lo a sós, gosto de safar-me dele e, correndo bem, sempre se consegue escapar.

Quentes os pés e o pensamento, corro para o lugar onde o vento emudece, até o recanto ensolarado de meu monte das Oliveiras.

Lá me rio do meu rigoroso hóspede, e lhe fico agradecido por me livrar das moscas e fazer calar uma porção de pequenos ruídos.

Porque ele não suporta ouvir zumbir uma mosca, nem sobretudo duas. Ele esvazia a rua a tal ponto que à noite fica com medo até o luar.

É um hóspede rígido. Mas eu o trato bem porque não o adoro como fazem os efeminados, o pançudo deus do fogo.

É melhor bater um pouco os dentes do que adorar ídolos! É meu modo de ser. E detesto sobretudo esses ídolos do fogo, ardentes, enfumaçados, engordurados.

Quando amo, amo melhor no inverno do que no verão. Zombo agora melhor e mais animadamente de meus amigos, desde que o inverno entra em minha casa.

Na verdade, cordialmente, mesmo quando tenho de me arrastar até a cama. Minha felicidade enrolada sobre ela ainda ri e graceja. Até mesmo meu sonho enganador ri.

Eu, arrastar-me? Nunca em minha vida me arrastei diante dos poderosos e se alguma vez menti foi por amor. Por isso estou satisfeito até numa cama de inverno.

Um leito humilde me aquece mais do que um leito magnífico porque eu sou ciumento de minha pobreza. E no inverno é quando minha pobreza me é mais fiel.

Começo todos os dias com uma maldade. Zombo do inverno com um banho frio. Isto faz resmungar o meu rigoroso hóspede.

Gosto também de fazer-lhe cócegas com uma velazinha, até a hora que, enfim, me permite ver o céu sair da pardacenta aurora.

Porque eu sou maldoso sobretudo de manhã, na primeira hora, quando chiam os baldes no poço e os cavalos relincham pelas ruas sombrias.

Então espero impaciente que se levante o céu luminoso, o céu invernal de nívea barba, o velho de cabeça branca.

O céu de inverno, o taciturno que até de seu sol não diz nada muitas vezes.

Aprenderia eu com ele o amplo e luminoso silêncio? Ou ele o aprenderia comigo? Ou cada um de nós o inventou para si mesmo?

A origem de todas as coisas boas é múltipla. Todas as boas coisas extravagantes saltam de prazer à existência. Como não o haveriam de fazer uma só vez?

Também o longo silêncio é uma coisa boa, cheia de travessuras. E olhar, à semelhança de um céu de inverno, com sereno semblante de olhos redondos, calar, como ele faz, seu sol e sua inflexível vontade de sol. Na verdade, essa arte e essa malícia do inverno eu a aprendi bem.

Minha arte e minha mais cara malícia que meu silêncio aprendeu foi a de não se trair, calando.

Com palavras e ruídos de dados, entretenho-me a iludir os guardas solenes que andam à espreita. Quero subtrair minha vontade e meu fim a esses vigilantes severos.

Para ninguém poder ver meu íntimo profundo e minha última vontade, inventei o longo e luminoso silêncio.

Encontrei mais de um prudente que velava o semblante e turvava sua água para ninguém poder olhar através dele e não visse seu profundo.

Era, porém, a ele justamente que acudiam os astutos desconfiados, os decifradores de enigmas. A ele precisamente arrancavam seu mais secreto peixe!

Mas os límpidos, os bravos, os transparentes, esses são para mim os que melhor sabem guardar silêncio. Seu íntimo é tão profundo que a água mais límpida poderia trair.

Ó tu, silencioso céu de inverno de barba de neve, ó tu cabeça branca de olhos redondos que te ergues sobre mim! Ó imagem divina de minha alma e da exuberância de minha alma!

E não será preciso que eu me esconda como quem tragou o ouro, de medo que eviscerem a alma?

Não será preciso que eu use pernas de pau para que não reparem em minhas longas pernas todos esses tristes invejosos que me rodeiam?

Todas essas almas defumadas, corrompidas, consumidas, aborrecidas, azedadas, como poderiam suportar com sua inveja minha ventura?

Por isso lhes revelo somente o inverno e gelo de meus picos. Mas não lhes revelo que ainda cingem minha montanha todas as zonas ensolaradas.

Só ouvem sibilar minhas tempestades de inverno, mas não sabem que passo também por quentes mares, parecidos com os nostálgicos, pesados e tórridos ventos do sul.

Meus acasos e reveses inspiram-lhes dó, mas minhas palavras dizem: "Deixai vir a mim o acaso. É inocente como uma criança".

Como poderiam suportar minha ventura, se eu não a rodeasse de acidentes e misérias invernais, de tocas de ursos polares e mantos de céu de neve!

Se eu mesmo não tivesse dó de sua compaixão, da compaixão desses invejosos, desses melancólicos?

Se não suspirasse e tiritasse de frio diante deles, deixando-me envolver pacientemente em sua compaixão?

Essa é a sábia exuberância e benevolência de minha alma: de não ocultar seu inverno e suas tempestades de neve. Sequer oculta suas frieiras.

A solidão, para alguns, é o abrigo do doente. Para outros, a solidão é o abrigo contra o doente.

Ainda que me tenham ouvido tiritar e suspirar com o frio do inverno todos esses pobres diabos de olhos turvos que me rodeiam, com tais arrepios e suspiros fujo de seus quartos aquecidos.

Podem muito bem lastimar e ter dó de mim por causa de minhas frieiras e que me deplorem dizendo: "Acabará por se congelar com o gelo de seu conhecimento!"

Eu, entretanto, corro de cá para lá, com os pés quentes, sobre meu monte das Oliveiras. No recanto ensolarado de meu monte de oliveiras canto e escarneço de toda compaixão.

Assim cantava Zaratustra.

De Passagem

Atravessando assim lentamente muitos povos e cidades, Zaratustra voltava para sua montanha e sua caverna, através de caminhos alternativos. E caminhando de passagem chegou também de improviso à porta da grande cidade. Mas aí caiu sobre ele, impedindo-lhe a entrada com os braços estendidos, um louco furioso. Era o mesmo louco a que o povo chamava "o macaco de Zaratustra" porque imitava um tanto a forma e a cadência de sua frase e se deliciava também em explorar o tesouro de sua sabedoria. O doido, portanto, falou assim a Zaratustra:

"Ó Zaratustra! Esta é a grande cidade. Aqui nada tens a procurar, mas tudo a perder.

Para que queres chafurdar neste lamaçal? Tem dó de teus pés! Cospe à porta da cidade e volta sobre teus passos!

Isto é um inferno para os pensamentos de solitários. Aqui se cozinham vivos os grandes pensamentos, aqui se reduzem a papa.

Aqui apodrecem todos os grandes sentimentos. Aqui só se pode ouvir o crepitar dos pequenos sentimentos de paixõezinhas ressequidas.

Não sentes já o cheiro dos matadouros e dos botecos do espírito? Não fumega esta cidade com os vapores dos espíritos sacrificados?

Não vês, penduradas, as almas, como frangalhos sujos? E desses frangalhos, porém, ainda fazem periódicos!

Não percebes como aqui o espírito se tornou um jogo de palavras? Cospem repugnantes intrigas verbais! E dessas intrigas fazem, os de cá, ainda jornais!

Provocam-se sem saber porquê. Entusiasmam-se e não sabem porquê. Sacodem suas latas, tilintam com seu ouro.

Sentem frio e procuram calor na aguardente. Aquecem-se e procuram frescor nos espíritos gelados. Estão todos infectados e contaminados pela opinião pública.

Todos os apetites e todos os vícios se instalaram aqui. Mas há também virtuosos, há muitas virtudes hábeis e laboriosas e mais de uma virtude hábil e expedita.

Muitas virtudes hábeis com dedos para escrever, com um poder infinito de paciência e de espera, cheias de pequenas estrelas bentas sobre o peito e moças estofadas de roupas e sem nádegas.

Também há aqui muita devoção, muita lisonja servil e muitas frívolas inclinações diante do deus dos exércitos.

'De cima' chovem as estrelinhas e as graciosas comendas. Para cima vão os desejos de todos os peitos desprovidos de estrelinhas.

A lua tem sua corte, e a corte, seus satélites. Mas o povo mendicante e as hábeis virtudes mendicantes rezam a tudo o que vem da corte.

'Eu sirvo, tu serves, nós servimos'. Assim rezam ao soberano todas as virtudes hábeis, para que a merecida estrela se prenda afinal ao peito esquálido.

A lua, porém, ainda gira em torno de tudo o que é terrestre. Assim também o soberano gira em torno do que há de mais terrestre: o ouro dos lojistas.

O deus dos exércitos não é o deus das barras de ouro. O soberano propõe, mas o lojista dispõe.

Em nome de tudo quanto é claro, forte e bom que em ti existe, Zaratustra, cospe a esta cidade dos lojistas e volta para trás!

Aqui corre sangue pútrido, pobre e espumoso, por todas as veias. Cospe sobre a grande cidade, que é o grande depósito onde se acumulam todos os detritos.

Cospe sobre a cidade das almas deprimidas e dos peitos encovados, dos olhos penetrantes e dos dedos viscosos, sobre esta cidade de importunos e impertinentes, dos escritorezinhos e de palradores, de ambiciosos exasperados, sobre a cidade onde se reúne todo carcomido, cariado, lascivo, sombrio, putrefato, purulento, clandestino, cospe sobre a grande cidade e retorna sobre teus passos!"

Neste ponto, porém, Zaratustra interrompeu o louco furioso e tapou-lhe a boca.

"Cala-te!" – exclamou Zaratustra. "Já é tempo de me deixares com tua linguagem e tuas maneiras.

Por que tens vivido tanto tempo à beira do pântano, a ponto de tu mesmo te converteres em rã e sapo?

Não correrá agora em tuas próprias veias um sangue de pântano, viciado e espumoso, para teres aprendido a coaxar e a caluniar assim?

Por que não te retiraste para o bosque? Por que não lavraste a terra? Não está o mar cheio de ilhas verdejantes?

Desprezo teu desdém e já que me prevines, porque não te preveniste a ti mesmo?

Só do amor há de surgir meu desdém e minha ave anunciadora; não do pântano!

Chamam-te meu macaco, doido raivoso, mas eu te chamo suíno grunhidor. Com teu grunhido acabas por me estragar meu elogio da loucura.

Primeiro, quem foi que te fez grunhir? Não te adularam bastante. Por isso te sentaste ao lado dessas imundícies, a fim de teres numerosas razões de vingança. Porque a vingança, louco vaidoso, é tua baboseira toda. Calei-te em definitivo!

Tua língua de louco, porém, prejudica-me até naquilo em que tens razão. E ainda que tivesse mil vezes razão a palavra de Zaratustra, tu sempre a tirarias, usando minha própria palavra!"

Assim falava Zaratustra e, olhando a grande cidade, suspirou e ficou longo tempo calado. Por fim disse:

"Também sinto repugnância por esta grande cidade e não só deste louco. Aqui e acolá, nada há que melhorar, nada há que piorar.

Ai desta grande cidade! Gostaria de ver já a coluna de fogo em que se há de consumir.

Porque tais colunas de fogo não podem senão preceder o grande meio-dia. Isto, contudo, tem seu tempo e seu próprio destino.

A ti, louco, te dou este ensinamento à guisa de despedida. Onde já se não pode amar, deve-se passar!"

Assim falava Zaratustra. E passou diante do louco e da grande cidade.

Dos Renegados

1.

"Ai! como já está triste e cinzento neste prado tudo o que há pouco estava ainda verde e cheio de cor! E quanto mel de esperança eu daqui levei à minha colmeia!

Todos estes corações juvenis se tornaram já velhos, e nem velhos sequer! Simplesmente fatigados, comuns e cômodos. Explicam-no dizendo: "Voltamos a ser piedosos!"

Ainda há pouco os vi à primeira hora a andar briosamente, mas as pernas do conhecimento se fatigaram e agora caluniam até seus brios da manhã.

Na verdade, mais de um levantava antes as pernas como um bailarino e meu riso acenava à sua sabedoria. Mas depois se recolheu. Acabo de o ver curvado, rastejando aos pés da cruz.

Outrora giravam em torno da luz e da liberdade como mosquitos e jovens poetas. Um pouco mais velhos, um pouco mais frios e já estão tenebrosos, resmungadores e caseiros.

Desfaleceram porque a solidão me engoliu como uma baleia? Teriam debalde prestado ouvidos durante longo tempo a minhas trombetas e a meus gritos de arauto?

Ai! Sempre são muito poucos os que têm um coração de grande coragem e grande audácia. Nesses, o próprio espírito se mantém paciente. Mas tudo o mais é covardia.

O resto é sempre em grande número, o cotidiano, o supérfluo, os que estão de mais. Todos eles covardes!

Aquele que for de minha têmpera tropeçará em seu caminho com aventuras iguais às minhas, de forma que seus primeiros companheiros só poderão ser cadáveres e palhaços.

Seus segundos companheiros, porém, serão chamados seus fiéis: um enxame animado, muito amor, muita loucura, muita veneração juvenil.

A estes fiéis não deverá ligar seu coração aquele que dentre os homens for de minha índole. Nessas primaveras e nesses prados de variadas cores, aquele que conhece não deve dar confiança à fraca e fugitiva espécie humana.

Se pudessem de outra maneira, então haveriam de querer também de outra maneira. Gente pela metade prejudica o que é inteiro. Se há folhas que murcham, por que se haveria de deplorar isso?

Deixa-as cair, Zaratustra, deixa-as cair e não te queixes! Pelo contrário, varre-as com o sopro de teu vento. Sopra sobre essas folhas, Zaratustra! Para que se afaste de ti tudo o que é murcho, mais rápido ainda, escape!

2.

"Voltamos a ser piedosos" – assim confessam esses renegados e muitos deles ainda são demasiado covardes para fazer semelhante confissão.

A estes fito em seus olhos, a estes lhes jogo no rosto e no rubor de suas faces: Sois vós que rezais outra vez!

Rezar, todavia, é uma vergonha! Não para toda a gente, mas para ti e para mim e para quantos têm sua consciência na cabeça. Para ti, é uma vergonha rezar!

Bem o sabes, o covarde demônio que dentro de ti se compraz em juntar as mãos e em cruzar os braços e que desejaria ter uma vida mais fácil, esse covarde demônio te disse: "Há um Deus!"

Assim, pois, fazes parte da espécie daqueles que temem a luz, daqueles a quem a luz nunca deixa repouso. Agora tens que ocultar todos os dias a cabeça mais profundamente nos nevoeiros noturnos.

E, na verdade, escolheste bem tua hora porque as aves noturnas tornaram a erguer seu vôo. Chegou a hora de todos os seres que temem a luz, a hora da noite e da festa, mas onde esse povo não festeja.

O ouvido e o olfato me informam. Chegou a hora de sua caçada e da procissão, não de uma caçada selvagem, mas doméstica, tolhida, farejadora, furtiva e de orações sussurradas, uma caçada a belas almas sentimentais. Todas as ratoeiras para apanhar corações estão novamente preparadas! E onde levanto uma cortina, logo sai uma borboleta noturna.

Estaria ali pousada com outra borboleta noturna? Em toda a parte pressinto pequenas comunidades ocultas e em toda a parte em que houver esconderijos haverá novos beatos e cheiro de beatos.

Ficam reunidos durante noites inteiras e dizem entre si: "Tornemos a ser crianças e invoquemos o Senhor!" Os piedosos confeiteiros deram-lhe cabo da boca e do estômago.

Ou contemplam durante longas noites alguma astuta aranha espreitando que prega a astúcia às próprias aranhas, ensinando: "É bom tecer sob as cruzes!"

Ou passam dias inteiros sentados, munidos de canas de pesca, na margem dos pântanos e julgam que aquilo é que é ser profundo. Mas aquele que pesca onde não há peixes parece-me que nem sequer é superficial.

Ou aprendem alegremente a tocar harpa com um versejador que se desejaria insinuar no coração das donzelas porque está cansado das velhas e de seus elogios.

Ou aprendem a assustar os outros com algum sábio tresloucado que espera em quartos escuros para que apareçam os espíritos, enquanto seu espírito desaparece completamente!

Ou escutam um velho charlatão, músico ambulante a quem ventos tristes ensinaram toadas chorosas. Agora sibila à semelhança do vento e prega a compreensão em tom compungido.

E alguns até se tornaram guardas-noturnos. Agora sabem tocar cornetas, rondar de noite e despertar antigas coisas há muito tempo adormecidas.

Ontem à noite, ao lado do cercado de um jardim, ouvi algumas palavras a propósito dessas coisas alheias que procediam desses velhos guardas, tristes e mirrados.

"Sendo pai, não vela bastante pelos filhos. Pais humanos fazem-no melhor do que ele".

"É velho demais. Já não se preocupa em nada com seus filhos". Assim respondeu o outro guarda.

"Mas terá filhos? Ninguém o pode provar, se ele mesmo não o prova. Há muito que gostaria que ele o provasse seriamente."

"Provar? Acaso provou ele alguma vez alguma coisa? Custam-lhe as provas. Prefere muito mais que se acredite nele."

"Sim, sim! Salva-o a fé, a fé em si mesmo! É a condição dos velhos! A nós acontece o mesmo!"

Assim conversaram os dois morcegos, inimigos da luz. Depois tocaram tristemente as cornetas. Isto foi o que se passou ontem à noite, ao lado do velho cercado do jardim.

Entretanto, meu coração se contorcia de riso. Queria explodir, mas não sabia como e me afundou o diafragma.

Na verdade, minha morte será afogar-me em riso, vendo asnos embriagados e ouvindo assim morcegos duvidarem de Deus.

Não passou há muito o tempo de tais dúvidas? Quem teria ainda o direito de despertar de seu sono coisas tão inimigas da luz?

Há muito que se acabaram os antigos deuses e na verdade deuses houve que tiveram um bom e alegre fim!

Não passaram pelo "crepúsculo", antes de sua morte. É uma mentira dizê-lo! Pelo contrário, mataram-se a si mesmos a poder de riso!

Aconteceu isso quando da boca de um próprio deus saíram as palavras mais ímpias, dignas de um sem-deus: "Só há um Deus! Não terás outros deuses além de mim!"

Um deus velho e barbudo, um deus ciumento, se excedeu a este ponto.

Então todos os deuses se puseram a rir e, agitando-se em seus assentos, exclamaram: "Não consiste precisamente a divindade em haver deuses, e que Deus não exista?

Quem tiver ouvidos que ouça".

Assim falava Zaratustra na cidade que amava e que se chama "Vaca Malhada". De lá eram só dois dias de caminho para chegar a sua caverna e para junto dos animais que amava. Ao aproximar-se seu retorno a ela, sua alma sempre se alegrava.

O Regresso

Ó solidão! Ó minha pátria solidão! Vivi muito tempo selvagem junto a selvagens estrangeiros para não regressar a ti sem lágrimas!

Ameaça-me agora somente com o dedo, como uma mãe, sorri como sorriem as mães, e diz somente: "Quem foi aquele que, como um furacão, outrora fugiu de mim num golpe de vento?

Aquele que ao retirar-se exclamou: Demasiado tempo fiz companhia à solidão. Lá esqueci o silêncio. Foi isso, sem dúvida, que ora aprendeste?

Ó Zaratustra! Sei tudo! Sei que tu, irmão, te sentias mais abandonado entre a multidão do que jamais estiveste comigo.

Uma coisa é o abandono, e outra a solidão. Isto aprendeste agora! Que entre os homens serás sempre selvagem e estrangeiro, mesmo que te amem porque, antes de tudo, querem que se lhes guarde consideração.

Aqui, porém, estás em tua pátria, em teu lar e em tua casa. Podes dizer tudo aqui e sacudir todos os fundamentos. Aqui ninguém se envergonha de sentimentos ocultos e tenazes.

Aqui todas as coisas se aproximam de tua palavra com carícias e te animam porque querem cavalgar sobre teus ombros. Cavalgando todas as imagens, aqui avanças para todas as verdades.

Aqui podes falar a todas as coisas com lealdade e franqueza, e, na verdade, tudo o que se fala com lealdade lhes soa como um elogio.

O abandono é muito diferente. Recordas-te, Zaratustra? Quando tua ave se pôs a gritar por cima de ti, quando estavas no bosque, indeciso, sem saber para onde ir, ao lado de um cadáver, quando dizias: "Que me guiem meus animais! Encontrei mais perigo entre os homens do que entre os animais". Aquilo era abandono.

E lembras-te, Zaratustra? Quando estavas sentado em tua ilha, fonte de vinho entre baldes vazios, dando de beber constantemente aos sequiosos, até que afinal foste o único sequioso entre bêbados e, de noite, dizias lastimando-te: "Não será maior prazer aceitar do que dar? E não será prazer ainda maior roubar que aceitar?" Aquilo era abandono!

E recordas-te, Zaratustra? Quando chegou tua hora do supremo silêncio e te deixou fora de ti. Quando te segredou maliciosamente: "Fala e sucumbe!" Quando te desgostou de tua espera e de teu silêncio e desencorajou tua coragem desencorajada? Aquilo era abandono!"

Ó solidão! Ó minha pátria solidão! Como tua voz me fala de maneira tão celestial e tão terna!

Nós não nos interrogamos, não nos queixamos um ao outro. Francamente passamos juntos pelas portas abertas.

Porque em ti tudo está franco e iluminado e as próprias horas deslizam aqui mais rápidas, pois na escuridão o tempo nos parece mais pesado do que na luz.

Aqui se revelam para mim a essência e a expressão de todas as coisas. Tudo o que existe quer exprimir-se aqui e tudo o que está em via de existir quer aprender a falar comigo.

Lá embaixo, nos vales, todo discurso é vão! A melhor sabedoria é esquecer e passar adiante. Foi isto o que aprendeste agora.

Aquele que quisesse compreender tudo entre os homens, teria que aprender tudo. Mas, para isso, tenho as mãos limpas demais.

Já não posso sentir seu hálito. Ai! Por que vivi tanto tempo entre seu ruído e seu mau hálito?

Ó bendito silêncio em torno de mim! Ó puros aromas em torno de mim! Como este silêncio aspira o ar puro a plenos pulmões! Como este bendito silêncio escuta!

Em troca, além tudo fala e nada se ouve. Embora uma pessoa anuncie seu saber a toques de campainha, os lojistas abafarão o som na praça pública com o ruído de suas moedas.

Entre eles tudo fala. Ninguém mais sabe compreender. Tudo cai na água, mas nada cai em fontes profundas.

Entre eles tudo é discurso. Já nada se consegue, a bom termo nada chega. Todas as coisas cacarejam, mas quem é que quer ficar ainda no ninho a chocar os ovos?

Entre eles tudo é discurso, palavras que se dissipam. E o que ontem era ainda demasiado duro para o próprio tempo e para seus dentes, hoje pende, gasto e roído, pelas maxilas dos homens.

Entre eles tudo fala, tudo se divulga. E o que antigamente se chamava mistério e segredo das almas profundas, pertence hoje aos trombeteiros das ruas e outros tagarelas.

Ó singular natureza humana! Rebuliço de vielas escuras! Agora ficas atrás de mim. Meu maior perigo fica atrás de mim!

Contemporizar, ter compaixão foram sempre meu maior risco e todo ser humano quer ser contemplado e socorrido.

Com verdades dissimuladas, com as mãos loucas e enlouquecido coração, rico em piedosas mentiras. Assim vivi sempre entre os homens.

Eu estava entre eles disfarçado, disposto a desconhecer-me para os suportar, comprazendo-me em dizer para me convencer: "Louco, não conheces os homens!"

Esquece-se o que os homens são quando se vive com eles. Há demasiadas afinidades em todos os homens. Que poderão fazer por lá olhos que descortinam o horizonte, que perscrutam as distâncias?

E se eles me desconheciam e eu, louco, olhava-os ainda com mais indulgência do que a mim, pois estava acostumado a ser rigoroso para mim mesmo e frequentes vezes me vingava em mim dessa indulgência.

Picado de moscas venenosas e roído como pedras pelas numerosas gotas de maldade, assim estava eu entre eles e ainda dizia comigo: "De sua pequenez é inocente aquele que é pequeno!"

Especialmente os chamados "homens de bem" foram os que me pareceram as moscas mais venenosas. Picam com toda a inocência, mentem com toda inocência. Como poderiam ser capazes de me fazer justiça?

A piedade ensina a mentir aos que vivem entre os homens. A piedade torna a atmosfera carregada para todas as almas livres. Porque a estupidez dos bons é insondável.

Ocultar-me a mim mesmo é minha riqueza, foi isso que aprendi por lá porque todos se mostram a mim pobres de espírito.

A mentira de minha compaixão foi olhar e sentir em cada um o que para ele era bastante espírito e o que era espírito demais!

A seus rígidos sábios chamei sábios, mas não rígidos. Aprendi assim a comer palavras. A seus coveiros chamei investigadores e verificadores. Aprendi assim a trocar palavras.

Os coveiros se tornam doentes à força de cavar sepulturas. Sob velhos escombros dormem exalações insalubres. Não se deve remover o lodaçal. Basta viver nos montes.

Com narinas felizes respiro outra vez a liberdade dos montes! Afinal libertou-se meu nariz do cheiro de todos os seres humanos!

Irritada pelo ar vivo como por vinhos espumantes, minha alma espirra, ela espirra e exclama de contentamento: "À tua saúde!"

Assim falava Zaratustra.

Dos Três Males

1.

Em sonho, em meu último sonho de madrugada, encontrava-me hoje de pé num promontório, para além do mundo. Tinha uma balança na mão e pesava o mundo.

Ah! Por que veio a aurora demasiado cedo para mim? Despertou-me seu ardor, essa ciumenta! Ela sempre tem ciúmes do ardor de meus sonhos matinais.

Próprio para ser medido para quem tiver tempo, pesável por um bom pesador, exequível para o vôo para quem tiver asas vigorosas, adivinhável para adivinhos, assim viu meu sonho o mundo.

Meu sonho, ousado navegante, meio navio, meio borrasca, silencioso como a borboleta, impaciente como falcão, mas no dia de hoje teve paciência e tempo para pesar o mundo!

Ter-lhe-ia falado em segredo minha sabedoria, minha sabedoria do dia, minha sabedoria desperta que zomba de todos "os mundos infinitos"? Porque ela diz: "Onde há força conquista-se também o número, que é o que tem mais força".

Com que segurança meu sonho observou este mundo infinito! Não era curiosidade, nem indiscrição, nem temor, nem súplica.

Como se apresentasse à minha mão uma grande maçã, uma

maçã de ouro, madura, fresca e de casca macia, assim se apresentava a mim o mundo.

Como se uma árvore me acenasse, uma árvore de grandes ramos, de vontade firme, curvada como para presentear com seu apoio e escabelo o fatigado viajante, assim se encontrava o mundo sobre meu promontório.

Como se graciosas mãos me estendessem um cofre, um cofre aberto para encanto de meus olhos pudicos e reverentes, assim saiu o mundo a meu encontro.

Enigma insuficiente para afugentar o amor dos homens, solução incapaz de adormecer a sabedoria dos homens, uma coisa humanamente boa, assim me pareceu hoje o mundo de que tanto mal se fala.

Quanto agradecido estou a meu sonho da manhã por ter assim pesado o mundo à primeira hora! Como uma coisa humanamente boa, chegou esse consolador do coração!

E para proceder como ele, para dele aprender meu melhor ensinamento, quero colocar agora na balança os três maiores males e quero pesá-los de maneira humana correta.

O mestre que ensinou a abençoar, ensinou também a amaldiçoar. Quais são as três coisas mais amaldiçoadas no mundo? São essas que quero pôr na balança.

A voluptuosidade, o desejo de dominar, o egoísmo. Estas três coisas têm sido as mais difamadas, as mais cruelmente vilipendiadas e caluniadas até hoje. São estas três coisas que quero pesar de modo humanamente correto.

Coragem! Aqui está meu promontório e aí o mar que rola a meus pés, hirsuto, lisonjeador, esse cão velho e fiel, monstro de cem cabeças a quem eu estimo.

Coragem! Aqui sobre o mar ondulante quero levantar a balança e vou escolher também uma testemunha para vigiar a pesagem. Es tu, árvore solitária, de forte perfume e de ampla ramagem, árvore querida!

Por que ponte vai o presente para o futuro? Qual é a força que compele para baixo o que está no alto? E que foi que obrigou a coisa mais alta a subir ainda mais?

Agora a balança está imóvel e em equilíbrio. Lancei nela três pesadas perguntas. O outro prato sustém três pesadas respostas.

2.

Voluptuosidade, és para todos os portadores de cilício e detratores do corpo seu aguilhão e farpa na carne. Amaldiçoada como "mundo" por todos aqueles que crêem no mundo do além porque a voluptuosidade ri e zomba de todos os mestres do erro e do errado.

Voluptuosidade, és para a canalha fogo lento que a queima. Para toda a madeira carcomida e de todos os trabalhos hediondos o grande forno ardente.

Voluptuosidade, és para os corações livres qualquer coisa inocente e livre, as delícias do jardim terrestre, transbordante gratidão do futuro no presente.

Voluptuosidade, só és um veneno adocicado para os melancólicos. Para os que têm a vontade do leão, és grande remédio para o coração, o vinho dos vinhos, que se economiza religiosamente.

Voluptuosidade, és a maior felicidade simbólica para a ventura e a esperança superior. Que há muitas coisas a que é permitido o consórcio, e mais que o consórcio, muitas coisas que são mais estranhas para si do que o homem para a mulher. E quem compreendeu até que ponto são estranhos um para o outro, o homem e a mulher?

Voluptuosidade. Mas quero limitar meus pensamentos e também minhas palavras para que os sórdidos e os exaltados não invadam os jardins.

Desejo de dominar. O açoite pungente dos mais duros de todos os corações endurecidos, o martírio espantoso reservado ao mais cruel, a chama sombria das fogueiras vivas.

Desejo de dominar. O afã que sentem os povos mais vãos, aquele que zomba de todas as virtudes incertas, aquele que cavalga sobre todos os orgulhos.

Desejo de dominar. O terremoto que quebra e desagrega tudo quanto é velho e oco, o furioso destruidor de todos os sepulcros caiados, o sinal de interrogação que lança raios sobre as respostas prematuras.

Desejo de dominar. Sob seu olhar, se arrasta e humilha o homem, descendo abaixo da cobra e do suíno, até que, enfim, clama nele o grande desprezo.

Desejo de dominar. O terrível mestre que ensina o grande desprezo, que prega nas cidades e dentro de impérios: "Vai embora!" até que afinal eles próprios exclamam: "Sou eu que deve ir embora!"

Desejo de dominar que ascende também até os puros e os solitários a fim de os atrair, que ascende até as alturas da satisfação de si mesmo, ardente como um amor que pinta no céu terrestre sedutoras beatitudes purpúreas.

Desejo de dominar. Mas, quem quereria chamar a isto um desejo quando para baixo é que a altura aspira ao poder! Nada há de febril nem doentio em tais desejos e decadências!

Não se condene a altura solitária à eterna solidão, nem se contente de si! Desçam as montanhas para os vales e os ventos das alturas para as planícies!

Ah! Quem haveria de encontrar o verdadeiro nome para batizar e honrar semelhante desejo! "Virtude dadivosa". Assim chamou Zaratustra em outro tempo a essa coisa inefável.

E também então – pela primeira vez, de certo – elogiou sua palavra o egoísmo, o bom e o sadio egoísmo que brota de sua alma poderosa a que corresponde o corpo elevado, belo, vitorioso e reconfortante, em torno do qual tudo se muda em espelho: o corpo flexível e persuasivo, o dançarino cujo símbolo e expressão é a alma contente de si mesma.

Ao próprio contentamento de tais corpos e tais almas chama-se "virtude".

Com suas máximas sobre o bem e o mal essa alegria protege-se a si própria como se se rodeasse de bosques sagrados. Com os nomes de sua ventura, desterra para longe de si tudo o que é desprezível.

Desterra para longe de si tudo o que é covardia. Diz ela: Mau é o que é covarde. Desprezível lhe parece o que sofre, suspira e se queixa sempre e recolhe até o menor lucro.

Despreza também toda a sabedoria que floresce na obscuridade, uma sabedoria de sombra noturna, como a que suspira sempre "tudo é vão".

Não estima a desconfiança medrosa, nem o que quer juramentos em vez de olhares e mãos, tampouco a sabedoria desconfiada demais porque tudo isto é próprio de almas covardes.

Ainda mais baixo lhe parece o obsequioso, o cão que logo se deita de costas, o humilde. E existe também sabedoria humilde, canina, piedosa e obsequiosa.

Odeia e tem asco daquele que nunca se quer defender, daquele que engole as salivas venenosas e os olhares de revés, ao pacientíssimo que tudo suporta e com tudo se contenta, porque isso é próprio da ralé servil.

Se há alguém que é servil diante dos deuses e dos pés divinos ou diante dos homens e diante de estúpidas opiniões de homens, a todo esse servilismo cospe na cara este bendito egoísmo.

Mau, assim chama a tudo o que é baixo, ruim e servil, aos olhos vesgos e submissos, aos corações contritos e essas criaturas falsas e rasteiras que beijam com lábios covardes.

E falsa sabedoria chama às insulsas pretensões da gente servil, dos velhos e dos aborrecidos, e sobretudo à absurda loucura pedante dos sacerdotes.

Os falsos sábios, todos os sacerdotes, os cansados do mundo, a gente de alma efeminada e servil, oh! como sempre causaram embaraços ao jogo do egoísmo!

E propriamente devia ser virtude e chamar-se virtude a tudo o que persegue o egoísmo! E todos esses covardes e todas essas aranhas cansadas de viver desejam eximir-se com boas razões de carregar a cruz!

Para todos eles, porém, chega agora a luz, a transformação, a espada da justiça, o grande meio-dia, em que muitas coisas secretas serão reveladas!

E aquele que proclama sadio e santo o Eu e santifica o egoísmo, esse, o profeta, diz na verdade o que sabe: "Vede! Aí vem, já se aproxima o grande meio-dia!"

Assim falava Zaratustra.

Do Espírito de Peso

1.

Minha linguagem é a do povo. Falo de modo muito rude e franco para os delicados. Minha palavra, porém, parece ainda mais estranha a todos esses escritores de baixa qualidade, a esses rabiscadores de papel.

Minha mão é mão de louco. Pobres de todas as mesas e de todas as paredes e de quanto ofereça espaço para rabiscos e borrões de louco!

Meu pé é casco de cavalo. Com ele troto e galopo por montes e vales, pelo comprido e de cá para lá, e em toda a corrida rápida fico endiabrado de prazer.

Meu estômago talvez seja estômago de águia, pois a tudo prefere carne de cordeiro. Mas, certamente, é estômago de ave.

Alimentado com coisas inocentes e com pouco, pronto a voar e impaciente por tomar o vôo. Assim sou. De resto, como não haveria de ter algo de ave?

Sou como uma ave, sobretudo por ser inimigo do espírito do peso, inimigo deveras mortal, inimigo jurado, inimigo inato! Para onde já não voou minha inimizade!

A este respeito poderia entoar um canto e quero entoá-lo, conquanto esteja só, numa casa vazia, e tenha que cantá-lo a meus próprios ouvidos.

Há também outros cantores que não têm a garganta expedita, a mão eloquente, expressivo o olhar e o coração desperto, senão quando têm a casa cheia. Não me pareço com eles.

2.

Aquele que um dia ensinar os homens a voar, destruirá todas as barreiras. Para eles, as próprias barreiras voarão pelos ares e rebatizará a terra chamando-a "a leve".

O avestruz corre mais depressa que o mais veloz cavalo, mas também enterra a cabeça na pesada terra. Assim faz o homem que ainda não sabe voar.

A terra e a vida parecem-lhe pesadas e é isso o que quer o espírito do peso! Mas aquele que deseja ser leve como uma ave deve amar-se a si mesmo. Assim eu ensino.

Claro, não é amar-se com o amor dos enfermos e dos febricitantes porque nestes até o amor de si próprio cheira mal.

É preciso aprender a amar-se a si próprio com amor sadio, a fim de aprender a suportar-se a si mesmo e a não vaguear fora de si mesmo.

"Amor ao próximo", assim se chama o fato de vaguear fora de si mesmo. É com esta expressão que se tem mentido e fingido mais, especialmente por parte daqueles a quem todo o mundo dificilmente suporta.

E não é um mandamento para hoje nem para amanhã este de aprender a amar-se a si mesmo. É, pelo contrário, a mais sutil, a mais astuta, a última e a mais paciente de todas as artes.

Para aquele que possui, com efeito, tudo o que possui está bem oculto e, mais tarde do que todos os demais tesouros é que se desenterra o seu. É isto que faz o espírito do peso.

Quase no berço ainda nos dotam de pesadas palavras e pesados valores: "bem" e "mal", assim se chama o patrimônio. Pelo preço desses valores, nos desculpam o fato de viver.

E se os homens deixam vir a si as crianças é para prevenir a tempo contra o amor de si próprias. Isso é que faz o espírito do peso.

E nós arrastamos fielmente aquilo com que nos carregaram sobre duros ombros e por áridos montes! Se suamos, dizem-nos: "É verdade, a vida é uma carga pesada!"

A única coisa pesada, porém, para o homem levar é o próprio homem! É que carrega aos ombros demasiadas coisas estranhas. Como o camelo, ajoelha-se e deixa-se carregar bem.

Sobretudo o homem forte, resistente, aquele que impõe respeito. Esse carrega aos ombros demasiadas palavras e valores estranhos e pesados. Agora a vida parece-lhe um deserto.

E, na realidade, muitas coisas que nos são próprias, na verdade, são também fardos pesados de levar! E o interior do homem se parece muito com a ostra: repelente, viscosa e difícil de apanhar, de forma que uma nobre concha de nobres adornos se vê obrigada a interceder pelo resto, mas também se deve aprender essa arte: possuir casca, uma bela aparência e uma sábia cegueira.

Também nos enganamos muito acerca do homem, por haver muita casca pobre e triste de excessiva grossura. Há muita força e bondade ocultas que jamais foram desvendadas. As iguarias mais esquisitas não encontram afeiçoados.

As mulheres o sabem, pelo menos as mais sofisticadas: um pouco mais de gordura, um pouco menos de carnes, nesse "pouco" tudo varia!

O homem é difícil de descobrir, e ainda mais para si mesmo. A inteligência mente muitas vezes acerca do coração. Isso é o que faz o espírito do peso.

Mas aquele que diz: Este é meu bem e meu mal, esse descobriu-se a si mesmo. Com isso faz emudecer o míope e o anão que dizem: "Bem para todos, mal para todos".

Na verdade, também não gosto daqueles para quem todas as coisas são boas e que chamam a este mundo o melhor dos mundos. Chamo-os de oni-satisfeitos.

A facilidade de gostar de tudo não é dos melhores gostos. Louvo as línguas delicadas e os estômagos escrupulosos que aprendem a dizer: "Eu" e "Sim" e "Não".

Mastigar e digerir tudo, porém, é fazer como os suínos. Dizer sempre Sim, isso só os asnos e os de sua espécie aprendem.

O que meu gosto deseja é o amarelo intenso e o roxo quente, mistura de sangue com todas as cores. Mas aquele que caia de branco revela ter uma alma caiada de branco.

Uns, enamorados de música, outros de fantasmas e todos igualmente inimigos da carne e do sangue. Como todos esses me repugnam! É de sangue que eu gosto.

Eu não quero estar ou morar onde toda a gente escuta. Este é agora meu gosto: prefiro viver entre perjuros e ladrões. Ninguém tem boca de ouro.

Mas ainda me repugnam mais os lambedores de escarros. O animal mais repugnante que tenho visto entre os homens chamei-o de parasita. Não queria amar e queria viver do amor.

Chamo desgraçados todos aqueles que só podem escolher entre duas coisas: tornar-se animais ferozes ou ferozes domadores de animais. Não gostaria de erguer minha tenda ao lado deles.

Chamo desgraçados também aqueles que têm que estar sempre à espera. São contra meu gosto, todos esses aduaneiros e lojistas e reis e demais guardiães de países e de lojas.

Eu também aprendi profundamente a esperar, mas a esperar a mim. E aprendi sobretudo a manter-me de pé, a andar, a correr, a saltar, a subir e a dançar.

Esta é minha doutrina. Aquele que quer aprender a voar um dia, deve desde logo aprender a manter-se de pé, a andar, a correr, a saltar, a subir e a dançar. Não se aprende a voar logo à primeira tentativa!

Com escadas de corda aprendi a escalar mais de uma janela. Com pernas ágeis galguei elevados mastros. Não me parecia pequena ventura encontrar-me no cimo dos altos mastros do conhecimento, oscilando como pequena labareda. Uma pequena luz sem dúvida, mas um grande consolo, todavia, para navegadores perdidos e para os náufragos.

Cheguei a minha verdade por muitos caminhos e de muitas maneiras. Não subi por uma escada somente até a altura de onde meu olhar se perde nas distâncias.

E nunca perguntei o caminho sem me sentir contrariado. Sempre fui contrário a isso. Sempre preferi interrogar e submeter à prova os próprios caminhos.

Provando e interrogando, foi assim que caminhei e naturalmente é preciso aprender também a responder a semelhantes perguntas.

Este é meu gosto. Não é um gosto bom nem mau, mas é meu gosto e não tenho que ocultá-lo nem me envergonhar dele.

"Este é agora meu caminho. Onde está o vosso?" Era assim que eu respondia aos que me perguntavam "o caminho". O caminho, de fato, o caminho não existe!

Assim falava Zaratustra.

Das Antigas e das Novas Tábuas

1.

Aqui estou sentado e aguardo, rodeado de antigas tábuas quebradas, e também de tábuas novas meio escritas. Quando chegará a minha hora?

A hora de minha descida, de meu declínio, porque outra vez quero voltar entre os homens.

Isso é o que espero agora. Porque primeiramente deverão vir a mim os sinais indicadores de que chegou minha hora, isto é, o leão risonho com o bando de pombas.

Entretanto, como tenho tempo, falo comigo mesmo. Ninguém me conta coisas novas. Por isso, a mim mesmo faço minhas narrações.

2.

Quando vim para junto dos homens, achei-os bem estabelecidos numa antiga presunção. Todos julgavam saber há muito tempo o que é o bem e o mal para o homem.

Toda a discussão sobre a virtude lhes parecia coisa velha e cansativa, e o que queria dormir tranquilamente até falava do "bem" e do "mal", antes de se deitar.

Eu sacudi o torpor desse sono quando ensinei: Ninguém sabe ainda o que é o bem e o mal, a não ser o criador.

Só aquele que cria o fim dos homens e aquele que dá sentido e futuro à terra, só esse cria o bem e o mal de todas as coisas.

E ordenei-lhes que derrubassem suas antigas cátedras e onde quer que exista essa antiga presunção, mandei-os rir de seus grandes mestres de virtude, de seus santos, de seus poetas e de seus salvadores do mundo.

Mandei-os rir de seus sábios austeros e punha-os em guarda contra os negros espantalhos plantados na árvore da vida.

Sentei-me à beira de sua grande rua de sepulturas, até entre os abutres, e ri de todo o seu passado e do triste esplendor desse passado ruinoso.

À semelhança dos pregadores de penitência e dos loucos, fulminei anátemas contra tudo o que eles têm de grande e de pequeno. Como o que eles têm de melhor é pequeno! E igualmente pequeno o que têm de pior! Assim eu ria.

E frequentemente meu desejo me levou muito longe, mais além, para o alto, levava-me com o riso. Então eu voava, vibrando como uma flecha através dos êxtases ébrios de sol, voava para remotos futuros que nenhum sonho viu, para meios-dias mais cálidos dos que jamais pôde sonhar a fantasia, para além, onde os deuses se envergonham de todos os vestidos, para falar em parábolas e balbuciar e coxear como os poetas e, na verdade, envergonho-me de ser ainda poeta!

Voava onde todo devir me parecia dança de deuses e divinas travessuras, e o mundo desenfreado, sem rédeas, refugiando-se em si mesmo!

Como numerosos deuses que eternamente fogem e se procuram, como numerosos deuses que beatamente se contradizem, uns ouvindo os outros e de novo uns aos outros se pertencem.

Lá onde todo o tempo me parecia uma deliciosa zombaria dos instantes, onde a necessidade era a mesma liberdade, que brincava satisfeita com o aguilhão dessa liberdade.

Lá onde tornei a encontrar também meu antigo demônio e inimigo inato, o espírito de peso e tudo o que ele criou: a coação, a lei, a necessidade, a consequência, o fim, a vontade, o bem e o mal.

Pois não é necessário haver alguma coisa sobre a qual se possa dançar e passear dançando? Não é necessário que haja, por causa dos leves e dos mais leves, míopes e pesados anões?

3.

Foi também lá que apanhei em meu caminho a palavra "super-homem" e que o homem é uma coisa que deve ser superada, que o homem é ponte e não fim, satisfeito de seu meio-dia e de sua tarde, como um caminho em direção a novas auroras.

O que Zaratustra diz sobre o grande meio-dia e também sobre o homem, suspendi aos ombros como um segundo manto de púrpura.

Fiz-lhes também ver novas estrelas e novas noites, e sobre as nuvens e o dia e a noite estendi o riso como um verdadeiro tapete de variadas cores.

Ensinei-lhes todos os meus pensamentos e todas as minhas aspirações: a concentrar e a unir tudo o que no homem não é mais do que fragmento e enigma e cruel acaso.

Como poeta, como decifrador de enigmas, como redentor do acaso, ensinei-os a ser criadores do futuro e, criando, resgatar tudo o que foi.

Salvar o passado no homem e transformar tudo "o que foi" até a vontade de dizer: "Mas eu queria que fosse assim! Assim o hei de querer!"

A isso chamei a salvação para eles. Só a isso lhes ensinei a chamar salvação.

Agora espero a minha para voltar pela última vez para junto deles.

Porque mais uma vez quero voltar para junto dos homens. Quero desaparecer entre eles e oferecer-lhes, ao morrer, o mais rico dos dons.

Essa lição aprendi do sol, desse opulento sol de inesgotável riqueza que, ao pôr-se, derrama seu ouro pelo mar. Por isso, até os mais pobres pescadores remam com dourados remos! Vi isso uma vez e, enquanto o via, minhas lágrimas não se cansavam de correr.

Como declina o sol, assim também quer declinar Zaratustra. Agora ele se senta aqui e espera, rodeado de antigas tábuas quebradas e de tábuas novas meio escritas.

4.

Aqui está uma nova tábua. Mas onde estão meus irmãos para a levarem comigo ao vale e aos corações de carne?

Assim o exige meu grande amor aos mais afastados. Não poupes teu próximo! O homem é coisa que deve ser superada.

Há muitos caminhos e meios para realizar essa superação. Cabe a ti escolher. Só um palhaço de circo pensa que por cima do homem também se pode saltar.

Supera-te a ti mesmo, até em teu próximo, e não consintas que te dêem um direito que possas conquistar.

O que tu fazes ninguém o poderá devolver a ti. Fica sabendo, não há recompensa.

Aquele que não pode mandar a si mesmo deve obedecer.

E há quem saiba mandar, mas ainda está muito longe de saber obedecer.

5.

Tal é a condição das almas nobres: nada querem ter gratuitamente e, menos que tudo, a vida.

Quem faz parte do povão quer viver gratuitamente, mas nós, a quem a vida se deu, pensamos sempre no melhor que poderíamos dar em troca.

E, na verdade, é nobre a linguagem que diz: "O que a vida nos prometeu, nós queremos, em função da vida, cumprir!"

Não se deve procurar o prazer, quando prazer não se tem para dar em troca. E não se deve em geral procurar o prazer!

Prazer e inocência são, de fato, as coisas mais pudicas. Nenhuma delas quer ser procurada. É preciso possuí-las. Mas é mais culpa e dor que se deve procurar.

6.

Meus irmãos, aquele que nasce primeiro é sempre sacrificado. Ora, nós somos os primeiros que nascemos.

Todos sangramos no altar secreto dos sacrifícios, todos ardemos e nos assamos em honra dos velhos ídolos.

O melhor de nós é ainda novo. Isso excita velhos paladares. Nossa carne é tenra, nossa pele não é mais do que uma pele de cordeiro. Como haveríamos de tentar velhos sacerdotes idólatras?

Em nós mesmos respira ainda o velho sacerdote idólatra que se prepara para celebrar um festim com o melhor que temos. Ai, meus irmãos! Como os nascidos primeiro não haveriam de ser sacrifícios?

Mas assim o quer nossa condição e eu amo os que não querem se conservar. Amo de todo o meu coração os que desaparecem porque passam para o além.

7.

Ser verdadeiro. Poucos o sabem! E aquele que o sabe não o quer ser! E menos que ninguém, os homens de bem.

Ah! Esses homens de bem! Os homens de bem nunca dizem a verdade. Ser bom dessa maneira é, para o espírito, estar doente.

Esses homens de bem cedem, rendem-se. Sua memória repete como um eco e sua razão obedece. Não se ouve a si mesma!

Tudo o que os homens de bem chamam mau, é preciso que tudo isso se reúna para nascer uma verdade. Ó meus irmãos! Sois bastante maus para essa verdade?

Audácia temerária, prolongada desconfiança, cruel recusa, aversão, coragem de cortar no vivo; como é raro que isso tudo se reúna! Essa semente é que é a mãe da verdade.

É ao lado da má consciência que cresceu todo o saber até hoje! Quebrai, quebrai as antigas tábuas, vós que aspirais ao conhecimento!

8.

Quando há madeiras estendidas sobre a água, quando há pontes e passarelas sobre o rio, não se dá crédito a ninguém que diga: "Tudo corre".

Pelo contrário, até os imbecis o contradizem. "O quê! – exclamam. Tudo corre? Então, e as madeiras e as passarelas que estão sobre o rio?"

"Por cima do rio tudo é sólido. Todos os valores das coisas, os conceitos, todo o 'bem e mal', tudo isso é sólido.

E quando chega o rude inverno, o domador dos rios, os mais maliciosos aprendem a desconfiar. E não são só os imbecis que dizem então: "Não estaria tudo imóvel?"

"No fundo tudo permanece imóvel", esse é um verdadeiro ensinamento do inverno, uma boa coisa para os tempos estéreis, um bom consolo para os hibernantes e os sedentários.

"No fundo tudo permanece imóvel", mas o vento do degelo protesta contra essa palavra.

O vento do degelo, um touro que não lavra, um touro furioso e destruidor que quebra o gelo com hastes coléricas! O gelo, por sua parte, quebra as pontes!

Ó meus irmãos! Não corre agora tudo? Não caíram na água todas as passarelas e todas as pontes? Quem esperaria ainda o bem e o mal?

Infelizes que somos! Felizes que somos! Sopra o vento do degelo! Pregai isso por todas as ruas, meus irmãos!

9.

Há uma velha loucura que se chama bem e mal. Em torno de adivinhos e de astrólogos gravitou até agora a roda dessa loucura.

Outrora, acreditava-se nos adivinhos e nos astrólogos e por isso se acreditava: "Tudo é fatalidade. Tu deves porque é necessário!"

Desconfiou-se depois de todos os adivinhos e de todos os astrólogos e por isso se passou a acreditar: "Tudo é liberdade. Podes porque queres!"

Ó meus irmãos! Sobre as estrelas e sobre o futuro não se tem feito até hoje senão delirar e não se chegou a nada. E é por isso que sobre o bem e o mal não se tem feito senão delirar, sem chegar a coisa alguma.

10.

"Não roubarás! Não matarás!" Essas palavras chamavam-se santas em outros tempos. Perante elas, a gente dobrava joelhos e cabeça e tirava os calçados.

Mas eu vos pergunto: onde se viu jamais no mundo melhores salteadores e assassinos que essas santas palavras? Não há na mesma vida roubo e assassínio? E ao santificar essas palavras, não se assassinou a própria verdade?

Ou seria pregar a morte proclamar santo tudo o que estava em contradição e em choque com a vida? Ó meus irmãos! Quebrai, quebrai essas antigas tábuas!

11.

Para tudo o que é passado, sinto pena em vê-lo abandonado, abandonado ao arbítrio, ao espírito e à loucura de cada geração que chega e olha tudo o que existiu como ponto de si mesma.

Poderia vir um grande déspota, um gênio maléfico que violentasse arbitrariamente todo o passado, até chegar a ser para ele uma ponte, um prognóstico, um arauto e um canto de galo.

Mas aqui está o outro perigo e a outra razão de pena: a memória do homem comum chega até o avô e com o avô, cessa o tempo.

Por isso, todo o passado fica ao abandono porque um dia poderia acontecer que o homem comum se tornasse senhor e todo o tempo se afogaria em águas superficiais.

Por isso, meus irmãos, é preciso uma nova nobreza adversária de todo o homem comum e de todo o despotismo, e que escreva novamente, em novas tábuas, a palavra "nobre".

Porque são necessários muitos nobres e de todas as espécies para que exista nobreza! Ou como um dia em parábola eu disse: "A divindade consiste precisamente em haver deuses, mas que Deus não exista!"

12.

Ó meus irmãos! Consagro e edifico em vós uma nova nobreza. Tornai-vos, portanto, criadores e educadores, semeadores do futuro, não, na verdade, nobreza que possais comprar como lojistas e com ouro de lojistas, porque tudo quanto tem preço, pouco valor tem.

O que vos honrará para o futuro não será o local de onde vierdes, mas o lugar para onde ireis! Vossa vontade e vosso passo que querem ir mais longe do que vós. Que isso se torne vossa nova honra!

Não, na verdade, em terdes servido um príncipe. Que significado têm agora os príncipes? Ou em vos terdes tornado, para o consolidar, bastiões do existente.

Não em ter-se vossa linhagem estabelecido nas cortes e terdes aprendido, como coloridos flamingos, a permanecer longas horas à beira do lago.

Porque saber ficar de pé por muito tempo é um mérito nos cortesãos e todos os cortesãos julgam que ter a autorização de sentar-se faz parte da felicidade depois da morte.

Nem tampouco em que um espírito a que chamam santo conduziu vossos ascendentes a terras prometidas, que eu não elogio, porque no país onde brotou a pior das árvores – a cruz – nada há a elogiar!

E, na verdade, onde quer que esse "Espirito Santo" conduza seus cavaleiros, tais cortejos são sempre precedidos de cabras, gansos, loucos e tresloucados.

Ó meus irmãos! Não é para trás que vossa nobreza deve

olhar, mas para frente! Deveis ser expulsos de todas as pátrias e de todos os países de vossos ascendentes.

Deveis amar o país de vossos filhos. Que esse amor seja vossa nova nobreza, país inexplorado, no oceano mais distante! É a esse país que digo a vossas velas de procurar e tornar a procurar!

Deveis redimir-vos em vossos filhos de ser filhos de vossos pais. Assim libertareis todo o passado! Ponho por cima de vós esta nova tábua.

13.

"Para que viver? Tudo é vão! Viver é trilhar palha. Viver é queimar-se sem chegar a aquecer-se."

Essas velhas cantilenas passam ainda por "sabedoria". Quanto mais velhas, quanto mais cheiram a ranço, mais honradas são. Também a podridão enobrece.

Crianças é que podiam falar assim porque temem o fogo que já as queimou. Há muita puerilidade nos antigos livros de sabedoria.

E aquele que sempre trilha a palha, como teria o direito de zombar da trilhagem, como se permitiria isso? Seria preciso amordaçar tais loucos!

Esses sentam-se à mesa sem levar nada, nem sequer um bom apetite e agora blasfemam: "Tudo é vão!"

Mas comer e beber bem, meus irmãos, não é na verdade uma arte vã. Quebrai, quebrai as tábuas dos eternamente descontentes.

14.

"Para os puros tudo é puro." Assim falava o povo. Mas eu vos digo: para os porcos tudo é porco!

Por isso os fanáticos e os tristonhos, que também têm o coração malévolo, pregam desta forma: "O próprio mundo é um monstro imundo!"

Porque todos esses têm o espírito sujo, especialmente os que não ficam em paz nem em sossego enquanto não virem o mundo por detrás. São aqueles dos além-mundos!

A esses lhes digo na cara, conquanto não soe muito bem: o mundo se parece com o homem por ter também traseiro. Quer queira, quer não, é verdade!

Há no mundo muita lama. Quer queira, quer não, isso é verdade! Mas nem por isso o mundo é um monstro imundo!

É sensato haver no mundo muitas coisas que cheirem mal. O próprio asco dá asas e forças para pressentir fontes disso!

Até nos melhores há qualquer coisa repugnante, até o melhor é ainda coisa que se deve superar!

Ó meus irmãos! É a própria sabedoria que quer tanta imundície neste mundo!

15.

Tenho ouvido piedosos crentes em além-mundos dizerem a sua consciência palavras como essas, e de verdade, sem malícia nem zombaria, embora na terra nada haja mais falso nem pior:

"Deixai o mundo ser mundo! Não movais sequer um dedo contra ele!"

"Deixai agir quem quiser estrangular, apunhalar, degolar e esfolar os homens. Não movais sequer um dedo para vos opor a isso. Assim aprenderão a renunciar ao mundo."

"E deverias abater e estrangular tua própria razão, porque essa razão é deste mundo. Assim aprenderás tu mesmo a renunciar ao mundo".

Quebrai, meus irmãos, quebrai essas velhas tábuas dos devotos! Aniquilai as palavras dos caluniadores do mundo!

16.

"Aquele que aprende muito esquece todos os desejos violentos." Assim se murmura hoje em todas as ruas escuras.

"A sabedoria cansa. Nada vale a pena. Tu não deves cobiçar." Também encontrei essa nova tábua suspensa nas praças públicas.

Quebrai, meus irmãos, quebrai também essa nova tábua! Penduraram-na os cansados do mundo, os pregadores da morte e os carcereiros. Porque ela é também um apelo ao servilismo.

Eles têm aprendido mal e não as coisas melhores. E tudo cedo e depressa demais. Comeram mal e seu estômago se revolveu. Um estômago revolto é esse espírito que aconselha a morte! Porque o espírito, meus irmãos, é verdadeiramente um estômago.

A vida é uma fonte de alegria! Mas para aquele que deixa falar o estômago sobrecarregado, o pai da tristeza, todas as fontes estão envenenadas.

Conhecer é um prazer para quem tem vontade de leão. Mas o que se fatigou é tão somente "querido" e todas as ondas brincam com ele.

E assim fazem todos os fracos: perdem-se no caminho. E seu cansaço acaba por perguntar a si mesmo: "Porque seguimos este caminho? Tudo é igual!"

A seus ouvidos é que soa bem esta pregação: "Nada vale a pena! Não deveis querer!" Mas isso, todavia, é um apelo ao servilismo.

Ó meus irmãos! Zaratustra chega como uma rajada de vento fresco para todos os que estão cansados de seu caminho. Ainda há de fazer espirrar muitos narizes!

Meu hálito livre sopra através das paredes, penetrando nas prisões e nos espíritos presos!

A vontade liberta porque a liberdade é criadora. Assim é que eu ensino. E só para criar precisais aprender!

E só de mim necessitais aprender, aprender o bom aprendizado. Quem tiver ouvidos que ouça.

17.

A barca está pronta. Ela conduz talvez para o grande nada. Mas quem quererá embarcar para esse "talvez?"

Nenhum de vós quer embarcar na barca da morte? Como quereis então estar cansados do mundo!

Cansados do mundo! E nem sequer estais desprendidos da terra! Eu sempre vos vi desejosos da terra, enamorados de vosso próprio cansaço da terra!

Não é em vão que tendes o lábio descaído. Ainda pesa nele um desejo terrestre! E em vosso olhar não flutua uma nuvem de alegria terrestre que ainda não esquecestes?

Há na terra muitas boas invenções, umas úteis, outras agradáveis. Por isso é preciso amar a terra.

E algumas invenções são tão boas que, como o seio da mulher, são úteis e agradáveis ao mesmo tempo.

A vós, porém, fatigados do mundo e preguiçosos, é preciso sacudir-vos com chicote! É necessário tornar ligeiras vossas pernas com chicotadas!

Porque, se não sois enfermos e pobres diabos a golpe de chibatadas, de quem a terra está cansada, sois preguiçosos ladinos ou gatos gulosos e delicados que só buscam seu prazer. E se não quereis tornar a correr alegremente, o melhor é desaparecerdes.

Não é preciso querer ser médico dos incuráveis, assim ensina Zaratustra. Desaparecei, pois!

Mas é necessário mais coragem para concluir do que para fazer um verso novo. Isso sabem-no todos os médicos e todos os poetas.

18.

Ó meus irmãos! Há tábuas criadas pela fadiga e tábuas criadas pela preguiça, essa podridão. Embora falem de igual modo, querem ser entendidas de maneira diferente.

Vede esse homem que está morrendo de sede! Falta-lhe apenas um passo para chegar ao fim, mas, por causa da fadiga, o valente caiu irritado na areia.

Simplesmente rendido, boceja à vista do caminho da terra, de seu fim e de si mesmo: não quer dar mais um passo, esse valente!

O sol agora o derrete e os cães quereriam lamber-lhe o suor, mas ali está caído obstinadamente e prefere morrer exânime.

Consumir-se a um passo de seu fim! A semelhante herói, o melhor é erguê-lo pelos cabelos até sua reação!

É melhor, na verdade, que o deixeis onde caiu até que lhe venha o sono, o sono consolador, com um rumor de chuva refrescante.

Deixai-o deitado até despertar, até que repila todo o cansaço e tudo o que nele demonstrava cansaço.

O que haveis de fazer, meus irmãos, é afastar dele os cães, os preguiçosos taciturnos e toda essa praga invasora.

Toda a praga invasora de gente "erudita" que se alimenta do suor dos heróis!

19.

Eu traço em torno de mim círculos e santas fronteiras. Cada vez são menos os que sobem comigo por montanhas mais elevadas. Eu levanto um maciço de montanhas, cada vez mais santas.

Mas onde quer que desejeis subir comigo, meus irmãos, olhai que não haja parasitas que subam convosco!

Um parasita é um verme rasteiro e insinuante que quer engordar com todas as vossas intimidades enfermas e feridas.

É esta sua arte. Adivinhar onde estão, cansadas, as almas que sobem. Em vossa aflição, em vosso descontentamento, em vosso frágil pudor constrói seu repugnante ninho.

Onde o forte é fraco, onde o nobre é demasiado indulgente, é ali que constrói seu repugnante ninho. O parasita habita onde o grande tem recantos doentes.

Qual é a espécie de seres mais elevada e qual a mais baixa, dentre tudo o que existe? O parasita é a espécie mais baixa, mas o da espécie mais alta é que alimenta mais parasitas.

Porque a alma que possui a escada mais longa e pode descer mais baixo, como não haveria de transportar sobre si o maior número de parasitas?

A alma mais espaçosa, a que traz em si maior espaço para poder ela própria correr, extraviar-se e vaguear, a mais necessária de todas e que por prazer se precipita no acaso, a alma que é e que mergulha no devir. A alma que possui e que no querer e no desejo quer mergulhar.

A alma que foge de si mesma e que se alcança a si mesma no mais amplo círculo. A alma, mais sensata, a quem a loucura convida mais meigamente.

A alma que ama mais a si mesma, na qual todas as coisas têm sua ascensão e seu declínio, seu fluxo e seu refluxo. Oh! Como a alma mais alta não haveria de ter os piores parasitas?

20.

Ó meus irmãos! Acaso serei cruel? Mas eu digo: o que cai, é preciso empurrá-lo mais ainda!

Tudo o que é de hoje cai e se desconcerta. Quem, pois, quereria detê-lo? Eu, por minha parte, ainda quero empurrá-lo.

Conheceis a voluptuosidade que precipita as pedras em profundidades? Vede os homens de hoje, olhai como rondam por minhas profundidades!

Eu sou um prelúdio para melhores tocadores, meus irmãos! Um exemplo! Procedei segundo meu exemplo!

E a quem não ensinardes a voar, ensinai-lhe a cair mais depressa!

21.

Gosto dos valentes. Mas não basta ser um bom espadachim. É preciso saber também a quem ferir!

E muitas vezes revela mais valentia em se abster e passar adiante, a fim de se preservar para um inimigo mais digno.

Vós deveis ter somente inimigos dignos de ódio, mas não inimigos dignos de desprezo. É preciso ter orgulho de vosso inimigo. Já uma vez o ensinei.

É preciso reservar-se para o inimigo mais digno, meus amigos. Por isso, há muitos diante dos quais deveis passar, sobretudo diante da canalha numerosa que vos apedreja os ouvidos, falando-vos do povo e das nações.

Livrai vossos olhos de seu "pró" e de seu "contra"! Há ali muita justiça e injustiça. Ver isso revolta.

Lançar aí o olhar, investir com a espada, é tudo a mesma coisa. Ide-vos, pois, ao bosque e dai paz a vossa espada!

Segui vossos caminhos! E deixai os povos e nações seguir os seus! Caminhos escuros, na verdade, onde já não brilha nenhuma esperança.

Reine o lojista onde tudo quanto brilha é só ouro dos lojistas! Já não é mais tempo de reis. O que hoje se chama povo já não merece rei.

Senão, olhai como as nações imitam agora os lojistas. Aproveitam as menores utilidades em todas as varreduras.

Espiam-se, espreitam-se, é a isso que chamam "boa vizinhança". Ditosos tempos aqueles em que um povo dizia: "Sobre nações, quero tornar-me soberano!"

Porque, meus irmãos, o melhor deve reinar, o melhor quer também reinar. E onde se ouve outra doutrina, é que falta o melhor.

22.

Se esses tivessem o pão de graça, atrás de quem andariam a gritar? Em que se ocupariam se não fosse de sua subsistência? E é necessário terem vida dura!

São animais rapaces: em seu "trabalho", há também roubo; em seus "lucros", há também astúcia. Por isso devem ter vida dura.

Devem, pois, tornar-se melhores animais de rapina, mais finos e astutos, animais mais semelhantes ao homem porque esse é o melhor animal de rapina.

O homem já arrebatou suas virtudes a todos os animais. Por isso, de todos os animais, é o homem que tem tido vida mais dura.

Só as aves estão acima dele. E se o homem aprendesse também a voar, infelicidade! A que altura haveria de voar seu apetite de rapinar?

23.

Eis como quero o homem e a mulher: um, apto para a guerra, a outra, apta para dar à luz. Mas os dois aptos para dançar com cabeças e pernas.

E que todo o dia em que não se tenha dançado, pelo menos uma vez, seja perdido para nós! E toda a verdade que não traga ao menos um riso nos pareça verdade falsa.

24.

O casamento que concluís, tomai cuidado para que não tenha má conclusão. Concluís com demasiada pressa, do que resulta casamento rompido.

E ainda é melhor romper o vínculo do que sujeitar-se a mentir. Assim me falava uma mulher: "É verdade que rompi os laços do matrimônio, mas antes os laços do matrimônio é que me quebraram a mim".

Sempre vi os maridos mal sucedidos sedentos da pior vingança. Vingam-se contra todos por não poderem já andar separados.

Por isso quero que os que estão de boa-fé digam: "Nós não nos amamos. Procuremos conservar o afeto!" Ou então: "Seria nossa promessa um equívoco?"

"Dai-nos um prazo, uma breve união para vermos se somos capazes de uma longa união! Difícil é estar sempre a dois!"

Assim aconselho a todos que estão de boa-fé. E a que se reduziria meu amor ao super-homem e a tudo o que deve vir, se aconselhasse e falasse de outro modo?

Não vos deveis contentar somente em procriar, mas em produzir para além de vós mesmos. Ó meus irmãos! Ajude-vos nisso o jardim do matrimônio!

25.

Aquele que conhece a fundo as antigas origens acabará por procurar as fontes do futuro e novas origens.

Meus irmãos, já não passará muito tempo sem que novos povos surjam e que novas fontes atinjam novas profundidades.

Porque o terremoto fecha muitas fontes e causa a morte de muitos homens, mas ele traz à luz forças interiores e intimidades.

O tremor de terra revela novos mananciais. Do cataclismo dos povos antigos surgem novas fontes.

E se alguém exclama: "olhai, aqui tendes uma fonte para muitos sedentos, um coração para muitos nostálgicos, uma vontade que encontrará muitos instrumentos", em torno desse alguém se reúne o povo, quer dizer, muitos homens que tentam a prova.

O que ali se ensaia é quem sabe mandar e quem deve obedecer. Ai! À custa de quantas demoradas pesquisas, de deliberações, de falhas, de aprendizagem e de quanto recomeço.

A sociedade humana é uma tentativa, assim eu ensino, uma longa investigação, mas uma investigação de quem manda.

Uma tentativa, meus irmãos, e não um "contrato". Rompei, rompei com tais palavras dos corações covardes e de gente de meia medida!

26.

Ó meus irmãos! Onde reside o maior perigo do futuro humano? Não é nos homens de bem e nos justos?

Nos que dizem e sentem em seu coração: “Nós sabemos já o que é bom e justo e o possuímos. Infelizes daqueles que ainda querem procurar por aqui!”

E por muito mal que os maus possam fazer, o que fazem os bons é o mais nocivo de tudo!

E por muito mal que os caluniadores do mundo possam fazer, o que fazem os bons é o mais nocivo de tudo!

Meus irmãos, alguém olhou uma vez o coração dos homens de bem e dos justos, e disse: “São os fariseus”. Ninguém, porém, o entendeu.

Os homens de bem e os próprios justos não deviam compreender isso. O espírito deles é um prisioneiro de sua consciência. A loucura dos homens de bem é de uma insondável prudência.

A verdade, porém, é esta: é forçoso os homens de bem serem fariseus. Não têm escolha! É forçoso os bons crucificarem o que inventa sua própria virtude! Essa é a verdade!

Mas aquele que chegou em segundo para explorar esse país, o país, o coração e o reino dos bons e dos justos, foi aquele que perguntou: “A quem odeiam mais?”

O criador é quem eles mais odeiam. Aquele que quebrar tábuas e estranhos valores, ao destruidor, a esse é que chamam criminoso.

Porque os homens de bem não podem criar. São sempre o princípio do fim.

Crucificam aquele que escreve novos valores em tábuas novas. Sacrificam em próprio benefício o futuro, crucificam o futuro inteiro dos homens!

Os homens de bem sempre foram o princípio do fim.

27.

Meus irmãos, compreendestes também estas palavras e o que eu disse um dia do “último homem?”.

Em quem se encontram os maiores perigos para o futuro dos homens? Não é junto aos homens de bem e justos?

Quebrai, acabai com os homens de bem e os justos! Meus irmãos, compreendestes também estas palavras?

28.

Fugis de mim? Assustai-vos? Tremeis ante estas palavras?

Meus irmãos, quando vos disse para quebrar os bons e as tábuas dos bons, foi nesse dia que lancei o homem para seu alto mar.

Só agora é que passou a conhecer o grande terror, o grande olhar inquieto, a grande enfermidade, a grande náusea, o grande enjôo.

Os bons ensinaram-vos coisas enganadoras e falsa segurança. Tínheis nascido entre as mentiras dos bons e vos havíeis refugiado nelas. Os bons falsearam e desnaturalizaram radicalmente as coisas.

Mas aquele que descobriu o país "Homem" descobriu ao mesmo tempo o país "futuro dos homens". Agora deveis ser para mim corajosos e pacientes marinheiros!

Avançai direito, meus irmãos! Aprendei a avançar direito! O mar está agitado; há muitos que necessitam de vós para se manterem firmes.

O mar brama. Tudo cai no mar! Coragem, coragem! Velhos corações de marinheiros!

Que importa o país de nossos pais? Nós queremos governar lá onde está o país de nossos filhos! Para lá, para ele se lança nosso desejo, mais fogoso que o mar, mais impetuoso que o mar.

29.

"Por que serei tão duro?" – disse um dia o diamante ao carvão comum. Não somos parentes próximos?"

Por que sois tão brandos?" – pergunto eu, meus irmãos. Então não sois meus irmãos?

Por que sois tão brandos, tão pegajosos, tão frouxos? Por que há tanta renúncia, tanta abdicação em vossos corações? Tão pouco destino em vosso olhar?

E se não quereis ser destinos, se não quereis ser inexoráveis, como poderíeis um dia vencer comigo?

E se nossa dureza não quer cintilar e cortar, como poderíeis um dia criar comigo?

Porque os criadores são duros. E deve-nos parecer beatitude imprimir vossa mão em séculos como em cera branda, e escrever sobre a vontade de milênios como sobre bronze, mais duros que o bronze, mais nobres que o bronze. Só é perfeitamente duro aquele que é mais nobre.

Meus irmãos, eu coloco sobre vós esta nova tábua. Tornai-vos duros!

30.

Ó minha vontade, vértice de todas as necessidades, necessidade minha, livra-me de todas as vitórias pequenas!

Ó sorte de minha alma, a que chamo destino! Tu que estás em mim e sobre mim, livra-me e reserva-me para um grande destino!

E tu, última grandeza, vontade minha, conserva-a para um fim, para que sejas implacável em tua vitória! Ai! Quem não sucumbirá à sua vitória?

Ai! Que olhos não se têm turvado nessa embriaguez de crepúsculo? Que pé não tem tropeçado e perdido sua firmeza na vitória?

A fim de estar preparado e maduro quando chegar o grande meio-dia, preparado e maduro como o bronze reluzente, como a nuvem cheia de relâmpagos e o seio cheio de leite.

Preparado para mim mesmo e para minha vontade mais oculta. Um arco anelante de sua flecha, uma flecha anelante de sua estrela.

Uma estrela preparada e madura em seu meio-dia, ardente e trespassada, satisfeita da flecha celeste que a destrói.

Sol e implacável vontade inexorável de sol, pronta a destruir na vitória.

Ó vontade, vértice de toda necessidade, ó minha necessidade! Reserva-me para uma só grande vitória!"

Assim falava Zaratustra.

O Convalescente

1.

Uma manhã, pouco tempo depois do regresso à sua caverna, Zaratustra saltou do leito como louco. Começou a gritar com voz terrível, gesticulando como se alguma pessoa deitada ainda não quisesse se levantar. E a voz de Zaratustra troava em termos tais, que seus animais acorreram espantados e de todos os esconderijos próximos da caverna de Zaratustra, todos os animais fugiram, voando, revoando, arrastando-se e saltando, consoante tinham patas ou asas. Zaratustra, porém, pronunciou estas palavras:

"Sobe, pensamento abissal, sai de minha profundidade! Eu sou teu galo e teu crepúsculo matutino, adormecido verme! Levanta-te! Minha voz acabará por te despertar!

Tira os tampões de teus ouvidos e escuta! Porque eu quero te ouvir! Levanta-te! De pé! Há aqui trovoadas suficientes para que os túmulos também ouçam!

Varre de teus olhos o sono e tudo o que é míope e cego! Escuta-me também com teus olhos. Minha voz é um remédio até para os cegos de nascença.

E quando chegares a acordar, acordado ficarás eternamente. Eu não costumo despertar dorminhocos para que tornem a adormecer.

Tu te moves, espreguiças, suspiras? Levanta-te! Tens de me falar! É Zaratustra que te chama, Zaratustra, o ímpio!

Eu, Zaratustra, o afirmador da vida, o afirmador da dor, o afirmador do círculo, chamo-te a ti, o mais profundo de meus pensamentos!

Ditoso de mim! Estás vindo, eu te ouço! Meu abismo fala. Trouxe para a luz minha última profundidade!

Ditoso de mim! Coragem! Dá-me a mão! Ah! Deixa! Ah! Ah! Horror, horror, horror! Infeliz de mim!

2.

Ditas essas palavras, Zaratustra caiu no chão como morto e assim permaneceu longo tempo. Ao tornar a si estava pálido e trêmulo e continuou caído, sem querer comer nem beber durante muito tempo. Durou isso sete dias, mas seus animais não o abandonaram nem de dia nem de noite, a não ser quando a águia percorria os ares em busca de alimento. E a ave depositava no leito de Zaratustra tudo o que encontrava e conseguia apanhar, de forma que Zaratustra acabou por estar deitado entre frutas amarelas e vermelhas, raízes, maçãs, ervas aromáticas e pinhas. A seus pés, contudo, estavam estendidas duas ovelhas que a águia roubara com muito esforço de seus pastores.

Ao fim de sete dias, Zaratustra reanimou-se, pegou uma pinha, pôs-se a cheirá-la e gostou do cheiro. Então os animais julgaram chegado o momento de lhe falar.

"Zaratustra" – disseram eles – "já há sete dias que estás aí estendido com os olhos pesados. Não queres, enfim, caminhar um pouco?

Sai da caverna. O mundo te aguarda-te como um jardim. O vento brinca com os fortes perfumes que querem vir a teu encontro e todos os regatos gostariam de correr atrás de ti.

Por ti suspiram todas as coisas, ao verem que ficaste sozinho durante sete dias. Sai da caverna! Todas as coisas querem ser teus médicos.

Surpreendeu-te alguma nova certeza, amarga e pesada? Caíste aí como uma massa que fermenta. Tua alma crescia e transbordava por todos os lados."

"Ó meus animais" – respondeu Zaratustra – "prossegui falando assim e deixai-me escutar. Vossa conversa me reanima. Onde se fala, o mundo parece dilatar-se diante de mim como um jardim.

Como é agradável ouvir palavras e sons! Não serão as palavras e os sons os arco-íris e as pontes ilusórias entre as coisas eternamente separadas?

A cada alma pertence um mundo diferente. Para cada alma, toda outra alma é um além-mundo.

Justamente entre aquelas que mais se parecem, da mais bela maneira a aparência é mentirosa porque é o abismo pequeno que se torna difícil de transpor.

Para mim, como poderia haver qualquer coisa fora de mim? Não há exterior! Todos os sons, porém, fazem-nos esquecer isso. Como é agradável poder esquecer!

Não foram os nomes e os sons dados às coisas para o homem se recrear com elas? Falar é uma bela loucura. Falando, o homem dança sobre todas as coisas.

Como toda a palavra é doce! Como parecem doces todas as mentiras dos sons! Os sons fazem dançar nosso amor em variado arco-íris"

Então os animais disseram: "Zaratustra, para os que pensam como nós, todas as coisas dançam. Vão, dão-se as mãos, riem, fogem e tornam.

Tudo vai, tudo torna; a roda da existência gira eternamente. Tudo morre, tudo torna a florescer; correm eternamente as estações da existência.

Tudo se destrói, tudo se reconstrói, eternamente se edifica a mesma casa da existência. Tudo se separa, tudo se saúda outra vez. O anel da existência conserva-se eternamente fiel a si mesmo.

A todos os momentos a existência principia. Em torno de cada aqui, gira a bola acolá. O centro está em toda a parte. A senda da eternidade é tortuosa".

"Ah! Meus astutos, meus espertinhos!" – respondeu Zaratustra, tornando a sorrir. "Como sabíeis bem o que se devia cumprir em sete dias!"

E como aquele monstro que se introduziu na garganta a fim de me afogar! Mas de uma dentada cortei-lhe a cabeça e cuspi-a para longe de mim!

E vós já tínheis tirado disso um refrão! Eu, contudo, estou aqui estendido, cansado de ter mordido e cuspido, ainda doente de minha própria libertação.

E vós fostes espectadores de tudo isso! Ó meus animais! Também vós seríeis cruéis? Quisestes contemplar minha grande dor, como fazem os homens? Porque o homem é o mais cruel de todos os animais.

Até agora, como se tem sentido mais satisfeito na terra, é assistindo a tragédias, a brigas de touros e a crucificações. E quando inventou o inferno, foi esse seu céu na terra.

Quando o grande homem clama, logo acorre o pequeno com a língua pendente de libido. A isso, porém, ele chama de sua "compaixão".

Vede o homem pequeno, especialmente o poeta. O ardor com que suas palavras acusam a vida! Escutai-o, mas não vos esqueçais de ouvir o prazer que há em toda a acusação.

Desses acusadores da vida triunfa a vida num abrir e fechar de olhos. "Tu me amas?' – pergunta o impertinente. "Espera um pouco, ainda não tenho tempo para ti".

O homem é o animal mais cruel para consigo e sempre que ouvirdes alguém chamar-se "pecador" ou "penitente", ou falar de "sua cruz", não vos esqueçais de ouvir a voluptuosidade que transpiram essas queixas e essas acusações.

E eu mesmo, acaso vou me tornar acusador do homem? Ai! Meus animais! O maior mal é necessário para o maior bem do homem. É a única coisa que até agora tenho aprendido.

O maior mal é a melhor força do homem, a pedra mais dura para o mais alto criador. É preciso que o homem se torne melhor e mais mau.

Eu não só não me vi cravado nesta cruz – saber que o homem é mau –, mas também gritei como ninguém gritou ainda:

"Ah! como é pequeno o pior dele! Ah! como é pequeno o melhor dele."

O que me asfixiava e se atravessava em minha garganta era o grande desgosto que o homem causa. O adivinho já predissera: "Tudo é igual. Nada vale a pena. O saber asfixia".

Um longo crepúsculo se arrastava diante de mim, uma mortal tristeza ébria e cansada que falava bocejando.

"O homem de que estás cansado torna eternamente o pequeno homem!" Assim bocejava minha tristeza, arrastando os pés sem poder adormecer.

A terra humana transformava-se para mim em caverna. Meu peito fundia-se. Tudo quanto vivia era para mim podridão, ossos humanos e passado ruinoso.

Meus suspiros repousavam em todas as sepulturas humanas e não podiam tornar a erguer-se. Meus suspiros e minhas perguntas gemiam, afogavam-se, consumiam-se e lamentavam-se noite e dia.

"Ai! o homem torna eternamente! O homem pequeno torna eternamente!"

Outrora os vi nus, o maior e o menor dos homens. Demasiado parecidos um com o outro! Demasiado humanos, mesmo o maior!

É demasiado pequeno, o maior! Era este meu desgosto pelo homem! E o eterno regresso e ainda do menor! Isso então era o desgosto de minha existência inteira!

"Ai! Desgosto, tédio, tédio!" Assim falava Zaratustra, suspirando e estremecendo, porque se lembrava de sua doença. Seus animais, porém, não o deixaram prosseguir.

"Não fales mais, convalescente!" – responderam-lhe. "Sai daqui. Vem para onde o mundo te espera como um jardim.

Anda para o lado das roseiras, das abelhas e dos bandos de pombas! E especialmente para o lado das aves cantoras, para lhes aprenderes o canto!

Porque o canto é o que convém a convalescentes. Cabe ao homem sadio falar. E se o homem que tem saúde quer canções, deverão ser diferentes daquelas do convalescente".

"Ah! Meus astutos, meus espertinhos, calai-vos!" – respondeu Zaratustra, rindo de seus animais. "Como conheceis bem o consolo que inventei em sete dias!

Ter de cantar de novo. Esse é o consolo que inventei para mim. Esta é minha cura. Também quereis tirar disto um refrão?"

"Pára de falar" – disseram-lhe os animais. "Prepara uma lira, convalescente, uma lira nova!

Olha, Zaratustra, para tuas novas canções é preciso uma lira nova.

Canta e distrai-te, Zaratustra. Cura tua alma com novas canções para poderes sustentar teu grande destino que ainda não foi destino de ninguém.

Porque teus animais bem sabem quem és, Zaratustra, e o que deves chegar a ser. Tu és o mestre do eterno regresso das coisas, é este agora teu destino!

Porque tu hás de ser o primeiro a ensinar esta doutrina. Como não há de ser esse grande destino também teu maior perigo e a tua enfermidade?

Olha, nós sabemos o que ensinas: que todas as coisas tornam eternamente e nós com elas, que nós já temos existido uma infinidade de vezes, e todas as coisas conosco.

Ensinas que há um grande ano do devir, um ano monstruoso que, à semelhança de um relógio de areia, tem sempre que se voltar novamente para correr e se esvaziar outra vez.

De forma que todos esses grandes anos são iguais a si mesmos, em ponto grande e pequeno; de forma que nós em todo o grande ano somos iguais a nós mesmos, em ponto grande e pequeno.

E se tu agora quisesses morrer, Zaratustra, também sabemos como falarias a ti mesmo. Mas teus animais te suplicam: não morras ainda.

Falarias sem tremer e antes respirarias alegria, porque tu, o mais paciente, irias ver-te livre de um grande peso.

'Agora morro e desapareço' – dirias – 'e daqui a um instante já nada serei. As almas são tão mortais como os corpos.

O nó das causas em que me encontro enlaçado tornará a criar-me! Eu mesmo pertenço às causas do eterno regresso das coisas.

Regressarei com este sol, com esta terra, com esta águia, com esta serpente, não para uma vida nova ou para uma vida melhor ou análoga.

Tornarei eternamente para esta mesma vida, igual em ponto grande e também em pequeno, a fim de ensinar outra vez o eterno regresso das coisas, a fim de repetir mais uma vez as palavras do grande meio-dia, da terra e dos homens, a fim de instruir novamente os homens sobre o super-homem.

Disse a minha palavra, e por ela sucumbo. Assim o quer meu destino eterno, desapareço como anunciador!'

Chegou a hora, a hora em que aquele que declina se abençoa a si mesmo. Assim acaba 'o declínio de Zaratustra'.

Depois de pronunciarem essas palavras, os animais se calaram, esperando que Zaratustra dissesse alguma coisa. Mas Zaratustra já não se importava com o silêncio. Estava deitado tranquilamente, com os olhos cerrados, como se dormisse, mas não dormia. Conversava com sua alma. Vendo-o tão silencioso, a águia e a serpente respeitaram o grande silêncio que o rodeava e discretamente se retiraram.

A Grande Nostalgia

"Ó minha alma, ensinei-te a dizer 'hoje', bem como 'um dia' e 'outrora' e a passar dançando por cima de tudo aqui, acolá e além.

Ó minha alma, livrei-te de todos os recantos, afastei de ti o pó, as aranhas e a penumbra.

Ó minha alma, lavei-te do mesquinho pudor e da virtude meticulosa e te habituei a ficar nua diante dos olhos do sol.

Com a tempestade que se chama 'espírito', soprei sobre teu mar revolto e expulsei dele todas as nuvens e até estrangulei o estrangulador que se chama 'pecado'.

Ó minha alma, dei-te o direito de dizer 'não' como a tempestade e de dizer 'sim' como o céu límpido. Agora estás serena como a luz e passas através das tempestades.

Ó minha alma, eu te restituí a liberdade sobre o que está criado e por criar e quem como tu conhece a voluptuosidade do futuro?

Ó minha alma, ensinei-te o desprezo que não vem às escondidas, como o caruncho, o grande desprezo amante que quanto mais despreza mais ama.

Ó minha alma, ensinei-te a arte de persuadir até as próprias razões, como o sol convence até o mar a subir até suas alturas.

Ó minha alma, afastei de ti toda a obediência, toda a genuflexão de dizer 'Meu senhor!' Eu mesmo te dei o nome de 'mudança da necessidade' e de 'destino'.

Ó minha alma, dei-te nomes novos e vistosos brinquedos, chamei-te 'destino' e 'circunferência das circunferências', e 'umbigo do tempo' e 'abóbada azul'.

Ó minha alma, dei a beber a teu terreno toda a sabedoria, todos os vinhos novos, todos os mais raros e fortes da sabedoria, todos os antigos vinhos da sabedoria.

Ó minha alma, derramei em ti todo o sol e toda a noite, todos os silêncios e todos os anseios. Cresceste então para mim como uma vida.

Ó minha alma, agora estás aí, rica em excesso e pesada, como videira de cachos úberes, de dourados cachos exuberantes. Exuberante e oprimida de ventura, esperando entre a abundância e ainda envergonhada de tua espera.

Ó minha alma, agora já não há em parte alguma alma mais amante, mais vasta e compreensiva! Onde estariam o futuro e o passado, mais perto um do outro do que em ti?

Ó minha alma, dei-te tudo, por ti esvaziei as mãos e agora! Agora me dizes sorrindo, cheia de melancolia: 'Qual de nós dois deve agradecer?'

Não é o doador que deve estar agradecido àquele que houve por bem aceitar? Não será uma necessidade o dar? Aceitar, não será ter pena?

Ó minha alma, compreendo o sorriso de tua melancolia. Teu excesso de riquezas é que agora estende mãos ávidas!

Tua plenitude dirige seus olhares para os mares rugidores, busca e aguarda. O desejo infinito da plenitude lança um olhar através do céu sorridente de teus olhos!

E, na verdade, ó minha alma, quem te veria o sorriso sem se desfazer em lágrimas? Os próprios anjos prorrompem em pranto vendo a excessiva bondade de teu sorriso.

Tua bondade, tua bondade demasiado grande, não quer se lastimar nem chorar e, contudo, ó minha alma, teu sorriso deseja as lágrimas e tua trêmula boca os soluços.

'Não será todo o pranto uma queixa e toda a queixa uma acusação?' Assim dizes contigo e por isso preferes sorrir, ó minha alma, a derramar tua pena, a derramar em torrentes de lágrimas toda a pena que te causa tua plenitude e toda a ansiedade que faz que a vinha suspire pelo vindimador e pelo podão do vindimador.

Se não queres chorar, porém, chorar até o fim tua purpúrea melancolia, precisas cantar, ó minha alma. Já vês que eu mesmo prego isso, eu mesmo sorrio. Precisas cantar com voz dolente, até os mares ficarem silenciosos para escutar teu grande anseio.

Até que em anelantes e silenciosos mares se balance o barco, a dourada maravilha, em torno de cujo ouro se agitam todas as coisas boas, más e maravilhosas, e muitos animais grandes e pequenos, e tudo o que possui pernas leves e maravilhosas para poder correr por caminhos de violetas até a áurea maravilha, até a barca voluntária e até seu dono.

Ele é, porém, o grande vindimador que espera com seu podão de diamante, teu grande libertador, ó minha alma, o inominado, para quem só os cantos do futuro sabem encontrar nomes. E, na verdade, já teu hálito tem o perfume dos cantos do futuro, já ardes e sonhas, já tua sede bebe em todos os poços consoladores de graves ecos, já tua melancolia descansa na beatitude dos cantos do futuro!

Ó minha alma, dei-te tudo, até meu último bem e minhas mãos por ti se esvaziaram. Dizer-te para que cantasses foi meu último dom.

Disse-te que cantasses. Fala, portanto, fala! Qual de nós dois deve agora agradecer? Mas não! Canta para mim, canta, ó minha alma! E deixa-me agradecer-te!"

Assim falava Zaratustra.

A Segunda Canção para Dançar

1.

"Há pouco perscrutei teus olhos, ó vida! Vi reluzir ouro em teus olhos noturnos e essa voluptuosidade paralisou-me o coração.

Vi cintilar uma barca de ouro que submergia em águas noturnas, uma barca de ouro que submergia e reaparecia fazendo sinais!

Tu dirigias um olhar a meus pés, doidos por dançar, um olhar acariciador, terno, risonho e interrogador.

Duas vezes apenas agitaste com as mãos tuas castanholas e já os pés pulavam, ébrios.

Os calcanhares erguiam-se, os dedos escutavam para te compreender. Não tem o dançarino os ouvidos nos dedos dos pés?

Saltei a teu encontro. Tu retrocedeste a meu impulso e até em mim serpeava tua voadora e fugidia cabeleira.

Num pulo me afastei de ti e de tuas serpentes. Já te erguias com os olhos cheios de desejos.

Com lânguidos olhares me mostras sendas tortuosas. Por tortuosas sendas aprende astúcias meu pé.

Receio-te quando te aproximas, amo-te quando estás longe. Tua fuga me atrai, tuas diligências me detêm. Sofro, mas não haveria de sofrer por ti?

Tu, cuja frieza incendeia, cujo ódio seduz, cuja fuga prende, cujos enganos comovem!

Quem não te odiaria, grande carcereira, sedutora, enlaçadora, tentadora, ó tu que procuras e encontras? Quem não te amaria, inocente pecadora, impaciente, arrebatadora como o vento, pecadora de olhos infantis?

Para onde me arrastas agora, indômito prodígio? E já me tornas a fugir, doce esquiva, doce ingrata!

Dançando, sigo tuas menores pegadas. Onde estás? Dá-me a mão! Ou um dedo somente!

Há por aí cavernas e bosques, onde haveremos de nos extraviar. Pára! Detém-te! Não vês corujas e morcegos batendo as asas?

Coruja, tu mesma! Morcego! Quereis brincar comigo? Onde estamos? Com os cães aprendestes a uivar e a rosnar.

Com pequenas mãos brancas tu me fazes gestos estranhos e gentis e teus malvados olhos se fixam em mim por entre tuas madeixas encaracoladas.

É uma dança por montes e vales! Eu sou o caçador. Queres ser meu cão ou a camurça perseguida?

Agora, a meu lado! E depressa, maldosa saltadora! Acima agora! Desgraça! Ao saltar, eu mesmo caí.

Olha como estou aqui estendido! Olha, altaneira, como imploro teu socorro! Gostaria de continuar contigo por caminhos mais agradáveis! Pelos caminhos do amor, através de esmaltados bosques! Ou pelos que margeiam o lago, onde nadam e saltam dourados peixes!

Estás cansada, agora? Ali em baixo há ovelhas e crepúsculos vermelhos. Não é bom adormecer ao som da flauta dos pastores?

Então, estás assim cansada? Vou levar-te, deixa somente pender os braços. E tens sede? Poderia dar-te alguma coisa, mas tua boca não quer beber.

Oh! Essa maldita serpente! Feiticeira fugidia, veloz e ágil. Onde te meteste? Sinto no rosto dois sinais de tua mão, dois sinais vermelhos!

Estou deveras farto de te seguir sempre como ingênuo cordeirinho! Feiticeira, até agora cantei para ti. Agora, para mim, tu deves gritar!

Deves dançar e gritar ao ritmo de meu chicote! Acaso, esqueci do chicote? Não!"

2.

Então, a vida me respondeu, tapando os graciosos ouvidos:

"Ó! Zaratustra! Não vibres tão espantosamente o chicote! Bem sabes que o ruído assassina os pensamentos e assaltam-me agora pensamentos tão ternos!

Nós não somos bons nem maus para nada! Além do bem e do mal, encontramos nossa ilha e nosso verde prado. Só nós dois o encontramos! Por isso nos devemos amar um ao outro!

E embora não nos amemos de todo o coração, será caso para nos irritarmos? As pessoas se irritam por não se amarem de todo o coração?

É que eu te amo, amo-te muitas vezes com excesso, tu o sabes muito bem. A razão é que estou ciosa de tua sabedoria. Ah! Que velha louca é a sabedoria!

Se alguma vez tua sabedoria te deixasse, também logo meu amor te deixaria."

Então a vida olhou pensativa para trás e em torno de si, e disse em voz baixa: "Ó! Zaratustra, não és bastante fiel a mim!

Ainda falta muito para me teres o amor que dizes. Sei que pensas deixar-me em breve.

Há um velho cajado pesado, tão pesado que ressoa de noite até lá em cima em tua caverna. Quando ouves esse sino dar meia-noite, pensas – bem o sei, Zaratustra – pensas deixar-me em breve!"

"Assim é" – respondi titubeando. 'Mas tu também sabes..." E disse-lhe uma coisa ao ouvido, colado a sua emaranhada cabeleira, a suas douradas e revoltas madeixas.

"Tu sabes isso, Zaratustra? Ninguém sabe isso..."

Olhamo-nos e dirigimos nosso olhar para o verde prado por onde corria a brisa da tarde e choramos juntos. Mas então a vida era para mim mais cara do que jamais o foi toda minha sabedoria.

Assim falava Zaratustra.

3.

Um!
Toma cuidado, homem!
Dois!
Que diz a meia-noite profunda?
Três!
“Eu dormia, eu dormia...”
Quatro!
“De um profundo sono despertei.”
Cinco!
“O mundo é profundo...”
Seis!
“E mais profundo do que o dia julgava.”
Sete!
“Profunda é sua dor...”
Oito!
“E a alegria... bem mais profunda que a aflição.”
Nove!
“Assim diz a dor: Desaparece!”
Dez!
“Mas toda alegria quer a eternidade...”
Onze!
“Quer profunda, profunda eternidade!”
Doze!

Os Sete Selos (ou o Canto do Sim e do Amém)

1.

Se sou um adivinho, cheio desse espírito de adivinhação que caminha por uma alta crista entre dois mares, que caminha entre o passado e o futuro como uma densa nuvem inimiga de todos os lugares baixos, de tudo o que está cansado e não pode morrer nem viver; disposta a rasgar seu tenebroso seio, como o relâmpago, disposta a fulminar o raio de claridade redentora, cheia de relâmpagos que dizem sim! Que riem dizendo sim! Pronto com raios adivinhadores, mas ditoso aquele que repleto desses raios! E, na verdade, muito tempo necessita, como pesada tempestade, para descer ao flanco da montanha aquele que está destinado a acender o facho do futuro!

Oh! Como não hei de estar ansioso pela eternidade, ansioso pelo nupcial anel dos anéis, o anel do regresso das coisas?

Ainda não encontrei mulher de quem quisesse ter filhos, a não ser esta mulher a quem amo, porque te amo, ó eternidade!

Porque te amo, ó eternidade!

2.

Se alguma vez minha cólera profanou sepulturas, removeu barreiras e precipitou velhas tábuas partidas em escarpadas profundezas; se meu sarcasmo alguma vez dispersou ao vento palavras apodrecidas; se fui a vassoura que expulsa as aranhas e um vento purificador para velhas e bolorentas cavernas sepulcrais; se alguma vez estive sentado, cheio de alegria, no local onde jazem deuses antigos, abençoando e amando o mundo ao lado dos monumentos de antigos caluniadores deste mundo; porque até as igrejas e os túmulos dos deuses eu amo, contanto que o céu espreite serenamente através de suas destroçadas abóbadas porque eu gosto de repousar sobre as igrejas em ruínas, como a erva e as papoulas vermelhas.

Oh! Como não haveria de estar ansioso pela eternidade, ansioso pelo nupcial anel dos anéis, o anel do regresso?

Nunca encontrei mulher de quem quisesse ter filhos, a não ser esta mulher que amo, porque te amo, ó eternidade!

Porque te amo, ó eternidade!

3.

Se alguma vez chegou até mim um sopro do sopro criador e dessa necessidade divina que até os acasos obriga a dançar as danças das estrelas; se alguma vez me ri com o riso do relâmpago criador, ao qual se segue resmungando, mas obediente, o prolongado troar da ação; se alguma vez joguei dados com deuses, na mesa divina da terra, fazendo que a terra tremesse e se rasgasse, despedindo rios de chamas – porque a terra é uma mesa divina que treme com novas palavras criadoras e com um ruído de dados divinos – como não hei de estar ansioso pela eternidade, ansioso pelo nupcial anel dos anéis, o anel do regresso?

Nunca encontrei mulher de quem quisesse ter filhos, a não ser esta mulher que amo, porque te amo, ó eternidade!

Porque te amo, ó eternidade!

4.

Se alguma vez bebi um longo trago desse cântaro espumoso de espécies e misturas, onde estão bem misturadas todas as coisas; se minha mão alguma vez misturou o mais remoto com o mais próximo e o fogo com o espírito e a alegria com a pena e as coisas piores com as melhores; se eu mesmo sou um grão desse sal dissolvente que faz com que todas as coisas se misturem bem no cântaro das misturas – porque é o sal que liga o bem e o mal e até o pior merece servir de condimento e fazer transbordar a última espuma do cântaro.

Oh! Como não hei de estar ansioso pela eternidade, ansioso pelo nupcial anel dos anéis, o anel do regresso?

Nunca encontrei mulher de quem quisesse ter filhos, a não ser esta mulher que amo, porque te amo, ó eternidade!

Porque te amo, ó eternidade!

5.

Se eu amo o mar, e tudo quanto ao mar se assemelha e sobretudo quando me contradiz fogoso; se existe em mim essa paixão investigadora que impele a vela para o desconhecido; se há em minha paixão um tanto da paixão do navegante; se alguma vez minha alegria exclamou: "Desapareceram as costas; caiu agora minha última cadeia; é o infinito que me rodeia com seu mugido; longe de mim cintilam o tempo e o espaço. Vamos! A caminho, velho coração!"

Como não hei de estar ansioso pela eternidade, ansioso pelo nupcial anel dos anéis, do anel do acontecer e do regresso?

Nunca encontrei mulher de quem quisesse ter filhos, a não ser esta mulher que amo, porque te amo, ó eternidade!

Porque te amo, ó eternidade!

6.

Se minha virtude é virtude de bailarino, se muitas vezes pulei entre arroubos de ouro e de esmeralda; se minha maldade é uma maldade risonha que se acha em seu centro entre ramos de rosas e sebes de açucenas, porque no riso se reúne tudo o que é mau, mas santificado e absolvido por sua própria beatitude; e se meu alfa e ômega é tornar leve tudo quanto é pesado, todo o corpo dançarino, todo o espírito ave e, na verdade, assim é meu alfa e ômega.

Como não hei de estar ansioso pela eternidade, ansioso pelo nupcial anel dos anéis, pelo anel do regresso das coisas?

Nunca encontrei mulher de quem quisesse ter filhos, a não ser esta mulher que amo, porque te amo, ó eternidade!

Porque te amo, ó eternidade!

7.

Se alguma vez descobri céus tranquilos sobre mim voando com minhas próprias asas em meu próprio céu; se nadei, brincando em profundos lagos de luz e se minha liberdade conquistou uma sabedoria de ave, mas assim fala a sabedoria de ave: "Olha! Não é alto nem baixo! Lança-te em volta, para diante, para trás, leve como és! Canta! Não fales mais!

Todas as palavras não foram feitas para os que são pesados? Não mentem todas as palavras ao que é leve? Canta! Não fales mais!"

Oh! Como não haverei de estar ansioso pela eternidade, ansioso pelo nupcial anel dos anéis, pelo anel do regresso?

Nunca encontrei mulher de quem quisesse ter filhos, a não ser esta mulher que amo, porque te amo, ó eternidade!

Porque te amo, ó eternidade!

Quarta e Última Parte

Ai! Onde se cometeram mais loucuras na terra do que entre os compassivos? E no mundo, quem fez sofrer mais que as loucuras dos compassivos?
Infelizes daqueles que amam sem ter domínio de sua compaixão!
Assim me falou o diabo um dia: "Deus também tem seu inferno. É seu amor pelos homens".
E recentemente ouvi dele dizer estas palavras: "Deus morreu. Morreu de sua compaixão pelos homens."

Assim Falava Zaratustra, 2ª parte Dos compassivos.

A Oferta do Mel

E tornaram a passar meses e anos pela alma de Zaratustra, sem ele se dar conta. Mas seus cabelos iam se tornando brancos. Estando um dia sentado numa pedra diante de sua caverna, olhando para fora em silêncio, pois daquele ponto se via o mar até muito longe, para o outro lado dos abismos tortuosos, seus animais, pensativos, andavam em torno dele e acabaram por ficar na frente dele.

"Zaratustra" – lhe disseram – 'procuras tua felicidade com os olhos?" – "Que importa a felicidade?" – respondeu ele – "Há muito tempo que já não aspiro à felicidade. Aspiro à minha obra". – "Zaratustra" – replicaram os animais – "dizes isso como quem está saturado de bem. Não estás deitado num lago azulado de ventura?" – "Velhacos!" – respondeu Zaratustra, sorrindo – "como escolhestes bem a imagem! Também sabeis, porém, que minha felicidade é pesada, que não é líquida como a onda. Ela me pressiona e quer me deixar, e se parece com pez derretido".

Os animais tornaram a rodeá-lo, pensativos, e novamente se postaram frente a ele. "Zaratustra" – disseram – 'então é isso que explica por que estás tão sombrio e ficas amarelo, embora teus cabelos aparentem ser brancos? Consomes-te em teu pez!" – "Que dizeis!" – exclamou Zaratustra rindo. Fiz mal em me lembrar do pez. O que me aconteceu, acontece a todos os frutos que amadurecem. O mel que tenho nas veias é que torna mais espesso meu sangue e torna mais silenciosa minha alma". – "Assim deve ser Zaratustra" – afirmaram os animais, encostando-se nele. Mas não queres subir hoje a uma alta montanha? O ar é diáfano e hoje se vê o mundo melhor que nunca". – "Sim, meus animais" – respondeu Zaratustra. "Ótimo conselho e bem de acordo com meu desejo. Quero subir hoje a uma alta montanha! Procurai, porém, que haja mel a meu alcance, mel de douradas colmeias, amarelo, branco e bom, de glacial frescor. Ficai sabendo que quero lá em cima celebrar o sacrifício do mel".

Quando Zaratustra chegou ao topo, despediu os animais que o haviam acompanhado, e viu que se encontrava só. Riu-se então com toda a alma, olhou em redor e disse:

"Falei de oferendas e de ofertas de mel. Mas isso não passava de um ardil de meu discurso e uma útil loucura. Aqui em cima já posso falar mais livremente do que diante dos refúgios dos ermitões e dos animais domésticos dos ermitões.

Eu falava de oferendas e sacrifícios? Eu, que dissipo quando se me dá às mãos cheias, como me atreveria ainda a chamar isso de sacrifício?

E quando pedi mel o que pedia era uma isca, doce beberagem de que são gulosos os ursos mais carrancudos e as aves estranhas e de humor desagradável.

A melhor isca, como a necessitam caçadores e pescadores. Porque, se o mundo é como um sombrio bosque povoado de animais de delícias, de todos os ferozes caçadores, ainda me parece assemelhar-se mais a um mar sem fundo, um mar cheio de peixes e caranguejos que os próprios deuses cobiçariam, a ponto de se tornarem pescadores e lançarem suas redes, tão rico é o mundo em prodígios grandes e pequenos!

Principalmente o mundo dos homens, o mar dos homens. A ele lanço minha linha dourada, dizendo: "Abre-te, abismo humano!

Abre-te e traz-me peixes e reluzentes caranguejos! Com minha maior isca pesco hoje para mim os mais prodigiosos peixes humanos!"

Lanço ao longe minha felicidade, arrojo-a a todos os lugares, entre o oriente, o meio-dia e o ocidente, para ver se não haverá muitos peixes humanos que aprendam a morder essa isca.

Até que, mordendo meu agudo e oculto anzol, tenham de subir à minha altura, até o mais maldoso dos pescadores de homens, os mais vistosos peixes das profundezas.

Porque eu sou, originária e fundamentalmente, força que puxa, que atrai, que levanta, que eleva: um guia, um corretor e educador que não foi em vão que disse a si próprio outrora: 'Mostra-te quem és!'

Por conseguinte, cabe aos homens agora subir até mim porque ainda espero os sinais que me digam ter chegado o momento de meu declínio. E eu mesmo ainda não devo descer, como seria forçoso, entre os homens.

Por isso, astuto e zombeteiro, espero aqui nas altas montanhas, nem impaciente nem paciente, mas apenas como quem esqueceu a paciência, visto que já não "sofre!"

Meu destino me dá tempo. Ter-me-á esquecido? Ou se entretém a caçar moscas, sentado à sombra, por detrás de uma grande pedra?

E, na verdade, sou grato a meu destino eterno que não me fustiga nem empurra e me dá tempo para maldades, tanto que hoje subi esta alta montanha para apanhar peixes.

Acaso se viu já um homem pescando em altas montanhas? Mas ainda que o que eu quero lá em cima seja uma loucura, vale mais do que se lá em baixo me tornasse solene e me pusesse verde e amarelo à força de esperar; cheio de cólera à força de esperar uma santa tempestade rugidora que viesse da montanha, como um paciente que gritasse aos vales: "Ouvi, ou vos sacudo com o azorrague de Deus!"

Não é que esses coléricos me irritem. Unicamente me fazem rir. Compreendo que estejam impacientes esses tambores ruidosos que hão de ter a palavra hoje ou nunca!

Eu e meu destino, porém, não falamos ao 'hoje' e tampouco ao 'nunca'. Temos paciência para falar e tempo, muito tempo, para isso. Porque ele há de chegar um dia e não de passagem.

Quem terá de vir um dia e não de passagem? Nosso grande acaso. Esse é nosso grande e longínquo reinado do homem, o reinado de Zaratustra, que dura mil anos.

Se esse 'hoje' está ainda longe, que me importa? Nem por isso é menos sólido para mim. Confiadamente me firmo com os dois pés nesta base: sobre uma base eterna, sobre duas rochas primitivas, sobre estes antigos montes, os mais altos e rijos, de que todos os ventos se aproximam como de um limite meteorológico para se informarem dos pontos de origem e destino.

Ri então, ri minha luminosa e saudável malícia! Atira das altas montanhas teu cintilante riso zombeteiro! Atrai com teu cintilar os mais formosos peixes humanos!

E tudo o que pertencer a mim em todos os mares, tudo o que for meu em todas as coisas, pesca-o para mim, traze-o aqui. É o que espera o pior de todos os pescadores.

Mais longe, mais longe, meu anzol! Desce, vai ao fundo,

isca de minha ventura! Esparge teu mais doce orvalho, mel de meu coração! Morde, meu anzol, morde no ventre de toda a negra aflição.

Mais longe, mais longe, meu olhar! Quantos mares em torno de mim, quanto futuro humano na aurora! E por cima de mim, que risonho silêncio! Que silêncio sem nuvens!"

O Grito de Angústia

No dia seguinte estava Zaratustra sentado em sua pedra diante da caverna, enquanto os animais andavam à cata de alimento e de mel novo, porque Zaratustra tinha consumido até a última gota do mel antigo. Estando ali sentado com um bastão na mão, seguindo o contorno da sombra que seu corpo projetava no solo, meditando profundamente – mas não em si mesmo, nem em sua sombra – estremeceu de repente e ficou sobressaltado de terror porque vira outra sombra ao lado da sua. Levantando-se e voltando-se rapidamente, viu em pé a seu lado o adivinho, o mesmo a quem uma vez dera de comer e beber à sua mesa, o proclamador do grande cansaço, que dizia: "Tudo é igual. Nada vale a pena. O mundo não tem sentido. O saber asfixia". O semblante, porém, havia-se transformado desde então e Zaratustra atemorizou-se de novo, tantos presságios ruins e fulgores acinzentados corriam naquele semblante.

O adivinho, que logo compreendeu o que agitava a alma de Zaratustra, passou a mão pela face como se quisesse apagar o que havia nela. Zaratustra, por sua parte, fez a mesmo. Quando dessa forma serenaram e cobraram ânimo, deram-se as mãos em sinal de que queriam se reconhecer.

"Sê bem-vindo, adivinho do grande cansaço" – disse Zaratustra. "Não foste em vão meu hóspede e conviva. Come e bebe hoje também em minha morada e deixa que se sente à tua mesa um velho alegre". – "Um velho alegre?" – respondeu o adivinho, meneando a cabeça. "Quem quer que sejas ou desejes ser, Zaratustra, já o não serás por muito tempo aqui em cima. Dentro em pouco tua barca já não estará ao abrigo". – "Acaso, estou ao abrigo?" perguntou, rindo, Zaratustra. O adivinho respondeu: "Em torno de tua montanha sobem mais e mais as ondas da imensa angústia e tribulação. Logo vão erguer tua barca e arrastar-te com ela". Zaratustra calou-se, admirado. – "Não ouves, ainda?" – continuou o adivinho – "Não sobe do abismo um zumbido, um rumor surdo?" Zaratustra permaneceu calado e escutou. Ouviu então um grito prolongado, soltado de uns para os outros abismos, pois nenhum deles o queria reter, tão funesto era seu som.

"Sinistro agoureiro", – disse afinal, Zaratustra – isso é um grito de angústia e grito de um homem. Provavelmente sai de um mar negro.

Que me importa, porém, a angústia dos homens! O último pecado que está reservado para mim, sabes como se chama?"

"Compaixão!" – respondeu o adivinho, cujo coração transbordava, erguendo as mãos. "Ó Zaratustra! Venho aqui fazer-te cometer o último pecado!"

Apenas pronunciadas essas palavras, tornou a ressoar o grito, mais prolongado e angustioso do que dantes e já muito mais próximo. "Ouves, ouves, Zaratustra? – exclamou o adivinho. – A ti se dirige o grito, é por ti que chama. Vem, vem, vem, chegou o tempo, chegou o tempo supremo!"

Zaratustra, entretanto, calava-se, perturbado e alterado. Por fim perguntou, como quem hesita interiormente: "E quem me chama lá de baixo?"

"Bem o sabes" – respondeu vivamente o adivinho – "Por que te ocultas? É o homem superior que te chama em seu auxílio".

"O homem superior!" – gritou Zaratustra, admirado. – "E o que ele quer? O que quer o homem superior? O que quer ele aqui?" E seu corpo se cobriu de suor.

O adivinho não respondeu à angústia de Zaratustra. Escutava e tornava a escutar, inclinado para o abismo. Mas como o silêncio se prolongasse olhou muito para trás e viu Zaratustra de pé, tremendo.

"Zaratustra", – começou a dizer em voz triste. "Não tens aparência de homem a quem sua alegria lhe enche a cabeça.

Embora quisesses dançar diante de mim e dar todos os teus saltos, ninguém me poderia dizer: 'Olha, aí tens o baile do último homem alegre!'

Em vão subirá a esta altura quem procurar aqui esse homem. Encontraria cavernas e grutas, esconderijos para a gente que precisa se ocultar, mas não poços de felicidade nem tesouros, nem novos filões de ouro da ventura.

Ventura! Como encontrá-la entre semelhantes sepultados, entre semelhantes eremitas? É preciso que ainda vá buscar a última felicidade nas ilhas Afortunadas e ao longe entre esquecidos mares?

Mas tudo é igual, nada vale pena, são inúteis todas as buscas e também já não há ilhas Afortunadas!"

Assim suspirou o adivinho, mas ao ouvir seu último suspiro, Zaratustra recuperou a serenidade e a presença de espírito, como uma pessoa que regressa à luz saindo de um antro profundo. "Não! Não! Mil vezes não! – exclamou com voz firme, acariciando a barba. – Isso eu sei muito melhor que tu. Ainda há ilhas Afortunadas! Não digas uma palavra, saco de tristezas!

Cessa de cair, ó chuva de antes do meio-dia! Não me vês já molhado por tua tristeza e molhado como um cão? Não vês que estou aqui de pé, úmido de tua tribulação e encharcado como um cão?

Agora sacudo-me e fujo para longe de ti, para me secar. Não te admires! Achas que sou indelicado para contigo? Mas minha corte está aqui!

No tocante a teu homem superior, que seja! Vou correndo procurá-lo por esses bosques. Foi de onde partiu seu grito. Talvez o ameace alguma fera.

Está em meus domínios. Não quero que lhe aconteça nenhuma desgraça. E, na verdade, em meus domínios há muitas feras!"

Dito isso, Zaratustra dispôs-se a partir. Então o adivinho exclamou: "És um velhaco, Zaratustra!

Bem sei! O que queres é livrar-te de mim! Preferes fugir para os bosques em perseguição a animais ferozes!

De que te servirá isso? À noite tornarás a encontrar-me.

Estarei sentado em tua própria caverna, com a paciência e o peso de um pedaço de madeira. Ali, sentado, à tua espera".

"Que seja assim!" – exclamou Zaratustra, afastando-se – "E o que me pertence na caverna, pertence também a ti, que és meu hóspede.

Se ainda encontrares mel, lambe-o todo, urso rabujento, e adoça tua alma. E à noite estaremos alegres. Alegres e contentes por este dia ter terminado! E tu mesmo deves acompanhar minhas canções com tuas danças, como se fosses meu urso amestrado.

Achas que não? Meneias a cabeça? Vamos, coragem, velho urso! Também eu sou adivinho!"

Assim falava Zaratustra.

Diálogo com os Reis

1.

Quase uma hora decorrera desde que Zaratustra andava caminhando por suas montanhas e bosques, quando de súbito viu um singular cortejo. Ao centro do caminho que ele queria seguir, adiantavam-se dois reis adornados de coroas e com faixas de púrpura, todo pintados como flamingos. Diante deles, ia um jumento carregado. "Que querem estes reis em meu reino?" – disse assombrado Zaratustra, e escondeu-se logo atrás de uma moita. Quando os reis estavam muito perto dele, acrescentou a meia voz como se falasse consigo mesmo: "Caso raro! raríssimo! Como compreender isto? Vejo dois reis e um asno só!"

Nisso os dois reis pararam, sorriram e dirigiram o olhar para o lugar de onde partira a voz. Depois se entreolharam. "Estas coisas" – disse o rei da direita – 'também se pensam lá entre nós, mas não se dizem".

O rei da esquerda respondeu, encolhendo os ombros: "Deve ser algum pastor de cabras ou ermitão que tem vivido demais entre rochedos e árvores. A absoluta ausência da sociedade também prejudica os bons costumes".

"Os bons costumes!" – replicou o outro rei com enfado e amargura. Pois de que nos queremos nós livrar senão dos 'bons costumes' de nossa 'boa sociedade?'

Antes viver com ermitões e pastores do que com nossa plebe dourada, falsa e polida, embora a ela se costume chamar a 'boa sociedade', a 'nobreza'.

Ali tudo é falso e corrompido, a começar pelo sangue, graças a estranhas e malignas enfermidades e a piores curandeiros.

O melhor para mim e o que hoje prefiro é um camponês sadio, tosco, astuto, tenaz e resistente. Hoje, o camponês é o mais nobre.

O camponês é hoje o melhor que temos e a raça dos camponeses deveria reinar. Vivemos, porém, no reinado da plebe. Já não me iludo mais. Plebe quer dizer amontoado.

Amontoamento de massas. Ali tudo está misturado: o santo e o bandido, o fidalgo e o judeu e todos os animais da arca de Noé.

Os bons costumes! Entre nós tudo é falso e corrupto! Já ninguém sabe reverenciar. Disso, justamente, é que nos devemos livrar. São cães domesticados e importunos. Ocupam-se em dourar palmas.

O desgosto que me sufoca é nos termos nós mesmos, reis, tornado falsos e nos cobrimos e nos disfarçamos com o fausto passado de nossos ancestrais. Não passamos de medalhas para os mais tolos e os mais astutos e para todos os que hoje traficam com o poder!

Não somos os primeiros e necessitamos aparentar que somos. Por fim, cansamos e estamos fartos desse embuste.

Apartamo-nos da canalha, de todos esses moscões que vociferam e esperneiam, do cheiro dos feirantes, da rixa, da ambição e do hálito pestilento. Foi necessário viver entre a canalha!

Nada de passar pelos primeiros entre a canalha! Ah! Horror, horror, horror! Para que servimos ainda nós, os reis?"

"Volta a te afligir teu antigo mal" – disse nesse ponto o rei da esquerda. "Tornam tuas repugnâncias, pobre irmão! Já sabes, contudo, que alguém nos escuta".

Imediatamente Zaratustra, que fora todo olhos e ouvidos, ergueu-se do esconderijo e dirigindo-se aos reis começou a dizer:

"Aquele que vos escuta, aquele que gosta de vos escutar, a vós, reis, chama-se Zaratustra.

Eu sou Zaratustra que um dia disse: 'Que nos importam ainda os reis?' Perdoai-me, mas me senti feliz quando dissestes um para o outro: 'Para que servimos ainda nós, os reis?'

Aqui, porém, estais em meu reino e sob meu domínio. O que podeis procurar em meu reino? Talvez possais encontrar pelo caminho o que eu procuro, o homem superior".

Ao ouvir isso os reis bateram no peito e disseram ao mesmo tempo: "Fomos reconhecidos!"

Com a espada dessa palavra cortas a mais profunda escuridão de nossos corações. Descobriste nossa angústia porque, olha, nós vamos em busca do homem superior, o homem superior a nós, embora sejamos reis. Para ele trazemos este jumento. Porque o homem mais alto deve ser também na terra o mais alto senhor.

Não há calamidade mais dura em todos os destinos humanos do que quando os poderosos da terra não são ao mesmo tempo os primeiros homens. Então tudo se torna falso, retorcido, desfigurado.

E quando são os últimos, antes animais do que homens, então não cessa de subir o preço da plebe e continuando dessa maneira a plebe acaba por dizer: "Aí está! Só eu sou virtude!"

"Que estou ouvindo?" – falou Zaratustra. "Que sabedoria em reis! Estou entusiasmado e já me apetece fazer sobre isto uns versos – talvez sejam uns versos que não possam servir para os ouvidos de toda a gente. Já há muito que esqueci a arte de poupar as orelhas compridas. Coragem! Vamos!'

(Mas neste momento também o asno tomou a palavra. Disse claramente e com má vontade: Uah!).

Em outros tempos – parece-me que foi no ano um – dizia Sibila, ébria, sem ter provado vinho:

"Ai! Tudo vai mal!

Declínio! Declínio! Nunca o mundo caiu tão baixo!

Roma se tornou prostituta e antro de prostitutas.

O César de Roma degenerou em besta. O próprio Deus se tornou judeu!"

2.

Os reis deleitaram-se com os versos de Zaratustra. O rei da direita disse: "Zaratustra, como fizemos bem em nos pormos a caminho para te ver!

Porque teus inimigos nos mostravam tua imagem num espelho. Vimos a figura de um demônio de riso sarcástico, de modo que nos amedrontaste.

De que servia, porém? Sempre tornavas a penetrar com tuas máximas em nossos ouvidos e em nossos corações. Finalmente, dissemos: 'Que nos importa seu semblante?'

É preciso ouvir aquele que ensina: "Deveis amar a paz como meios de novas guerras e a breve paz mais do que a prolongada!"

Jamais alguém pronunciou palavras tão guerreiras: "O que é que é bom? Bom é ser valente. A boa guerra santifica todas as coisas.

Ó Zaratustra! A estas palavras ferveu em nossos corpos o sangue de nossos pais. Foram como palavras da primavera a velhas pipas de vinho.

Quando as espadas se cruzavam como serpentes tintas de vermelho, nossos pais amavam a vida. O sol da paz parecia-lhes brando e morno, mas a paz prolongada os envergonhava.

Como nossos pais suspiravam quando viam na parede espadas lustrosas e enxutas! Tinham sede de guerra, à semelhança dessas espadas. Porque uma espada quer beber sangue e cintila com seu ardente desejo".

Quando os reis falaram tão calorosamente da felicidade de seus pais, Zaratustra sentiu grande vontade de zombar daquele ardor, porque evidentemente eram reis muito pacíficos os que via diante de si, com seus velhos e finos semblantes. Dominou-se, porém. "Vamos! A caminho!" – disse. "Estais no caminho. Lá em cima se encontra a caverna de Zaratustra. E este dia deve ter uma grande tarde. Agora, porém, para longe de vós me chama um grito premente de angústia.

Minha caverna se sentirá honrada se nela se sentarem reis e se dignarem esperar. É verdade que tereis de esperar muito!

Que importa? Onde se aprende hoje a esperar melhor do

que nas cortes? E toda a virtude dos reis, a única que conservaram, não se chama saber esperar?"

Assim falava Zaratustra.

A Sanguessuga

Zaratustra continuou pensativo em seu caminho, descendo cada vez mais, atravessando bosques e passando diante de lagoas. Mas como acontece a todos que meditam em coisas difíceis, esbarrou num homem por distração. Logo troaram a seus ouvidos um grito de dor, duas pragas e vinte injúrias terríveis. Assustado, ergueu o cajado e bateu outra vez no homem em quem havia esbarrado. No mesmo instante, porém, caiu em si, e em seu íntimo pôs-se a rir da loucura que perpetrara.

"Desculpa!" – disse ao homem que acabava de se erguer furioso para tornar a sentar-se em seguida. "Desculpa e escuta primeiro uma parábola.

Assim como um viajante que sonha em coisas longínquas por um caminho solitário tropeça, por descuido com um cão adormecido, com um cão deitado ao sol, e ambos se erguem e se encaram repentinamente como mortais inimigos, mortalmente assustados, assim aconteceu conosco.

E, no entanto, no entanto... Como faltou pouco para esse solitário e esse cão se abraçarem! Não serão ambos solitários?"

"Quem quer que sejas – respondeu aborrecido o homem agredido – ainda te aproximas muito de mim, não só com os pés, mas também com tua parábola.

Olha para mim. Acaso, sou um cão?" E dizendo isso, ergueu-se, tirando do pântano o braço nu. Porque no começo estava estendido no chão, oculto, irreconhecível, como quem espreita caça dentro das águas.

"Mas que estás fazendo?" – exclamava Zaratustra assustado, "porque via correr muito sangue do braço nu. Que te aconteceu, infeliz? Algum bicho ruim te mordeu?"

Aquele que sangrava ria, ainda muito irritado. "Que tens a ver com isto?" – exclamou, querendo prosseguir caminho. "Estou aqui em meus domínios. Interrogue-me quem quiser, pois a um estulto é que não vou responder!"

"Enganas-te" – disse Zaratustra, retendo-o, cheio de compaixão – "tu te enganas! Aqui não estás em teu reino, mas no meu, e aqui desgraça alguma deve acontecer a quem quer que seja.

Chama-me sempre o que quiseres, eu sou o que devo ser. A mim mesmo me chamo Zaratustra.

Vamos! Lá em cima está o caminho que conduz à caverna de Zaratustra. Não está muito longe. Não queres vir a meu abrigo para curar as feridas?

Não foste feliz neste mundo, desditoso. Primeiro, o bicho de mordeu, depois o homem esbarrou em ti!"

Quando o homem ouviu o nome de Zaratustra, ele se transformou. "Que me aconteceu?" – exclamou – "Quem é que me preocupa ainda na vida senão este homem único, Zaratustra? É o único animal que bebe sangue, a sanguessuga!

Por causa da sanguessuga estava ali estendido, à beira do pântano, como um pescador. Meu braço estendido já fora mordido dez vezes, quando se pôs a sugar o sangue outra sanguessuga mais bela, o próprio Zaratustra.

Ó ventura! Ó maravilha! Bendito seja este dia que me trouxe a este pântano! Bendita seja a melhor ventura, a mais forte que vive hoje! Bendita seja a grande sanguessuga das consciências, Zaratustra!"

Assim falava o ferido e Zaratustra se sentiu feliz com suas palavras e com sua aparência fina e respeitosa. Estendendo-lhe a mão, perguntou: "Quem és? Entrc nós ficam muitas coisas por esclarecer e desabafar, mas já me parece nascer o dia puro e luminoso."

"Eu sou o escrupuloso de espírito" – respondeu o interrogado. "Nas coisas do espírito é difícil encontrar quem proceda com mais firmeza e rigor, mais duramente que eu, exceto aquele de quem a aprendi, o próprio Zaratustra.

Antes não saber nada do que saber muitas coisas pela metade! Antes ser louco por seu próprio critério, que sábio segundo a opinião dos outros! Eu por mim, vou ao fundo.

Que importa que seja pequeno ou grande, que se chame pântano ou céu? Um pedaço de terra do tamanho da mão me basta, contanto que seja verdadeiramente terra e solo!

Num pedaço de terra do tamanho da mão, uma pessoa pode manter-se de pé. No verdadeiro saber escrupuloso nada há de grande nem de pequeno".

"Então és talvez aquele que procura conhecer a sanguessuga? – perguntou Zaratustra.

"Tu, o escruploso, escutas a sanguessuga em busca de seus últimos fundamentos?"

"Ó Zaratustra!" – respondeu o ferido. "Isso seria algo enorme! Como me atreveria a intentar semelhante coisa?

O que eu domino e conheço é o cérebro da sanguessuga. E esse é meu universo!

E é também um universo! Perdoa, porém, se agora toma a palavra meu orgulho, porque nesse domínio não tenho semelhante. Por isso disse: "Este é meu domínio".

"Há quanto tempo persigo esta coisa única, o cérebro da sanguessuga, para que não me escape mais a verdade fugidia. Este é meu reino!"

Por isso pus de lado tudo o mais. Por isso, tudo o mais se tornou indiferente para mim e bem junto a minha ciência se estende minha negra ignorância.

A consciência de meu espírito exige que eu saiba uma coisa e ignore o restante. Estou farto de todas as meias porções de espírito, de tudo o que é nebuloso, flutuante e exaltado.

Onde cessa minha probidade sou cego e quero ser cego. Onde quero saber, contudo, também quero ser probo, isto é, duro, severo, estreito, cruel, implacável.

O que disseste um dia, Zaratustra, "que o espírito é a vida que sacrifica a própria vida" foi o que me conduziu e me atraiu a tua doutrina. E, na verdade, com meu próprio sangue aumentei meu próprio saber."

"Como salta à vista", interrompeu Zaratustra, porque o sangue continuava a correr do braço nu do escrupuloso, porquanto a ele se haviam agarrado dez sanguessugas.

"Singular personagem, que ensinamento me dá este espetáculo, quer dizer, tu mesmo! Eu talvez não me atreveria a insinuar tudo isso em teus rigorosos ouvidos.

Vamos! Aqui devemos nos separar! Gostaria muito de te reencontrar. Ali em cima está o caminho que conduz à minha caverna. Lá deves estar esta noite como meu caro hóspede.

Gostaria também de cuidar, em teu corpo, do ferimento que te causou Zaratustra. Gostaria de fazê-lo. Mas para longe de ti, a toda pressa, chama-me um grito de angústia".

Assim falava Zaratustra.

O Ilusionista

Quando Zaratustra contornava um rochedo, viu perto de si e na parte baixa do caminho um homem que acenava como doido furioso e que acabou por se precipitar de bruços no solo. "Alto! – disse então Zaratustra consigo. Deve ser este o homem superior; dele procedia aquele sinistro grito de angústia. Quero ver se posso socorrê-lo". Quando chegou, porém, ao local em que o homem estava deitado, deparou com um velho trêmulo de olhar fixo. E apesar de todas as tentativas de Zaratustra para o levantar, foram vãos seus esforços. O infeliz parecia não notar que alguém estivesse junto dele; pelo contrário, não cessava de olhar para um e outro lado, fazendo gestos comovedores, como quem se vê abandonado, e afastado do mundo inteiro. Afinal, depois de muita tremedeira, sobressaltos e contorsões, começou a lamentar-se desta forma:

"Quem me dá calor? Quem me ama ainda?
Dai-me mãos quentes!
Dai-me calor do coração!
Caído, tremendo como um moribundo, cujos pés são aquecidos,
Estremecido, ai! por ignoradas febres,
Tremendo sob as flechas agudas da geada,
Acossado por ti, ó pensamento!
Inefável! Oculto! Detestável pensamento!
Caçador escondido além das nuvens!
Fulminado por teu raio,
Tu, olho sarcástico, que me contemplas na escuridão!
-Assim estou jazendo,

Me contorço, rolo, torturado
Por todos os martírios eternos,
Ferido
Por ti, o mais cruel dos caçadores,
Por ti, Deus desconhecido...
Fere mais profundamente!
Fere uma vez mais!
Trespassa, arrebenta este coração!
Para que este martírio
Com flechas dentadas?
Por que me olhas ainda,
Não cansado ainda de humanos tormentos,
Com esses olhos em que fulgura divinamente
a alegria de fazer sofrer?
"Não queres matar,
Mas martirizar, martirizar somente?
Para que me martirizar, a mim,
Tu que te alegras em fazer sofrer, Deus incógnito?

"Ah! Ah! Para junto a mim vens rastejando
Em semelhante meia-noite?
Que queres? Fala!
Tu me persegues, me oprimes.
Ah! Já de muito perto!
Ouves minha respiração,
Espreitas meu coração,
Ciumento!
Mas de quem tens ciúmes?
Vai embora daqui! Vai embora daqui!
Para que essa escada?
Queres penetrar
Em meu coração,
Penetrar em meus mais secretos
Pensamentos?
Insolente! Desconhecido! Ladrão!
Que queres roubar?
Que queres espiar?
Que queres torturar?

Ó tu, torturador!
Ó tu, Deus verdugo!
Ou queres ver-me como um cão,
Arrastando-me a teus pés?
Submisso, fora de mim mesmo, encantado
Por teu amor, abanar o rabo?

Em vão! Volta a ferir-me mais profundamente,
Ó tu, crudelíssimo aguilhão! Não,
Não sou um cão! Sou apenas tua presa,
Caçador cruel entre os mais cruéis!
Teu mais altivo prisioneiro,
Ó tu, predador, oculto por detrás das nuvens!
Fala, pois,
Ladrão do grande caminho,
Que queres de mim?
Tu, oculto pelos relâmpagos! Tu, o desconhecido! Fala,
Que queres tu, deus desconhecido?

O quê? Um resgate?
Que queres fazer com um resgate?
Pede muito – assim o aconselha meu orgulho!
E fala pouco – assim o aconselha meu outro orgulho!

Ah! Ah!
A mim mesmo é que tu queres? A mim?
É a mim, todo?
Ah! Ah!

E martirizas-me, louco como és,
Martirizas meu orgulho?
Dá-me amor. Quem vai me aquecer ainda?
Quem me ama ainda? Dá-me mãos quentes,
Dá-me calor no coração,
Dá-me, a mim solitário,
Que gelo, ai! Gelo sete vezes acumulado
Pelos próprios inimigos,
Por inimigos, me fez tão ansioso,

Dá-me ou, antes, entrega-te,
Meu mais cruel inimigo,
Dá-te, a mim!

Foi embora.
Até ele fugiu,
meu último, único companheiro,
meu grande inimigo,
meu desconhecido,
meu Deus verdugo!

Não! Volta
Com todas as tuas torturas!
Para o último de todos os solitários,
Oh! Retorna!
Todas as torrentes de minhas lágrimas
Correm para ti!
E a derradeira chama de meu coração,
Ardendo, sobre para ti!
Oh! Volta,
Meu deus desconhecido! Minha dor!
Minha última felicidade!

2.

Neste ponto, porém, Zaratustra não pôde mais se conter, tomou seu cajado e bateu com todas as forças naquele que se lastimava. "Pára!" – gritou-lhe com riso colérico – "pára, comediante, falso catador de moedas, inveterado mentiroso! Bem que estou te reconhecendo!

Já vou pôr fogo em tuas pernas, sinistro ilusionista. Sei muito bem como tratar com os de tua laia!"

"Pára!" – disse o velho, erguendo-se de repente. "Não me batas mais, Zaratustra! Tudo isso não passou de brincadeira!

Estas coisas fazem parte de minha arte. Quis pôr-te à prova, apresentando-te esta prova. E, na verdade, penetraste bem em meus pensamentos!

Mas também tu me apresentaste uma prova que não é pequena. Tu és duro, sábio Zaratustra! Feres duramente com tuas "verdades". Teu nodoso cajado obriga-me a confessar essa verdade!"

"Não me adules, comediante!" – respondeu Zaratustra, sempre irritado e com semblante sombrio. – "És falso. Para que falas de verdade?

Pavão, oceano de vaidade, que é que tu representavas diante de mim, sinistro ilusionista? Em quem devia eu crer quando te lamentavas assim?"

"Eu representava o papel de penitente do espírito – disse o velho. Tu mesmo inventaste em outros tempos esta expressão. O poeta, o ilusionista que acaba por voltar o espírito contra si mesmo, o transformado em quem tiritam de frio tanto sua falsa ciência como sua má consciência.

E confessa francamente, Zaratustra. Tu demoraste para descobrir meus artifícios e mentiras! Acreditavas em minha miséria, quando me amparavas a cabeça. Eu te ouvi lamentar: "Amaram-no pouco, muito pouco!" Haver-te enganado a tal ponto era o que intimamente fazia minha maldade sentir-se feliz".

Zaratustra respondeu com dureza: "A outros mais finos que eu deves ter enganado. Não me preocupo muito com os impostores. Não tenho que tomar precauções. Assim o quer minha sorte.

Tu, porém, tens que enganar. Conheço-te de sobra para o saber. Tuas palavras haverão de ter sempre duplo, triplo, quádruplo sentido. O que me confessaste não era bastante verdadeiro nem bastante falso para mim.

Vil e falso catador de moedas, como havias de fazer outra coisa? Até tua enfermidade encobririas, se te apresentasses nu diante do médico!

E acabavas de dourar tua mentira diante de mim quando disseste: "Só o fiz por brincadeira!" Também nisso havia seriedade. Tu és até certo ponto como um penitente do espírito.

Tu não me enganas. Para toda a gente és um ilusionista, mas mentira ou astúcia alguma age sobre ti, porquanto tu mesmo acabaste por desiludir-te.

Alcançaste a desilusão como única verdade. Nenhuma palavra já é verdadeira em ti, a não ser a desilusão pregada em tua boca".

"Mas quem és tu? – exclamou o velho, já agora com voz altiva. – Quem tem o direito de me falar assim, a mim, que sou o maior dos vivos de hoje?" E os olhos faiscaram-lhe ao encarar Zaratustra. – No mesmo instante, porém, se transformou e disse com tristeza:

"Zaratustra, estou farto. Minhas artes me cansam. Eu não sou grande! Para que fingir? Mas tu bem sabes que procurei a grandeza.

Eu queria figurar como um grande homem, e a muita gente convenci, mas esta mentira foi superior às minhas forças e por isso estou destroçado.

Zaratustra, em mim tudo é mentira. Mas que estou destroçado, isto é o que resta de autenticidade em mim!"

"É tua honra – respondeu Zaratustra, sombrio e desviando o olhar para o chão – é mérito teu teres procurado a grandeza, mas que também te deprime. Tu não és grande.

Sinistro ilusionista, o melhor e mais honroso para ti é teres-te cansado de ti mesmo e de teres exclamado: "Não sou grande".

Em atenção a isso, honro-te como um penitente do espírito. E mesmo que tenha sido pelo instante de um sopro, de um piscar de olhos, nesse instante, foste verídico.

Mas poderias me dizer o que procuras aqui em meus bosques e entre meus rochedos? E se te atravessaste em meu caminho para me espreitar, que prova querias de mim?

Em que querias me tentar?"

Assim falava Zaratustra e seus olhos faiscavam. O velho ilusionista fez uma pausa e disse depois: "Acaso te tentei? Eu não faço mais do que procurar.

Zaratustra, eu procuro alguém que seja sincero, reto, simples, alheio ao fingimento, um homem de toda a probidade, um vaso de sabedoria, um santo do conhecimento, um grande homem!

Porventura o ignoras, Zaratustra? Procuro Zaratustra!"

Então fez-se longo silêncio entre os dois. Zaratustra, concentrando-se profundamente, cerrou os olhos. Depois, virando-se para o ilusionista, pegou-lhe a mão e lhe disse delicada e astuciosamente:

"Está bem! Ali em cima encontra-se o caminho que conduz à caverna de Zaratustra. Em minha caverna podes procurar o que desejas encontrar.

E aconselha-te com meus animais, minha águia e minha serpente. Eles te ajudarão a procurar. Mas minha caverna é grande.

Verdade é que eu próprio ainda não vi nenhum grande homem. Para discernir o que é grande, ainda o olho mais sutil é demasiado grosseiro. Este é o reino da plebe.

Já tenho visto tantos esticarem e inflarem enquanto o povo gritava: "Este é um grande homem!" Mas, para que servem os foles? Deles sai apenas vento.

A rã que incha demais acaba arrebentando. Furar o ventre de um inchado é uma honesta distração. Ouvi isto, meus jovens!

O presente pertence à plebe. Quem pode saber ainda o que é grande ou pequeno? Quem procuraria ainda com êxito a grandeza? Um louco, quando muito. E os loucos são afortunados.

Procuras os grandes homens, estranho louco! Quem te ensinou tal coisa? Será hoje tempo oportuno para isso? Ó malicioso investigador! Por que me tentas?"

Assim falava Zaratustra, com o coração aliviado. E, rindo, retomou seu caminho.

Fora de Serviço

Pouco depois de se livrar do ilusionista, Zaratustra viu outra pessoa sentada à beira do caminho, pelo qual seguia; um homem alto e escuro, de semblante pálido e descarnado. Ficou tristemente impressionado. "Maldição!" – disse consigo. "Aqui está tribulação disfarçada que parece coisa de sacerdotes. Que querem esses em meu reino?

Quê! Mal me livrei daquele ilusionista e já passa pelo meu caminho outro necromante, um mago que impõe as mãos, um sombrio milagreiro por amor de Deus, um compungido difamador do mundo. Que o diabo o carregue!

O demônio, porém, nunca se acha onde deveria estar. Sempre chega tarde esse maldito anão, esse pateta!"

Assim praguejava Zaratustra, impaciente e pensando na maneira de passar pelo homem negro, olhando para outro lado. As coisas, porém, aconteceram de modo diverso porque no mesmo instante o viu aquele que estava sentado. E como quem tem uma sorte inesperada, pôs-se de pé de um salto e encaminhou-se para Zaratustra.

"Quem quer que sejas – disse – ó viajante, auxilia um extraviado a quem poderia acontecer alguma desgraça!

Isto aqui é para mim um mundo estranho e longínquo. Ouvi também rugidos de feras. E quem poderia me acolher, já não existe.

Procurei o último homem piedoso, um santo e um ermitão, único que em seu bosque ainda não ouvira dizer o que toda a gente hoje sabe".

"Que é que toda a gente sabe hoje?" – perguntou Zaratustra. "Talvez já não esteja vivo o Deus antigo, o Deus em quem antes toda a gente acreditava?"

"Assim o dizes" – respondeu tristemente o velho. E eu servi esse Deus antigo até sua última hora.

Agora, porém, estou fora de serviço. Encontro-me sem amo e, apesar disso, não sou livre. Por isso só tenho alegrias com minhas recordações.

Por isso subi estas montanhas, para tornar a celebrar aqui uma festa, como convém a um antigo Papa e padre da Igreja –

porque, fica sabendo, sou o último Papa! – uma festa e piedosa lembrança e culto a Deus.

Mas agora morreu o mais piedoso dos homens, esse santo do bosque que continuamente louvava Deus com cantos e preces.

Já não o encontrei quando descobri a cabana. Mas vi dois lobos que uivavam por causa de sua morte – porque todos os animais o queriam. Ao ver isso, fugi para cá.

Teria vindo em vão a estes bosques e a estas montanhas? Então meu coração decidiu procurar outro, o mais piedoso de todos os que não acreditam em Deus, Zaratustra!"

Assim falou o velho e fixou um olhar penetrante naquele que estava de pé diante dele. Zaratustra pegou a mão do antigo Papa e contemplou-a largo tempo com admiração.

"Olha, reverendo" – disse-lhe logo – "que bela e longa mão! É a mão de quem deu sempre a bênção. Agora, porém, aperta aquele a quem procuras, a mim, Zaratustra.

Eu sou Zaratustra, o ímpio que diz: "Quem há mais ímpio do que eu, para me alegrar com seu ensinamento?"

Assim falava Zaratustra, penetrando com seu olhar nos pensamentos mais íntimos do velho Papa. Por fim, este começou a dizer:

"Aquele que mais o amava e o possuía foi também o que mais o perdeu.

Olha, creio que agora o mais ímpio de nós sou eu. Mas que alegria se poderia tirar disso?"

"Serviste-o até o fim?" – perguntou Zaratustra pensativo, depois de longo e profundo silêncio.

Sabes como morreu? É certo o que se diz, que o asfixiou a compaixão? Ou ver o homem suspenso na cruz e não poder suportar que o amor pelos homens viesse a ser seu inferno e afinal sua morte?"

O antigo Papa não respondeu, mas olhou de soslaio com espanto e expressão dolorosa e sombria.

"Deixa-o ir" – acrescentou Zaratustra, depois de longa reflexão, cravando sempre os seus olhos naqueles do velho.

Deixa-o ir, já partiu! É certamente em tua honra que nada de mal se deva dizer a respeito desse morto, mas tu sabes como eu quem ele era e que seguia caminhos singulares".

Aqui seja dito entre três olhos – disse tranquilizado o Papa que, de um olho era cego – estou mais ao corrente das coisas de Deus que o próprio Zaratustra, e tenho direito de o estar.

Longos anos o serviu meu amor, minha vontade seguia a sua por toda parte. Um bom servidor, porém, sabe tudo e até certas coisas que seu senhor oculta a si mesmo.

Era um Deus oculto, cheio de mistérios. Na verdade, teve um filho por estranhos caminhos oblíquos. Às portas de sua fé se encontra o adultério.

Aquele que o louva como Deus do amor, não forma juízo bastante elevado do amor em si.

Esse Deus não queria ser juiz também? Mas amar é amar acima do castigo e da recompensa.

Quando moço, esse Deus do oriente era ríspido e estava sedento de vingança. Criou um inferno para alegria de seus prediletos.

Por fim, fez-se velho e meigo, terno e compassivo, assemelhando-se mais a um avô do que a um pai e até, mais a uma avó decrépita.

Lá estava ele sentado, tristonho, ao lado do lume, preocupado com a fraqueza das pernas, cansado do mundo, cansado de querer e um dia acabou por se afogar em sua excessiva compaixão".

"Antigo Papa" – interrompeu Zaratustra – "viste isso com teus próprios olhos? Pode muito bem ter sido assim. Assim e também de outra maneira. Quando os deuses morrem, é sempre de várias espécies de mortes.

Mas desta ou de outra maneira, desta ou daquela, já não existe! Era contrário ao gosto de meus olhos e de meus ouvidos, isso é o pior que tenho a dizer dele.

Gosto de tudo o que tem o olhar claro e a fala franca. Ele, porém, bem o sabes, antigo sacerdote, tinha qualquer coisa de tua raça, dos sacerdotes: era ambíguo.

Também era confuso. Quantas coisas não nos lançou no rosto, esse colérico, por falta de compreensão! Mas por que ele não falava mais claro?

E se a culpa era de nossos ouvidos, para que nos deu ouvidos que o ouvissem tão mal? Se nos nossos ouvidos havia lama, quem a pôs lá?

Saíram mal muitas coisas a esse oleiro que não sabia seu ofício senão pela metade. Mas vingava-se em seus potes e vasilhas porque tinham saído mal. Foi um pecado contra o bom gosto.

Também há bom gosto na piedade. Esse bom gosto acabou por dizer: 'Basta de um deus desses! É melhor não ter nenhum, é melhor cada um criar os destinos a seu capricho, é melhor ser doido, é melhor sermos nós mesmos deuses!"

"O que estou ouvindo?" – disse nesse ponto o Papa, apurando o ouvido. Zaratustra, com essa incredulidade, és mais piedoso do que pensas. Foi algum deus que, convertendo-te, fez de ti um sem-deus.

Não é tua própria piedade que te impede de crer em um Deus? E tua excessiva lealdade ainda te há de conduzir mais além do bem e do mal.

Vês o que está reservado para ti! Tens olhos, mão e boca que estão predestinados a abençoar toda a eternidade. Não se abençoa só com a mão.

A teu lado, embora queiras ser o mais ímpio, percebe-se um secreto aroma de dilatadas bênçãos, um odor benéfico e ao mesmo tempo doloroso para mim.

Permite-me ser teu hóspede uma só noite, Zaratustra! Em nenhuma parte da terra me sentirei melhor que a teu lado!"

"Amém! – Assim seja! – exclamou Zaratustra, admiradíssimo. – Ali em cima está o caminho que conduz à caverna de Zaratustra.

Ó venerável, de boa vontade te levaria eu mesmo porque estimo todos os homens piedosos. Agora, porém, para longe de ti me chama com urgência um grito de angústia.

Em meus domínios, ninguém deve sofrer dano. Minha caverna é um bom porto. E eu gostaria, sobretudo, de pôr em terra firme todos os tristes e ajudá-los a manter-se firmes sobre as próprias pernas.

Quem poderá, contudo, arrancar-te dos ombros essa melancolia? Eu sou demasiado fraco para isso. Na verdade, muito teríamos que esperar para que alguém ressuscitasse teu deus.

Porque esse Deus antigo já não está vivo. Está morto e bem morto".

Assim falava Zaratustra.

O Homem mais Feio

E Zaratustra continuou a correr pelas montanhas e pelos bosques e seus olhos, embora procurassem por toda parte, em parte alguma encontravam aquele que procurava, aquele que clamava por socorro, atormentado por profunda angústia. Caminhava, todavia, muito satisfeito e cheio de gratidão. "Que boas coisas" – disse – "este dia me tem dado, para compensar o fato de tê-lo começado tão mal! Que singulares interlocutores encontrei!

Hei de ruminar muito tempo suas palavras como se fossem bons grãos. Meus dentes devem triturá-las e moê-las muitas vezes, até escorrerem pela alma como leite."

Mas quando deu volta a outro penhasco do caminho, mudou de súbito a paisagem, e Zaratustra entrou no reino da morte. Surgiam ali negros e vermelhos penhascos e não havia erva, árvores, nem canto de pássaros. Porque era um vale que todos os animais desprezavam, até as feras. Só uma espécie muito feia de grandes cobras verdes ia morar ali, quando envelhecia. Por isso os pastores chamavam aquele vale de "morte das serpentes".

Zaratustra abismou-se em negras recordações, porque lhe parecia ter-se já encontrado naquele vale. E preocuparam-lhe o espírito coisas tão pesadas que foi diminuindo, diminuindo o passo até que acabou por parar e fechar os olhos.

Quando os abriu, viu qualquer coisa sentada à beira do caminho, qualquer coisa na qual com muito trabalho se reconheceria a forma de um homem, qualquer coisa inexprimível. E Zaratustra sentiu enorme vergonha de seus olhos terem visto semelhante coisa. Ruborizado até a raiz dos cabelos, afastou os olhos e ergueu o pé para se retirar daquele local nefasto. Mas então se povoou de ruídos o tétrico deserto porque se elevou do solo um burburinho como o que faz a água de noite em canos obstruídos. Esse ruído acabou por se tornar voz humana e palavra humana que diziam:

"Zaratustra! Zaratustra! Adivinha meu enigma! Fala! Qual é a vingança contra a testemunha?

Recua, que aqui há gelo resvaladiço. Cuidado, cuidado, para que teu orgulho não quebre suas pernas por aqui!

Tu te julgas sagaz, orgulhoso Zaratustra! Adivinha, portanto, o enigma, adivinha o enigma que eu sou. Fala pois, quem sou eu?"

Mas quando Zaratustra ouviu estas palavras, que pensais que se passou na alma dele? Viu-se dominado pela compaixão e abateu-se de súbito como um carvalho que, depois de resistir muito tempo aos lenhadores, cai de repente e pesadamente com espanto dos próprios que queriam abatê-lo. Logo, porém, se ergueu do solo e seu semblante se tornou duro.

"Conheço-te bem" – disse com voz de bronze: – "és o assassino de Deus. Deixa-me ir embora.

Não suportaste aquele que te via sempre e até ao mais íntimo teu, mais feio dos homens! Tu te vingaste dessa testemunha!"

Assim falava Zaratustra e quis ir embora, mas o inexprimível segurou-o pela roupa e começou a burburinhar de novo e a procurar suas expressões: "Fica!" disse por fim.

"Fica! Não passes adiante! Compreendi qual foi o machado que te derrubou! Glória a ti, Zaratustra, que estás outra vez de pé!

Adivinhaste – sei-o perfeitamente – quais eram os sentimentos daquele que matou Deus – do assassino de Deus. Fica! Senta aqui a meu lado. Não será em vão.

A quem queria eu encontrar senão a ti? Fica e senta. Mas não olhes para mim. Respeita assim minha feiúra!

Perseguem-me. Agora tu és meu último refúgio. Não é que me persigam com seu ódio ou seus algozes. Oh! Dessas perseguições eu zombaria e então ficaria orgulhoso e feliz!

Todo o triunfo não tem sido até aqui dos que foram bem perseguidos? E aquele que persegue bem, facilmente aprende a seguir – não vai logo atrás? Trata-se, porém, de sua compaixão...

Da compaixão deles é que eu fujo ao refugiar-me junto a ti. Defende-me, Zaratustra, último refúgio meu, único ser que me desvendou.

Adivinhaste os sentimentos daquele que matou Deus. Fica! E se és tão impaciente que queiras ir embora, não tomes o caminho por onde eu vim. Esse caminho é mau.

Tens rancor de mim por que há muito tempo que te falo imprudentemente? Porque te dou conselhos? Fica sabendo que eu, o mais feio dos homens, sou também o que tem o pé maior e mais pesado. Todo o caminho que pisei se tornou mau. Eu esmago e destruo os caminhos todos.

Bem vi, porém, que passavas adiante em silêncio e que te envergonhavas. Nisso conheci Zaratustra.

Outro qualquer me jogaria uma esmola, sua compaixão com o olhar e a palavra. Eu, porém, não sou bastante mendigo para isso. Adivinhaste.

Eu sou demasiado rico para isso, rico em coisas grandes e formidáveis, as mais feias e inexprimíveis! Tua vergonha me honra, Zaratustra!

Difícil foi para mim sair da multidão dos compassivos para encontrar o único que ensina hoje que "a compaixão é importuna" – para te encontrar a ti, Zaratustra.

Seja piedade de um Deus ou piedade dos homens, a compaixão é contrária ao pudor. E não querer auxiliar pode ser mais nobre do que essa virtude que assalta pressurosa e solícita.

Mas a isso mesmo é que toda a gente pequena chama hoje virtude, a compaixão. Essa gente não guarda respeito à grande desgraça, nem à grande felicidade, nem à grande queda.

De todos esses desvio meu olhar, como o cão se recusa as costas de barulhentos rebanhos de ovelhas. É gentinha de boa vontade, benevolente e cinzenta.

Como uma garça, cabeça para trás, afasta seu olhar dos pântanos monótonos, assim eu desvio meu olhar desse formigamento de pequenas vagas cinzentas, de pequenas vontades e de pequenas almas.

Tempo demais se deu razão a essa gentinha e assim se acabou por conferir-lhes igualmente o poder. Agora pregam: "Só o que a gentinha acha bom, é que é bom".

E hoje chama-se 'verdade' ao que dizia o pregador, que saiu das fileiras dessa gente, aquele santo raro, aquele advogado dos pequenos que afirmava, falando dele, 'eu sou a verdade'.

E aquele homem imodesto que ao dizer "eu sou a verdade", pregou um erro mais que mediano, foi a causa de se pavonearem há muito as pessoas pequenas.

Acaso se respondeu alguma vez mais cortesmente a uma pessoa falha de modéstia?

E tu, Zaratustra, no entanto, passavas adiante, dizendo: 'Não! Não! Mil vezes não!'

Tu deste a voz de alarme contra seu erro. Foste o primeiro a dar a voz de alarme contra a compaixão. Não a todos, nem a nenhum, mas a ti e à tua espécie.

Envergonhas a vergonha do grande sofredor. E quando dizes: "Da compaixão vem uma grande nuvem, tomai cuidado, humanos!"

E quando ensinas: "Todos os criadores são duros, todo o grande amor está por cima de sua compaixão", parece-me que conheces bem os sinais do tempo, Zaratustra!

Mas tu mesmo, livra-te também de tua própria piedade. Porque há muitos que te procuram, muitos dos que sofrem, dos que duvidam, dos que se desesperam, dos que se afogam ou morrem congelados.

Previno-te também contra mim. Adivinhas meu melhor e meu pior enigma, a mim mesmo desvendaste e o que tenho feito. Conheço o machado que te derruba.

Foi preciso, contudo, ele morrer. Via com olhos que tudo viam. Via as profundezas e os abismos do homem, toda sua oculta ignomínia e feiúra.

Sua compaixão não conhecia pudor algum e se introduzia nos mais sórdidos recantos. Foi preciso que morresse o mais curioso, o mais importuno, o mais compassivo.

Sempre me via. Quis vingar-me de tal testemunha ou deixar de viver.

O Deus que via tudo, até o homem, esse Deus devia morrer! O homem não suporta a vida de semelhante testemunha".

Assim falava o homem mais feio. E Zaratustra levantou e se dispôs a partir porque estava gelado até a medula e disse:

"Tu, inominável, prevines-me contra teu caminho. Para te recompensar recomendo-te o meu. Olha, ali em cima fica a caverna de Zaratustra.

Minha caverna é grande e profunda e tem muitos recantos. O mais escondido ainda pode encontrar nela seu esconderijo. E perto há cem refúgios e cem galerias para os animais que se arrastam, revoam e saltam.

Tu, que te vês repelido e que te repeliste a ti mesmo, não queres viver mais entre os homens e da compaixão dos homens? Pois bem! Faz como eu! Assim aprenderás também comigo, só aquele que age aprende.

E fala logo e em primeiro lugar a meus animais! Sejam para nós dois os verdadeiros conselheiros, o animal mais ativo e o animal mais astuto!"

Assim falou Zaratustra e prosseguiu seu caminho, ainda mais pensativo e vagaroso que antes porque se interrogava sobre muitas coisas a que lhe era difícil responder.

"Como o homem é mesquinho!" – pensava interiormente. – "Que feio, que agonizante e como está repleto de oculta vergonha!

Dizem que o homem se ama a si mesmo! Ai! Como deve ser grande esse amor próprio! Quanto desprezo tem como obstáculo!

Mesmo aquele, se ama desprezando-se. Para mim, um homem de grande amor e um homem de grande desprezo.

Nunca encontrei ninguém que se desprezasse mais profundamente. Isso também é elevação. Maldição! Talvez fosse aquele o homem superior cujo grito ouvi!

Eu amo os grandes desprezadores. Mas o homem é uma coisa que deve ser superada".

O Mendigo Voluntário

Quando Zaratustra se afastou do mais feio dos homens, teve frio, sentiu-se só. Tantas coisas geladas e solitárias lhe cruzaram o espírito que até seus membros se arrefeceram. Avançando sempre mais, subindo e descendo por montes e vales, seguindo ora verdes prados, ora atravessando terrenos pedregosos, que provavelmente tinham sido em outras épocas leito de um rio impetuoso, sentiu-se de repente mais aquecido e animado.

"Que me aconteceu?" – perguntou a si mesmo. "O que quer que seja cálido e vivo me reconforta; deve andar próximo de mim.

Já estou menos só. Companheiros e irmãos rondam inconscientemente em torno de mim. Seu hálito quente agita minha alma".

Mas quando olhou em volta, procurando os consoladores de sua solidão, viu que eram vacas, que estavam umas ao lado das outras numa elevação. Fora a proximidade e o bafo desses animais que lhe haviam reanimado o coração. As vacas, entretanto, pareciam estar escutando atentamente alguém que falava e não faziam caso de quem se aproximava. Já muito perto delas, Zaratustra ouviu sair do centro claramente uma voz de homem e era visível, pois todas viravam a cabeça para seu interlocutor.

Então Zaratustra correu para o montículo e dispersou os animais porque receava que tivesse acontecido alguma desgraça a alguém, coisa que dificilmente a compaixão das vacas poderia remediar. Enganava-se, porém. O que viu foi um homem sentado no solo que parecia exortar os animais a não terem medo dele. Era um homem simpático. Um pregador das montanhas, cujos olhos pregavam a própria bondade. "Que procuras aqui?" – exclamou Zaratustra, admirado.

"Que procuro aqui! – respondeu o homem. – O mesmo que tu, curioso! Isto é, a felicidade na terra.

Por isso queria aprender com estas vacas. Porque, fica sabendo, há meia manhã que lhes estou falando e elas iam me responder. Por que as espantaste?

Se não nos convertermos e não nos tornarmos como as vacas, não poderemos entrar no reino dos céus. Porque há uma coisa que deveríamos aprender com elas: ruminar.

E, claro, de que serviria para o homem alcançar o mundo inteiro, se não aprendesse uma coisa, se não aprendesse a ruminar? Não perderia sua grande aflição.

Essa grande aflição que hoje se chama tédio. Quem não terá hoje o coração, a boca e os olhos cheios de tédio? Também tu. Também tu. Mas olha para estas vacas!"

Assim falou o pregador da montanha. Depois virou os olhos para Zaratustra – porque até então os fixara amorosamente nos animais.

Logo se transformou, porém. "Com quem estou falando?" – exclamou, assustado, saltando do solo.

"Este é o homem sem tédio, Zaratustra em pessoa, o que triunfou do grande tédio. São seus olhos, sua boca e o próprio coração de Zaratustra".

E assim falando beijou as mãos daquele a quem falava, com olhar afetuoso e em tudo se comportava como uma pessoa a quem cai do céu inopinadamente um precioso dom ou algum tesouro. Entretanto, as vacas contemplavam tudo aquilo com admiração.

"Não fales de mim, homem singular e atraente!" – respondeu Zaratustra, esquivando-se dos afagos. – "Primeiro, fala-me de ti. Não serás tu o mendigo voluntário que outrora renunciou a uma grande riqueza?

Não serás aquele que, envergonhado da riqueza e dos ricos, fugiu para junto dos mais pobres para presenteá-los com sua riqueza e seu coração? Mas eles nada aceitaram".

"Não me aceitaram" – disse o mendigo voluntário. "Já o sabes. Por isso acabei por vir ter com os animais e com estas vacas".

"Assim aprendeste" – interrompeu Zaratustra – "que é muito mais difícil dar o bem do que aceitar o bem, porque dar o bem é uma arte, é a última e a mais astuta arte da bondade".

"Especialmente em nossos dias" – respondeu o mendigo voluntário – "especialmente hoje que tudo o que é baixo se ergue altivamente orgulhoso de sua raça, a raça plebéia.

Já deves saber que chegou a hora da grande insurreição da plebe e dos escravos, a funesta insurreição, vasta e lenta, que cresce continuamente.

Agora os pequenos revoltam-se contra todos os benefícios e os dons mesquinhos; acautelam-se os que são ricos demais!

Há frascos bojudos que gotejam pouco por estreitos gargalos. A frascos assim é que se quer hoje cortar a cabeça.

Cobiça ansiosa, inveja acerba, vingança amarga, orgulho plebeu; tudo isso me saltou no rosto. Não é já verdade que os pobres são os bem-aventurados. O reino do céu está entre as vacas".

"E por que não entre ricos?" – perguntou tentadoramente Zaratustra, impedindo que as vacas acariciassem com seu hálito o homem agradável.

"Por que me tentas?" – respondeu este. – "Tu mesmo o sabes muito melhor que eu. Que foi que me impeliu para os mais pobres, Zaratustra? Não era a aversão que sentia pelos mais ricos dos nossos?

Pelos gananciosos de riqueza que de todo lixo tiram seus lucros, com olhos frios e pensamento ávido diante dessa chusma que exala mau cheiro até o céu?

Diante dessa dourada e falsa plebe, cujos ancestrais eram gente de unhas compridas, aves carnívoras ou trapaceiros, com mulheres complacentes, lascivas e esquecediças, pouco diferentes de prostitutas?

Plebe por cima! Plebe por baixo! Que significam já hoje os 'pobres', os 'ricos'! Eu esqueci essa diferença e acabei por fugir para longe, cada vez mais longe, até vir ter com estas vacas".

Assim falou o homem pacífico e, ao pronunciar aquelas palavras, respirava ruidosamente, banhado em suor, tanto que as vacas tornaram a admirar-se. Zaratustra, porém, enquanto o homem falava assim duramente, fitava nele os olhos, sorrindo e movendo silenciosamente a cabeça.

"Pregador da montanha, estás te violentando ao empregar expressões tão duras. Tua boca e teus olhos não nasceram para tais durezas.

Teu estômago tampouco, segundo me parece, ao qual lhe repugnam essa cólera, esse ódio e essa efervescência. Teu estômago precisa coisas mais suaves. Não és carnívoro.

Antes me pareces um homem que gosta de plantas e de raízes. Talvez mastigues grão. Em todo caso não és feito para os prazeres das carnes e gostas de mel."

"Adivinhaste perfeitamente" – respondeu o mendigo voluntário, com o coração aliviado. "Gosto de mel e também costumo mascar grãos porque procurei os que têm melhor sabor e purificam o hálito. Também uma tarefa diária e uma ocupação para a boca.

Estas vacas de certo foram muito mais longe. Inventaram o ruminar e a sesta ao sol. Assim se livram de todos os pensamentos pesados que incham as entranhas".

Zaratustra disse: "Pois então deverias ver também meus animais, minha águia e minha serpente que não têm rival na terra.

Olha, aquele é o caminho que conduz à minha caverna. Sê meu hóspede por esta noite. E fala com meus animais da felicidade dos animais, até que eu regresse.

Porque agora me chama às pressas para longe de ti um grito de angústia. Também hás de encontrar em minha morada mel novo, favos de mel dourados e frescos como o gelo. Come-o!

Agora despede-te pressuroso de tuas vacas, homem singular e atraente, embora te custe, pois são teus melhores amigos e mestres!"

"À exceção de um só, a quem prefiro – respondeu o mendigo voluntário. – Tu és bom e ainda melhor que uma vaca, Zaratustra!"

"Foge daqui! Vil adulador!" exclamou, colérico, Zaratustra. "Por que queres me corromper com o mel de teus elogios e de lisonjas?"

"Foge, foge para longe de mim!" – gritou outra vez, brandindo o cajado na direção do terno mendigo. Este, porém, fugiu com a maior presteza.

A Sombra

Apenas o mendigo voluntário fugira e Zaratustra voltara a encontrar-se só, ouviu atrás dele uma voz nova que gritava: "Pára, Zaratustra! Espera! Sou eu, Zaratustra. Eu, tua sombra!" Zaratustra, porém, não esperou porque o invadiu um grande desgosto ao ver a multidão que se amontoava nas montanhas. "Que foi feito de minha solidão?" – disse.

"É demais. Estas montanhas formigam. Meu reino já não é deste mundo. Preciso de novas montanhas.

Minha sombra me chama? Que me importa minha sombra? Que corra atrás de mim! E eu, bem longe dela!"

Assim dizia consigo Zaratustra, fugindo. Mas aquela que estava atrás dele o seguia, de modo que eram três correndo um atrás do outro: primeiro o mendigo voluntário, a seguir Zaratustra e em último lugar, sua sombra. Não corriam há muito ainda, quando Zaratustra caiu em si, reparou em sua loucura e de uma sacudidela expulsou para longe de si todo o despeito e aborrecimento.

"Quê!" exclamou. – "Não têm acontecido sempre entre nós, santos e eremitas, as coisas mais risíveis?

Na verdade, minha loucura cresceu muito nas montanhas! Agora ouço soar, umas atrás das outras, seis velhas pernas de loucos!

Terá Zaratustra o direito de se assustar com uma sombra? E acabo por acreditar que ela tem pernas mais compridas que as minhas".

Assim falava Zaratustra, rindo a bom rir. Então parou, virou-se repentinamente e quase atirou ao chão a sombra que o perseguia, tão perto já estava de seus calcanhares e tão fraca já estava. Ao examiná-la, admirou-se como se de repente lhe houvesse aparecido um fantasma, tão fraco, negro e anão era seu perseguidor e tão exausto lhe parecia.

"Quem és?" – perguntou impetuosamente Zaratustra. – "Que fazes aqui? E por que te chamas minha sombra? Não gosto de ti."

"Perdoa-me" – respondeu a sombra – "ser o que sou e, se não te agrado, pois bem, Zaratustra, isso diz muito em teu abono e a favor de teu bom gosto.

Eu sou um viajante que há muito tempo segue tuas pegadas. Sempre caminhando, mas sem destino nem lugar, de modo que pouco me falta para ser judeu errante, apesar de não ser judeu nem eterno.

Quê? Vou ter de caminhar sempre? Agitado por todos os ventos, movido, empurrado? Ó terra, tu te tornaste demasiado redonda!

Já sentei em todas as superfícies, sobre espelhos e vidraças já dormi. Tudo tira alguma coisa de mim, ninguém me dá nada. Vou diminuindo, pouco falta para me igualar a uma sombra.

Mas a quem tenho seguido e perseguido mais tempo tem sido a ti, Zaratustra. E embora me tenha ocultado de ti, fui, contudo, tua melhor sombra. Onde quer que parasses, eu também parava.

Contigo vaguei pelos mais longínquos e frios mundos, como um fantasma que se compraz em correr por sobre tetos de inverno e por sobre a neve.

Contigo quis penetrar em tudo o que é proibido, no pior e no mais longínquo. Se alguma virtude há em mim, é não temer nenhuma proibição.

Contigo quebrei tudo o que meu coração nunca tinha adorado, derrubei todas as barreiras e todas as imagens, correndo atrás de ti para os mais perigosos desejos. Realmente, não houve crime pelo qual não tenha passado em minha corrida.

Contigo esqueci a fé nas palavras, os valores, e os grandes nomes. Quando o demônio muda de pele, não muda ao mesmo tempo de nome? Porque esse nome é apenas pele. Talvez mesmo o demônio não seja mais que uma pele.

Nada é verdade. Tudo é permitido. Assim ia falando para mim. Lancei-me nas águas mais frias, de coração e de cabeça. Ai! Quantas vezes, por ter agido assim, saí nua e vermelha como um caranguejo!

Ai! Que se tornaram para mim toda bondade, toda vergonha e toda a fé nos homens de bem? Ai! Para onde fugiu essa inocência enganadora que antes me pertencia, a inocência dos homens de bem e de suas nobres mentiras?

Demasiadas vezes, na verdade, pisei na verdade e ela então me saltou no rosto. Às vezes julgava mentir e foi então que me deparei com a verdade.

Demasiadas coisas se tornaram claras para mim. Agora já não me importam. Já nada do que amo vive. Como poderia amar-me ainda a mim mesmo?

Viver como gosto ou não viver de modo nenhum, isso é o que quero, isso é o que quer também o mais santo. Mas ai! Ainda terei vontade do que quer que seja?

Acaso eu tenho ainda alguma finalidade? Um porto para onde encaminhar minha vela?

Um bom vento? Ai! Aquele que não sabe para onde vai não sabe também qual é seu vento, qual é seu vento propício.

Que me resta? Um coração cansado e impertinente, uma vontade instável, asas de borboleta, uma espinha partida.

Esse afã de correr em busca de minha morada, ó Zaratustra, bem o sabes, foi minha obsessão e me devora.

Onde está minha morada? Eis o que pergunto, o que procuro, o que procurei e não encontrei. Ó eterno 'em toda a parte!' 'Ó eterno em 'parte alguma'! Ó eterno 'em vão!'

Assim falava a sombra e o semblante de Zaratustra se dilatava ao ouvi-la. "És minha sombra!" – disse afinal, com tristeza.

"Não é pequeno teu perigo, espírito livre e vagabundo! Tiveste mau dia. Cuidado para que não se siga uma noite pior.

Vagabundos como tu acabam por se encontrar bem até num cárcere. Já alguma vez viste como dormem os criminosos presos? Dormem tranquilamente, gozando de sua nova segurança.

Olha, não acabe por se apoderar de ti uma fé acanhada, uma ilusão dura e severa! Porque atualmente tenta e te seduz tudo o que é estreito e rígido.

Perdeste o alvo, desgraçada! Como te poderias consolar dessa perda? Por isso perdeste também o caminho!

Pobre vagabunda, espírito volúvel, mariposa cansada! Queres ter esta noite descanso e abrigo? Vai para minha caverna!

Por ali é o caminho que conduz à minha caverna. E agora quero voltar a fugir de ti. Já pesa sobre mim uma como sombra.

Quero correr sozinho para tudo aclarar em torno de mim. Por isso tenho ainda que mover alegremente as pernas durante muito tempo. Esta noite, com certeza, deverá haver baile em minha casa!"

Assim falava Zaratustra.

Ao Meio-dia

E Zaratustra desatou a correr sem parar, mas não encontrou ninguém. Estava só, reencontrou a si mesmo, provou e saboreou sua solidão, pensando em boas coisas durante horas a fio.

Ao meio-dia, contudo, quando o sol se encontrava a pino sobre sua cabeça, Zaratustra passou diante de uma árvore idosa, retorcida e nodosa, tão envolvida pelo rico amor de uma vinha que de todo a ocultava. Dessa árvore caíam, abundantes, maduros cachos que eram um convite ao viajante. Zaratustra teve desejos de acalmar uma leve sede que sentia, colhendo um cacho de uvas, e já estendia a mão para isso, quando o acometeu outro desejo ainda mais violento, o desejo de se deitar ao pé da árvore, em pleno meio-dia, para dormir.

E assim fez. E enquanto esteve estendido no solo, na paz e na intimidade da árvore cheia de cores, esqueceu a sede e adormeceu. Porque, como diz o provérbio de Zaratustra, "De duas coisa, uma é mais necessária que a outra". Os olhos, contudo, conservavam-se abertos. É que não se cansavam de olhar e elogiar a árvore e o amor da videira. Entre seus devaneios, Zaratustra falou assim ao seu coração.

"Silêncio! Silêncio! Não acaba o mundo de se tornar perfeito? Que é que está acontecendo comigo?

Como um vento delicioso passa invisível sobre a superfície do mar, tão leve, tão leve como uma pena, assim o sono dança sobre mim.

Não me fecha os olhos e deixa desperta minha alma. Na verdade, é leve, leve como uma pena.

Persuade-me, não sei como, afaga-me interiormente com mão carinhosa, domina-me. Sim, domina-me para que minha alma se dilate.

Como me parece longa e cansada, minha alma maravilhosa! Chegaria para ela, em plena metade do dia, a noite de um sétimo dia? Caminhou por muito tempo já, feliz, entre coisas boas e maduras?

Deita-se ao comprido, mas cada vez mais ao comprido. Está deitada em silêncio, minha alma maravilhosa. Já saboreou demasiadas coisas boas, esta dourada tristeza a oprime, sua boca se contrai.

Como barca que entrou em sua mais serena baía, encosta-se agora à terra, cansada de longas viagens e de mares incertos. A terra não é mais fiel?

Como uma barca se encosta à terra e procura apoio, basta então que uma aranha estenda seu fio da terra até ela. Não é preciso cabo mais forte.

Como uma dessas barcas cansadas, na mais tranquila baía, assim agora eu repouso também perto da terra, fiel, confiado, esperando, preso à terra pelos mais tênues fios.

Ó felicidade! Ó ventura! Queres cantar, minha alma? Estás deitada sobre a relva. Esta, porém, é a hora secreta e solene em que nenhum pastor sopra a sua flauta.

Cautela, cautela! O calor do meio-dia repousa nos prados. Não cantes! Silêncio! O mundo é perfeito.

Não cantes, ave dos prados, ó minha alma! Nem sequer murmures! Olha bem! Silêncio! O velho meio-dia cochila, mexe a boca. Não haverá de beber neste instante uma gota de felicidade?

Uma velha, uma escura gota de felicidade dourada, de vinho dourado? Um estremeção o percorre, sua felicidade ri. Assim ri um Deus! Silêncio!

"Felizmente, como é preciso pouco para a felicidade!" – assim dizia eu em outras épocas, julgando-me sábio. Era, porém, uma blasfêmia. Foi isto que aprendi agora. Os doidos sábios dizem coisas melhores.

O mínimo, precisamente, o mais tênue, o mais leve, um roçar de lagartixa, um sopro, um piscar de olhos, de bem pouco somente é feita a essência da melhor felicidade. Silêncio!

Que me aconteceu? Escuta! Acaso o tempo voou? Será que caio, que caí – escuta! – no poço da eternidade?

– Que me acontece? Silêncio! Fui atingido, maldição! Em pleno coração! Em pleno coração! Oh! Rompe-te, meu coração, rompe-te depois de tal felicidade, depois de semelhante ferimento!

Como? O mundo não acabou nesse instante de se tornar perfeito? Redondo e maduro? Oh! Este círculo de ouro, bem redondo, para onde vai voar? Vou correr atrás dele? Já foi!

"Silêncio!" Nesse momento, Zaratustra estirou-se e sentiu que dormia.

"Levanta, dorminhoco, dorminhoco do pleno meio-dia!" – disse consigo mesmo. "Vamos, coragem, velhas pernas! É tempo e mais que tempo. Ainda nos falta um bom pedaço do caminho.

Dormiste um belo sono agora, mas quanto tempo? A metade de uma eternidade! Vamos, coragem, meu velho coração! Depois desse sono, quanto tempo precisa para que tenhas a audácia de despertar?

(Já outra vez, porém, adormecia, e a alma lhe resistia e se defendia, mas ele se deitou de novo). "Deixa-me! Silêncio! O mundo não se tornou perfeito nesse instante? Oh! Essa bola "redonda e dourada!"

"Levanta, pequena ladra, preguiçosa!" – disse Zaratustra. "O quê? Sempre a espreguiçar-te, bocejando, suspirando, caindo no fundo de poços profundos?"

"Quem és tu, então, ó minha alma? "E nesse momento se assustou porque do céu lhe caía um raio de sol sobre o rosto.

"Ó céu lá em cima!" – disse com um suspiro, endireitando-se e sentando. "Tu me contemplas? Escutas minha alma maravilhosa?

Quando haverás de beber essa gota de orvalho que caiu sobre todas as coisas terrestres? Quando haverás de beber essa alma maravilhosa?

Quando, pois, ó poço da eternidade, ó sereno, ó terrível abismo do meio-dia, quando absorverás em ti minha alma?"

Assim falava Zaratustra ao pé da árvore e ergueu-se como se saísse de estranha embriaguez. Entretanto, o sol se achava ainda exatamente por cima da cabeça dele, do que se podia inferir com razão que Zaratustra não havia dormido muito tempo.

A Saudação

A tarde já ia muito alta quando Zaratustra, depois de inúteis correrias, voltou à caverna. No momento, porém, em que apenas se encontrava a vinte passos da entrada, aconteceu o que menos se podia esperar. Tornou a ouvir o grande grito de angústia. E, coisa assombrosa, naquele instante o grito saía mesmo de sua caverna, mas era um grito prolongado, estranho e múltiplo, e Zaratustra distinguia nele perfeitamente muitas vozes, embora à distância parecesse provir de uma só boca.

Zaratustra precipitou-se para a caverna. Que espetáculo o esperava a seguir naquele concerto! Estavam ali reunidos, todos os que encontrara durante o dia: o rei da direita e o rei da esquerda, o velho ilusionista, o Papa, o mendigo voluntário, a sombra, o escrupuloso, o lúgubre adivinho e o jumento. O homem mais feio colocara uma coroa e duas faixas de púrpura porque gostava de se disfarçar e se enfeitar como todos os feios. No meio daquela triste reunião, a águia de Zaratustra estava de pé, inquieta e com as penas eriçadas, porque tinha de responder a demasiadas coisas para as quais seu orgulho não tinha resposta. E a astuta serpente se havia enroscado em torno do pescoço da águia.

Zaratustra olhou tudo aquilo com grande assombro.Depois, examinou cada um dos hóspedes, com benévola curiosidade, lendo em suas almas e voltando a ficar assombrado. Enquanto assim fazia, os que estavam reunidos se levantaram, aguardando respeitosamente que Zaratustra tomasse a palavra.

E Zaratustra falou assim:

"Vós, os desesperados! Vós, os surpreendentes! Foi pois vosso grito de angústia que ouvi? E sei agora onde deverei buscar o que hoje procurei em vão, o homem superior.

Está sentado em minha própria caverna, esse homem superior! Por que me admirar? Fui eu mesmo que o atraí com minha oferta de mel e com a maliciosa tentação de minha felicidade.

Mas vós proferis gritos de angústia, parece-me que andais em grande desacordo. Não cessais de vos irritar uns aos outros, embora sentados lado a lado, vós que lançais o grito de vossa angústia. Primeiro, é preciso que aqui venha alguém.

Alguém que vos fizesse rir outra vez, um bom humorista, um dançarino, um cata-vento, um furacão, algum velho louco, que vos parece?

Perdoem-me os que se desesperam quando eu emprego tão frívolas palavras, indignas, na verdade, de tais hóspedes! Mas não adivinhais o que me enche de petulância o coração.

Perdoai-me, vós desesperados, que me sirva diante de vós de palavras tão humildes, indignas na verdade de semelhantes hóspedes! Mas sequer suspeitais de que me enche o coração de alegria.

Desculpai-me! Sois vós mesmos e o espetáculo que me ofereceis. Porque todo aquele que contempla um desesperado cobra ânimo. Para consolar um desesperado, qualquer um se julga bastante forte.

Vós mesmos me destes essa força, um dom precioso, hóspedes ilustres, um verdadeiro presente de hóspedes! Pois bem! Não fiqueis constrangidos se por minha vez quero vos oferecer algo de meus bens.

Este é meu reino, meu domínio. Mas o que me pertence deve ser vosso durante esta tarde e esta noite. Sirvam-vos meus animais e seja a minha caverna vosso lugar de repouso!

Aqui abrigados, nenhum de vós deve se desesperar. Eu protejo a todos contra os animais selvagens de meus domínios. Segurança, esta é a primeira coisa que vos ofereço!

A segunda é meu dedo mínimo. E se vos dou o dedo mínimo, tomareis a mão inteira e o coração ao mesmo tempo. Sede bem-vindos aqui. Saúde, hóspedes meus!"

Assim falava Zaratustra, com amável e malicioso sorriso. Depois daquela saudação, os hóspedes tornaram a inclinar-se, guardando respeitoso silêncio. Mas o rei da direita falou em nome de todos:

"Pela maneira como nos ofereces a mão e em tua saudação, Zaratustra, conhecemos quem és. Tu te humilhaste diante de nós e por pouco não feriste nosso respeito.

Mas quem, como tu, saberia humilhar-se com tal orgulho? Isso nos soergue e reconforta nossos olhos e nossos corações.

Só para contemplar tal coisa, subiríamos de bom grado a montanhas mais altas do que esta. Porque aqui viemos muito curiosos, queríamos ver o que aclara olhos turvos.

E agora acabaram-se todos os nossos gritos de angústia. Já estão abertos e extasiados nossos sentidos e nossos corações. Um pouco mais, e nossa coragem se transformará em temeridade.

Zaratustra, na terra nada cresce mais satisfatoriamente do que uma elevada e firme vontade. Ela é a planta mais bela da terra. Semelhante árvore anima uma paisagem inteira.

Eu a comparo com um pinheiro, Zaratustra, aquele que, como tu, cresce esbelto, silencioso, duro, solitário, feito da maneira mais flexível, soberbo, querendo alargar seu próprio domínio com verdes e vigorosos ramos, dirigindo enérgicas perguntas aos ventos, às tempestades e a tudo quanto é familiar às alturas, e respondendo mais energicamente ainda, imperativo e vitorioso. Ah! Quem não subiria às alturas para contemplar semelhantes plantas?

Junto de tua árvore, Zaratustra, encontra suas delícias mesmo o triste e abatido; contemplando-a, encontra segurança mesmo o instável e seu coração fica curado.

E, certamente, para tua montanha e para tua árvore dirigem-se, hoje, muitos olhares. Um sopro poderoso se levantou e muitos aprenderam a perguntar: 'Quem é Zaratustra?'

E todos aqueles em cujos ouvidos chegaste a destilar teu mel e tuas canções, todos os reclusos, os eremitas, os solitários disseram de repente a seu coração:

'Ainda vive Zaratustra? Já não vale a pena viver! Tudo é igual, tudo é vão! Se não vivermos com Zaratustra!'

'Por que não chega aquele que foi anunciado há tanto tempo?'– assim pergunta um grande número. 'Foi devorado pela solidão? Ou nós é que teremos de ir a ele?'

Agora até a própria solidão abranda e se quebra, como túmulo que se abre e já não pode reter seus mortos. Por toda parte se vêm ressuscitados.

Agora as ondas sobem cada vez mais em torno de tua montanha, Zaratustra. E, apesar da elevação de tua altura, é preciso que muitas subam até ti. Tua barca já não deve permanecer muito tempo abrigada.

E que nós, os desesperados, tenhamos vindo à tua caverna e que agora já não nos desesperamos, não é senão um sinal e um presságio de que vêm a caminho outros melhores do que nós?

Porque a caminho para ti se encontra também o último resto de Deus entre os homens. Quer dizer, todos os homens de grandes anseios, do grande tédio, do grande desgosto.

Todos aqueles que não querem viver sem poder aprender a esperar novamente, a menos que tu não lhes ensines, Zaratustra, a grande esperança!"

Assim falou o rei da direita e pegou na mão de Zaratustra para a beijar, mas Zaratustra subtraiu-se à sua veneração e retrocedeu assombrado, silencioso, como se mergulhasse de repente em vastidões longínquas. Passados alguns instantes, contudo, voltou para junto de seus hóspedes, fitou-os com olhos límpidos e perscrutadores e disse:

"Meus hóspedes, homens superiores, quero vos falar em alemão e claramente. Não era a vós que eu esperava nas montanhas".

"Em alemão e claramente? Deus nos acuda!" – disse então à parte o rei da esquerda. "Bem se vê que este sábio do oriente não conhece estes bons alemães! Quererá dizer 'em alemão e sem nenhum tato'. Bom! Em nossos tempos, esse ainda não é o pior dos gostos!"

Zaratustra continuou:

"Pode ser que todos vós sejais superiores, mas para mim não sois bastante altos nem bastante fortes.

'Para mim' significa o implacável que cala em mim, mas que não se calará sempre. E se me pertenceis, não é, todavia, como meu braço direito.

Porque aquele que anda com pernas doentes e fracas, como vós, antes de mais nada esse, sabendo-o ou dissimulando-o, quer ser poupado.

Eu, porém, não poupo meus braços e minhas pernas, eu não poupo meus guerreiros. Como poderíeis ser bons para minha guerra?

Convosco levaria prejuízo em todas as vitórias e há alguns de vós que cairiam só ao ouvir o rufar de meus tambores.

Também para mim não sois bastante belos nem bem nascidos. Para meus ensinamentos, preciso de espelhos límpidos e polidos. Sobre vossa superfície, minha própria imagem se deformaria.

Sobre vossos ombros pesam muitas cargas, muitas recordações. Em vossos recônditos estão escondidos muitos anões maldosos. Em vós também há plebe escondida.

E embora sejais elevados e de espécie superior, em vós se encerram muitas coisas torcidas e disformes. Não há ferreiro no mundo capaz de vos reformar e endireitar.

Sois apenas pontes. Que possam passar por sobre vós, outros mais elevados! Representais degraus. Não vos irriteis, portanto, com aquele que sobe por cima de vós até atingir sua altura.

Talvez de vossa semente nasça um dia para mim um verdadeiro filho, um herdeiro perfeito. Mas isso é coisa distante.

Vós, porém, não sois os seres a quem pertencem meu nome e meus bens deste mundo.

Não é a vós que espero nestas montanhas, não é convosco que tenho o direito de descer pela última vez.

Vós apenas sois sinais precursores, anúncios de que outros mais elevados já estão a caminho em minha direção, não sois os homens dos grandes anseios, do grande tédio, do grande desgosto e aquilo a que chamastes de 'resto de Deus'.

Não, não! Mil vezes não! A outros espero nestas montanhas e sem eles não vou embora daqui. Espero outros mais altos, mais fortes, mais vitoriosos, mais alegres, feitos a esquadro de corpo e alma. É preciso que cheguem os leões risonhos!

Vós, meus hóspedes e amigos, homens singulares, ainda não ouvistes falar de meus filhos? Não ouvistes dizer que se encaminham para cá?

Falai-me, pois, de meus jardins, de minhas ilhas Afortunadas, de minha bela e nova raça. Por que me não falais disso?

O presente de hospitalidade que peço a vossa estima é que faleis de meus filhos. Para eles sou rico, por causa deles fiquei pobre. Quanto não lhes dei!

E quanto não daria para ter uma só coisa: esses filhos, essa plantação viva, essas árvores da vida de minha vontade e de minha mais elevada esperança!"

Assim falava Zaratustra, mas interrompeu de súbito o discurso porque a nostalgia o dominou e, sob a emoção de seu coração, mantinha os olhos e a boca fechados. E todos os hóspedes guardaram silêncio também e permaneceram imóveis e confusos, a não ser o velho adivinho que fazia sinais com as mãos e por gestos.

A Ceia

Nesse momento, o adivinho interrompeu as saudações que Zaratustra trocava com seus hóspedes, adiantou-se pressuroso, como quem não tem tempo a perder, pegou na mão de Zaratustra e exclamou: "Mas, Zaratustra!

De duas coisas, uma é mais necessária que a outra, tu mesmo o disseste! Pois bem! Agora, há uma coisa que para mim é mais necessária que qualquer outra.

Promessa é dívida. Não me convidaste para um jantar? Estão aqui muitos que fizeram longas caminhadas. É de discursos que nos queres satisfazer?

Já a todos falaste demasiado sobre morrer de frio, sobre se afogar, asfixiar e sobre outras fraquezas do corpo. Mas ainda ninguém se lembrou de minha fraqueza, o receio de morrer de fome".

Assim falou o adivinho. Mas, ao ouvir essas palavras, os animais de Zaratustra fugiram espantados, pois viram que o que tinham trazido durante o dia não era suficiente nem para saciar sequer o adivinho.

"Ninguém se lembra do receio de morrer de fome" – prosseguiu o adivinho."

"E, embora ouça correr a água abundante e infatigavelmente, como os discursos da sabedoria, eu, de minha parte, quero vinho!

Nem todos são como Zaratustra, bebedores natos de água. A água também não é boa para gente cansada e prostrada. Nós precisamos de vinho, só o vinho cura rapidamente e dá saúde imediata!"

Foi então, enquanto o adivinho reclamava vinho, que o rei da esquerda, o taciturno, tomou também a palavra e disse: "Do vinho nos encarregaremos nós, eu e meu irmão, o rei da direita. Temos bastante vinho, uma carga completa de burro. Só falta, portanto, pão".

"Pão" – exclamou Zaratustra, rindo. "É justamente pão que faz falta aos solitários. Mas o homem não se alimenta só de pão, mas também de boa carne de cordeiros, e eu tenho dois.

É abatê-los depressa e prepará-los com sálvia, que é assim que gosto da carne de cordeiro. E não nos faltam raízes nem frutos que até contentariam gastrônomos e paladares delicados, nem nozes e outros enigmas para quebrar.

Vamos, pois, ter logo a seguir uma boa refeição. Mas quem quiser comer conosco tem de pôr mãos à obra porque nos domínios de Zaratustra até um rei pode ser cozinheiro".

A proposta agradava a todos. O mendigo voluntário era o único que se opunha à carne, ao vinho e aos condimentos.

"Olhem agora o glutão do Zaratustra!" – disse em tom de gracejo. "Então é para celebrar esses festins que se vai para as cavernas e para as altas montanhas?

Agora compreendo o que ele nos ensinou certa ocasião: 'Bendita seja a pequena pobreza! É porque quer suprimir os mendigos'.

"Tem bom humor como eu" – respondeu Zaratustra. "Conserva teus hábitos, bom homem! Mastiga teu grão, bebe tua água, elogia tua cozinha, contanto que fiques contente.

Eu sou lei apenas para os meus, não sou lei para toda gente. Mas aquele que pertencer ao número dos meus tem de ter ossos fortes e pernas ágeis.

Deve estar sempre disposto para as guerras e festins, nem sombrio nem sonhador, disposto para as coisas mais difíceis, como para uma festa, sadio e robusto.

O melhor que existe nos pertence, a mim e aos meus. Quando algo nos é recusado, então o tomamos: a melhor carne, o céu mais puro, os pensamentos mais fortes, as mulheres mais formosas!"

Assim falava Zaratustra, e o rei da direita respondeu: "É singular! Nunca se ouviram coisas tão judiciosas na boca de um sábio.

É ainda mais singular por se tratar de um sábio que é, todavia, inteligente, e nada tem de asno".

Assim falou admirado o rei da direita e o jumento concluiu maliciosamente com um "Uah!" E foi esse o princípio da longa refeição que, nos livros de história, chama-se "a ceia". Durante essa refeição só se falou do homem superior.

Do Homem Superior

1.

A primeira vez que estive na casa dos homens, cometi a loucura do solitário, a grande loucura: instalei-me na praça pública.

E como falava a todos, não falava a ninguém. E, à noite, tinha por companheiros funâmbulos e cadáveres. Eu mesmo era quase um cadáver!

A nova manhã me trouxe uma nova verdade. Aprendi então a dizer: "Que me importam a praça pública, a plebe, a algazarra da plebe e as orelhas compridas da plebe?"

Homens superiores, aprendei isto comigo: na praça pública ninguém acredita no homem superior. E se teimais em falar, a plebe pisca os olhos e diz: "Todos somos iguais".

"Homens superiores" – assim diz a plebe. "Não há homens superiores. Todos somos iguais. Perante Deus, um homem não é mais que outro. Todos somos iguais!"

Perante Deus! Mas agora esse Deus morreu. E perante a plebe nós não queremos ser iguais. Homens superiores, fugi da praça pública!

2.

Perante Deus! Mas agora esse Deus morreu! Homens superiores, esse Deus foi vosso maior perigo.

Ressuscitastes desde que ele jaz na sepultura. Só agora volta o grande meio-dia. Agora torna-se senhor o homem superior.

Compreendeis essas palavras, meus irmãos? Estais assustados, vosso coração está dominado pela vertigem? Vedes abrir-se aqui para vós o abismo? O cão do inferno ladra contra vós?

Vamos, coragem! Homens superiores! Só agora a montanha solta o grito da parturiente porque vai dar à luz o futuro humano. Deus morreu. Agora nós queremos que viva o super-homem.

3.

Os mais preocupados perguntam hoje: "Como o homem vai subsistir?" Mas Zaratustra pergunta, e é o primeiro e único a fazê-lo: "Como o homem deverá ser superado?"

O super-homem é que me preocupa. Para mim, ele é meu primeiro e único cuidado, e não o homem, não o próximo, o mais pobre, nem o mais aflito, nem o melhor.

Ó, meus irmãos! O que eu posso amar no homem é o fato de ele ser uma transição e um declínio. E em vós também há muitas coisas que me induzem a amar e esperar.

Vós desprezastes, homens superiores. É isso que me dá esperança. Porque os grandes desprezadores são também os grandes reverenciadores.

Desesperastes, coisa que merece grande respeito, porque não aprendestes a vos devotar, nem aprendestes as pequenas prudências.

Hoje, os pequenos se tornaram senhores. Todos pregam a resignação e a modéstia, a prudência e a aplicação, a consideração e outras inúmeras pequenas virtudes.

O efeminado, o nascido de raça escrava, sobretudo a plebe mestiça, tudo isso quer agora apoderar-se do destino humano. Horror, horror, horror!

Esse pergunta, uma e outra vez, sem se cansar: "Como vai subsistir o homem, da melhor maneira, por mais tempo e mais agradavelmente? 'Por isso, são os senhores de hoje'.

Ó meus irmãos! Subjugai esses senhores de hoje, subjugai essa gentinha porque são o maior perigo para o super-homem.

Vós, homens superiores, dominai as pequenas virtudes, as considerações do tamanho de grãos de areia, o bulício de formigas, a miserável complacência, a "felicidade da massa!"

Em vez de vos render a eles, desesperai. Na verdade, se vos amo, homens superiores, é porque hoje vós não sabeis viver! Assim como viveis, ainda viveis melhor!

4.

Tendes coragem, meus irmãos? Sois ousados? Não falo de coragem perante testemunhas, mas de coragem de solitário, coragem de águia, daquele que não tem por espectador nenhum Deus.

As almas frias, as mulas, os cegos, os bêbados, não têm o que eu chamo de coração. Coração tem aquele que conhece o medo mas que domina o medo, aquele que vê abismo, mas com sobranceria.

Aquele que vê o abismo, mas com olhos de águia, que se prende ao abismo com garras de águia, esse tem coragem.

5.

"O homem é mau." Assim falavam os outros sábios para meu consolo. Ai! Se isso fosse verdade ainda hoje! O mal é, com efeito, a melhor força do homem.

"O homem deve tornar-se melhor e pior." Isso é o que eu ensino. O maior mal é necessário para o maior bem do super-homem.

Padecer e carregar o peso do pecado humano podia ser bom para o tal pregador dos humildes. Eu, porém, alegro-me com o grande pecado como minha maior consolação.

Essas coisas não são ditas para orelhas compridas. Nem toda palavra convém a toda boca. Isso são coisas sutis e distantes, nada que possa ser apanhado pelos cascos de carneiros.

6.

Homens superiores, pensais que estou aqui para reparar o que fizestes mal?

Ou que quero, para vós que sofreis, preparar uma cama mais confortável? Ou vos mostrar, que andais errantes e extraviados, perdidos na montanha, caminhos mais recentes e fáceis?

Não! Não! Mil vezes não! É preciso que morram cada vez mais os melhores de vossa espécie porque é preciso que vossa vida seja cada vez mais dura e penosa. Só assim...

Só assim cresce o homem até a altura em que o raio o atinge e aniquila, quando subiu bastante alto para encontrar o raio!

Meu pensamento e meu desejo estão ligados no raro, no durável, no distante. Que me importaria vossa mesquinha, múltipla e breve miséria?

Para mim ainda não sofreis bastante. Pois sofreis por vós mesmos e ainda não sofrestes pelo homem. Mentiríeis se dissésseis o contrário! Vós não sofreis pelo que eu sofri.

7.

Não me basta que o raio já não prejudique. Não quero desviá-lo. Quero que aprenda a trabalhar para mim.

Minha sabedoria se acumula há muito tempo como uma tempestade. Cada vez se torna mais tranquila e sombria. Assim faz toda a sabedoria que quer um dia dar à luz o raio.

Para estes homens de hoje não quero ser, nem chamar-me luz. A estes quero cegá-los. Raio de minha sabedoria, vaza-lhes os olhos!

8.

Nada quereis acima de vossas forças. Há uma deplorável hipocrisia naqueles que querem mais do que podem.

Especialmente quando querem grandes coisas! Porque despertam a desconfiança pelas grandes coisas, esses refinados falsos catadores de moeda e comediantes.

Acabam por se tornarem falsos consigo mesmos, gente de olhar atravessado, madeira corroída e coberta de verniz, disfarçados sob um manto de palavras solenes, de virtudes aparatosas, de obras falsas.

Muito cuidado com eles, homens superiores! Para mim, nada é hoje mais precioso e raro do que a lealdade.

Hoje não é o dia da plebe? Pois a plebe ignora o que é grande, o que é pequeno, o que é correto, o que é honesto. É inocentemente tortuosa, mente sempre.

9.

Tende hoje uma boa desconfiança, homens superiores, homens corajosos! Homens de coração aberto! E conservai secretas vossas razões, porque hoje é o dia da plebe.

O que a plebe aprendeu a crer sem razão, quem o poderia derrubar à sua vista com razão?

Na praça pública, convence-se com gestos. As razões inspiram desconfiança à plebe.

E se por lá alguma vez triunfa a verdade, perguntai a vós mesmos com salutar desconfiança: “Qual foi o grande erro que lutou em seu favor?”

Tomai cuidado também com os eruditos! Eles vos odeiam porque são estéreis! Têm olhos frios e secos, aos quais todo pássaro parece depenado.

Gabam-se de não mentir, mas a incapacidade de mentir está ainda muito longe do amor à verdade. Tomai cuidado!

Estar livre da febre não é ainda, nem de longe, conhecer. Eu não creio nos espíritos frios. Aquele que não sabe mentir ignora o que é a verdade.

10.

Se quereis subir mais, servi-vos de vossas pernas! Não vos façais carregar para o alto, não subais levados nas costas ou na cabeça de outrem!

Mas tu subiste a cavalo! Galopas agora para teu destino? Bem, meu amigo! Mas teu pé coxo vai também a cavalo!

Quando chegares a teu destino, quando desceres do cavalo, homem superior, tropeçarás precisamente em tua altura.

11.

Ó criadores, ó homens superiores! Não se carrega no seio senão o próprio filho.

Não vos deixeis persuadir, nem doutrinar! Quem é, pois, vosso próximo? Mesmo agindo "pelo próximo", não criais nada para ele.

Esquecei esse "por", vós todos que criais. Vossa virtude quer justamente que nada façais "por" nem "devido a" nem "porque". Contra essas pequenas palavras falsas, tapai os ouvidos.

O "pelo próximo" não passa de virtude dos pequenos, dos que dizem "quem se parece se junta" e "uma mão lava a outra". Esses não têm o direito nem a força de ser egoístas como vós o sois.

Em vosso egoísmo, criadores, há a previsão e a precaução da mulher grávida! O que ainda ninguém viu com os olhos, o fruto, é isso que todo vosso amor protege, conserva e alimenta.

Onde está todo vosso amor, em vosso filho, está também toda a vossa virtude! Vossa obra, vossa vontade, eis vosso "próximo". Não vos deixeis induzir a falsos valores!

12.

Ó criadores, ó homens superiores! Doente está aquele que vai dar à luz, mas o que deu à luz está impuro.

Perguntai às mulheres: não se dá à luz por gosto. A dor faz cacarejar as galinhas e os poetas.

Ó criadores, há muita impureza em vós. É que tivestes de ser mães.

Um novo filho, oh! Quanta impureza vem ao mundo com ele! Afastai-vos! O que deu à luz deve purificar a alma.

13.

Não queirais ser mais virtuosos do que o vai consentir as próprias forças. E não exijais de vós nada que não seja verossímil.

Segui as pegadas deixadas pela virtude de vossos pais. Como poderíeis subir tanto, se a vontade de vossos pais não subisse convosco?

Mas aquele que quiser ser o primeiro, que tome cuidado para não ser o último. E não coloqueis a santidade naqueles em que estejam os vícios de vossos pais.

Que aconteceria se aquele, cujo pai foi afeiçoado às mulheres, aos vinhos fortes e aos javalis, exigisse de si castidade?

Seria loucura! Na verdade, já será muito se se contentar em ser esposo de uma só ou de duas ou de três mulheres.

E se fundasse conventos e gravasse no portão de entrada "Caminho da virtude", eu diria da mesma maneira: "Para quê?" É uma nova loucura!

Fundou para si mesmo uma casa de correção e um asilo. Bom proveito! Eu, porém, não acredito nisso.

O que cresce na solidão é o que cada um leva consigo, inclusive a besta inferior. Por isso a muitos é preciso afastá-los da solidão.

Terá havido até hoje na terra coisa mais imunda do que os santos do deserto? Em torno deles não era somente o diabo que se libertava, mas também o porco.

14.

Tímidos, envergonhados, encolhidos, como o tigre que falha uma investida, assim vos vi fugir muitas vezes, homens superiores. Falhastes num golpe.

Mas isso que vos importa, jogadores de dados? Não aprendestes ainda a jogar e a brincar como se deve jogar e brincar? Não estamos sempre sentados a uma grande mesa de jogo e de diversão?

E se falhastes em grandes coisas, será que ficastes malogrados por isso? E se vos sentis malogrados, será que o homem está malogrado por isso? Mas se o homem malogrou, então, vamos! Coragem!

15.

Quanto mais elevada em seu gênero é uma coisa, mais raramente triunfa. Vós, homens superiores, que vos encontrais aqui, não sois todos seres malogrados?

Isso que importa? Coragem! Quantas coisas são ainda possíveis! Aprendei a rir de vós mesmos porque rir é preciso!

Que há demais em ter malogrado ou conseguido pela metade, vós que estais meio quebrados? O que se agita e pressiona em vós não é o futuro do homem?

O mais remoto e profundo que há no homem, sua altura estelar e sua força imensa, todas essas coisas não se chocam umas com as outras em vossa panela em ebulição?

O que há de mais se uma panela arrebenta? Aprendei a rir de vós mesmos, porque rir é preciso! Ó homens superiores! Quantas coisas são ainda possíveis!

E realmente, quantas coisas já se realizaram! Como esta terra é rica de pequenas coisas boas, perfeitas e bem realizadas!

Rodeai-vos de pequenas coisas boas e perfeitas, homens superiores. A sua dourada maturidade é o bálsamo do coração. O que é perfeito ensina a esperança.

16.

Qual foi até hoje, na terra, o maior pecado? Não foi a palavra daquele que disse: "Pobres dos que riem"?

Será porque não encontrava na terra nenhum motivo de riso? Então, procurou mal! Até uma criança encontra aqui motivos para tanto.

Esse não amava bastante, senão ter-nos-ia amado também a nós que rimos! Mas contra nós destilava ódio e sarcasmo, prometendo-nos gemidos e ranger de dentes.

Será necessário amaldiçoar tudo o que se ama? Isso é coisa de mau gosto. E foi o que fez aquele intransigente. Havia saído da plebe.

Ele é que não amava bastante, senão não teria se irritado tanto por não ser amado. O que quer o grande amor não é que o amem, ele quer muito mais.

Afastai-vos de todos esses intransigentes! É gente pobre, enferma, plebéia. Olha esta vida malignamente, dá mau olhado à terra.

Afastai-vos de todos esses intransigentes! Têm os pés pesados, o coração de chumbo, não sabem dançar. Como a terra poderá ser leve para eles?

17.

Todas as coisas boas chegam a seu termo por vias tortuosas. Como os gatos, arqueiam o lombo e rosnam interiormente, sentindo que se aproxima sua felicidade. Todas as coisas boas riem.

O modo de andar de uma pessoa revela seu caminho. Vede como eu caminho! Mas aquele que se aproxima de seu destino, dança.

E eu certamente não me converti em estátua nem me encontro postado como uma coluna, rígido, entumecido, petrificado. Gosto de uma boa corrida.

E embora haja na terra atoleiros e densos nevoeiros, aquele que tem os pés leves corre e dança por cima da lama, assim como sobre gelo liso.

Elevai vossos corações, meus irmãos! Alto, sempre mais alto! E não vos esqueçais das pernas também. Alçai também as pernas, bons bailarinos e, melhor ainda, dançai um pouco de cabeça para baixo!

18.

Esta coroa daquele que ri, esta coroa de rosas, eu mesmo a coloquei sobre minha cabeça, eu próprio santifiquei meu riso. Ainda não encontrei ninguém capaz de fazer outro tanto.

Eu, Zaratustra, o dançarino, Zaratustra, o leve, o que agita suas asas, pronto para voar, que acena a todas as aves, pronto e disposto, divinamente ágil, eu, Zaratustra, o adivinho, Zaratustra, o risonho, nem impaciente nem intolerante, que gosta de saltos e pulos, eu mesmo pus em minha cabeça esta coroa.

19.

Elevai, elevai cada vez mais vossos corações, meus irmãos! E não vos esqueçais também das pernas! Levantai as pernas também, bons bailarinos e, melhor ainda, dançai também de cabeça para baixo.

Mesmo na felicidade, há animais pesados, há pés coxos de nascença. De modo curioso se esforçam, como faz um elefante que tenta se equilibrar sobre a cabeça.

Mas é melhor estar doido de alegria do que de tristeza, é melhor dançar pesadamente do que andar claudicando. Aprendei, pois, comigo, a sabedoria: até a pior das coisas tem dois lados bons, até a pior das coisas tem duas boas pernas para dançar; aprendei, pois, vós homens superiores, a firmar-vos sobre as pernas.

Esquecei a melancolia e todas as tristezas da plebe. Como hoje me parecem tristes os arlequins plebeus. Mas esse hoje é dia da plebe.

20.

Fazei como o vento quando se precipita para fora das cavernas das montanhas. Quer dançar ao som de sua própria flauta. Os mares tremem e saltam ao ritmo de seus passos.

Louvado seja aquele que dá asas aos burros, que ordenha as leoas; esse espírito bom e indômito que chega como um furacão para tudo o que é de hoje, sobre toda a plebe!

Louvado seja o inimigo de todas as cabeças de cardos e dos criadores de sutilezas, de todas as folhas murchas e de todas as ervas más; louvado seja esse espírito de tempestade, esse espírito selvagem, bom e livre que dança sobre os atoleiros e sobre as melancolias como no meio de prados!

Que odeia os cães mortos da plebe e todo esse produto malogrado e sombrio! Louvado seja esse espírito de todos os espíritos livres, a tempestade risonha que sopra a poeira dos olhos de todos os pessimistas, de todos os purulentos.

Homens superiores, vosso pior defeito é que sequer dançar como se deve aprendestes, a dançar até acima e para além de vós mesmos! Que importa que não o tenhais conseguido?

Quantas coisas são ainda possíveis! Aprendei, pois, a rir acima e para além de vós mesmos! Elevai vossos corações, vós que dançais bem! Alto, sempre mais alto! E não esqueçais também o belo riso!

Esta coroa daquele que ri, esta coroa de rosas, é a vós que a lanço, meus irmãos! Santifiquei o riso. Aprendei, pois, a rir, homens superiores!

O Canto da Melancolia

1.

Quando Zaratustra pronunciou esses discursos, encontrava-se junto da entrada de sua caverna; mas às últimas palavras, deixou bruscamente seus hóspedes e fugiu um instante para o ar livre.

– "Ó aromas que me cercais!" – exclamou. "Ó abençoado silêncio que me cerca! Mas onde estão meus animais? Vinde, vinde, minha águia e minha serpente!

Dizei-me, meus animais, todos aqueles homens superiores, todos eles não cheiram bem? Ó aromas que me cercais! Só agora sei e sinto quanto vos amo, meus animais!"

E Zaratustra voltou a dizer: "Quanto vos amo, meus animais!" Ouvindo essas palavras, a águia e a serpente chegaram-se perto dele e, levantando a cabeça, o fitavam. Assim estavam os três juntos, silenciosos, aspirando e saboreando todos juntos o ar puro. Porque o ar estava melhor ali fora do que junto dos homens superiores.

2.

Apenas Zaratustra saiu da caverna, o velho ilusionista se ergueu e, olhando maliciosamente à sua volta, disse: "Saiu!

E já, homens superiores, permiti que vos trate com este título de elogio e lisonja como ele mesmo o fez, – já se apodera de mim meu velho espírito de mentira e de magia, meu demônio da melancolia, que é adversário irredutível desse Zaratustra, desculpai-o! Desejo realizar agora, diante de vós, algumas de suas magias, é justamente sua hora. Em vão luto contra este espírito mau.

A todos vós, quaisquer que sejam os nomes honrosos que vos adjudicais com palavras, – quer vos chameis "os espíritos livres", quer "os verídicos", ou "os penitentes do espírito", ou os "libertos" ou então "os do grande desejo"; a todos os que, como eu estão atacados pelo "grande tédio", vós para quem morreu o antigo deus e para quem não existe ainda no berço, envolto em faixas, nenhum deus novo, a todos vós é propício meu espírito maligno, meu demônio mágico.

Conheço-vos, homens superiores, e conheço também esse maldito que estimo contra vontade, esse Zaratustra. Frequentemente, parece-me que usa uma bela máscara de santo, parece-me um novo disfarce de estranhas máscaras, em que se compraz meu espírito maligno, meu demônio da melancolia. Se amo Zaratustra, parece-me muitas vezes que é por causa de meu espírito maligno.

Mas já se apodera de mim e me domina esse espírito maligno, esse espírito de melancolia, esse demônio do crepúsculo; e, na verdade, homens superiores, ele sente vontade; abri os olhos, homens superiores! – sente vontade de mostrar-se nu, macho ou fêmea, ainda não sei, mas se aproxima, subjuga-me, ai de mim! Tende vossos sentidos despertos!

Extingue-se o dia para todas as coisas, mesmo para as melhores, chega o crepúsculo! Ouvi agora e vede, homens superiores, que demônio, homem ou mulher, é esse espírito da melancolia do crepúsculo!"

Assim falou o velho ilusionista. Depois olhou maliciosamente ao derredor e pegou na harpa.

3.

Na serena atmosfera,
quando já o orvalho consolador
desce à terra,
sem ser visto nem ouvido
– porque o orvalho consolador
calça sandálias delicadas
como todos os meigos consoladores, –
então te recordas, coração ardente, te recordas
como estavas sedento por vezes
de lágrimas celestes e gotas de orvalho,
quando te sentias abrasado e fatigado,
pelos caminhos de erva amarelecida
onde os raios cruéis do sol vesperal
corriam em torno de ti por entre as escuras árvores,
os raios de sol ardentes, deslumbrantes e malévolos?

Pretendente da verdade! tu? – Assim zombavam.
Não! Apenas poeta!
Um animal, um animal astuto, rapace, furtivo,
obrigado a mentir
obrigado a mentir, sabendo-o, querendo-o,
um animal sempre ávido de presa,
mascarado de cores vivas,
máscara para si próprio,
presa para si mesmo.
Isso... pretendente da verdade?
Não! Apenas um louco! Apenas um poeta!
Um palrador pitoresco
que berra clamores coloridos sob máscaras de louco,
que anda vagueando por enganosas pontes de palavras,
por ilusórios arco-íris,
entre falsos céus
e falsas terras,
por toda parte errante, planando.
Apenas louco! Apenas poeta!

Isso... o pretendente da verdade?
Não! Nem silencioso, rígido, frio, polido,
mudado em imagem,
em estátua de um deus,
nem postado diante dos templos
como guarda dos umbrais de um deus,
não! Mortal inimigo dessas estátuas da verdade,
mais à vontade nos desertos do que nos templos
cheios de petulância felina,
saltando por todas as janelas,
zás! para todos os acasos,
farejando em todas as florestas virgens,
farejando com vontade maligna, nostálgica,
no meio das florestas virgens,
entre feras de pêlo pintado,
pecador e sadio, multicolor e belo, podes correr
com lábios sensuais,
beatamente sarcástico, beatamente infernal, sanguinário,
arrebatador, esguio, enganador, podes correr?

Ou, como a águia que longamente,
longamente imóvel, olha os abismos,
os seus abismos.
Oh! Como mergulha seu olhar,
cada vez mais baixo, para dentro,
girando em profundidades cada vez mais fundas!
E depois, de repente, em linha reta,
com um brusco impulso,
precipita-se sobre os cordeiros,
fulminante, queimando de fome,
ávida de carne de cordeiros,
cheia de rancor contra toda alma de cordeiro,
furiosa e cheia de rancor
contra toda aparência de carneiro,
olho de cordeirinho, lã encrespada,
lã cinzenta, com a meiga benevolência
do cordeiro e do carneiro!

Assim,
semelhantes aos da águia, da pantera,
são os desejos do poeta
são teus anseios de mil máscaras,
ó louco! Ó poeta!

Tu, quando vês o homem,
quer como deus, quer como carneiro,
fazer em pedaços deus no homem
como no homem o carneiro
e rir ao dilacerá-lo,
é esse, realmente esse é teu prazer!
A felicidade de pantera e de guia,
a felicidade de poeta e de louco!

No ar de claridade,
quando já o crescente da lua,
verde entre rubores purpurinos,
invejosamente desliza,
inimiga do dia,
sorrateiramente a cada passo,
ceifando as messes de rosas,
até as fazer cair,
desabar empalidecidas à noite.

Assim caí eu mesmo, um dia,
da minha loucura de verdade,
de meus anseios do dia,
fatigado do dia, enfermo de luz;
assim caí no fundo, na noite, nas sombras,
de uma só verdade
abrasado e sedento.

Recordas-te, coração ardente,
como então estavas sedento?
Ser banido
de toda a verdade!
Apenas louco!
Apenas poeta!"

Da Ciência

Assim cantou o ilusionista. E todos aqueles que estavam ali reunidos caíram como pássaros na rede de sua astuta e melancólica voluptuosidade. O único que não se deixou apanhar foi o escrupuloso que, arrancando-lhe a harpa das mãos, gritou:

"Ar! Deixai entrar o ar puro! Mandai entrar Zaratustra! Infectas esta caverna e envenenas o ar, ó vil e velho ilusionista!

Homem falso e ardiloso, tua sedução conduz a desejos e a desertos desconhecidos! E, ai de nós, se homens como tu falam da verdade com grande barulho e estardalhaço!

Ai de todos os espíritos livres que não estejam precavidos contra semelhantes ilusionistas! Podem despedir-se de sua liberdade porque lhes ensinas, ó sedutor, a voltar a suas prisões.

Velho diabo melancólico, teu lamento é uma espécie de chamariz, tu te assemelhas com aqueles cujo elogio da castidade impele secretamente à voluptuosidade!"

Assim falou o escrupuloso, mas o velho ilusionista olhava em seu derredor, alegrava-se com sua vitória e assim suportava o desgosto que lhe causava o escrupuloso. "Cala-te" – disse com voz modesta – "as boas canções requerem bons ecos; depois de boas canções é preciso haver silêncio durante um bom espaço de tempo.

Assim fazem todos os homens superiores. Tu, porém, pouco compreendeste meu canto, provavelmente! Tens pouco espírito de magia."

"Assim, realmente, lisonjeias-me – replicou o escrupuloso – distinguindo-me assim. Mas, que vejo? Vós continuais ainda aí sentados com olhares ansiosos? Ó! Almas livres! Que foi feito então de vossa liberdade? Creio que vos deveis parecer com aqueles que por muito tempo viram dançar moças nuas! Até vossas próprias almas estão dançando!

Deve haver em vós, homens superiores, muito mais do que aquilo que o ilusionista chama de seu espírito maligno de encantamento e de fraude. De certo somos bem diferentes.

E na verdade, antes de Zaratustra tornar à sua caverna, falamos e pensamos juntos o suficiente para eu saber que somos diferentes.

Vós e eu buscamos também aqui em cima coisas diferentes. Pois eu procuro mais certeza. Por isso me acèrquei de Zaratustra que é a torre e a vontade mais firme, hoje que tudo vacila e treme na terra.

Quanto a vós, porém, basta-me ver os olhos que fazeis para apostar que procurais mais incerteza, mais estremecimentos, mais perigos, mais tremores de terra. Parece-me, – desculpai-me a presunção, homens superiores, parece-me que desejais a vida mais lastimável e perigosa, a que a mim me inspira temor: a vida dos animais selvagens, os bosques, as cavernas, os picos abruptos e os sorvedouros onde a gente se perde.

E os que mais vos agradam não são os que conduzem para fora do perigo, mas aqueles que vos levam para longe de todos os caminhos, os maus guias. Mas se realmente esses são vossos anseios, para mim é impossível acreditar.

Porque o temor é sentimento inato e primordial. Pelo temor se explica tudo. O pecado original e a virtude original. Minha própria virtude nasceu do temor. Chama-se ciência.

E o temor dos animais selvagens, inculcado no homem desde longa data, sem excetuar aquele do animal que o homem oculta e receia em si, chamado por Zaratustra de "a besta interior".

Este grande e antigo temor, por fim requintado, espiritualizado, intelectualizado, hoje, me parece, que se chama ciência".

Assim falava o escrupuloso. Mas Zaratustra, que nesse mesmo instante voltava à caverna e que ouvira ou adivinhara a última parte desse discurso, atirou no escrupuloso um punhado de rosas e riu de suas "verdades". – "Quê?" – exclamou "o que acabo de ouvir? Parece-me que estás realmente louco ou então que eu o estou. Já vou virar tua verdade de cabeça para baixo.

Porque o temor é nossa exceção. Mas a coragem, o espírito de aventura, o gosto pelo incerto, pelas coisas ainda não ousadas, numa palavra, a coragem, aí está, ao que me parece, toda a história primitiva do homem.

Ele invejou e arrebatou dos animais mais selvagens e corajosos todas as suas virtudes. Só assim se tornou homem.

Essa coragem, por fim apurada, espiritualizada e intelectualizada, essa coragem de homem com asas de águia e astúcia de serpente, é aquilo, me parece, que se chama...

"Zaratustra!" – exclamaram simultaneamente todos os que estavam ali reunidos e começaram a rir às gargalhadas. Mas qualquer coisa deles se elevou que se assemelhava a uma densa nuvem. Até o ilusionista ria e disse maliciosamente: "Arre! Foi embora, esse meu espírito maligno!

E eu mesmo não vos preveni contra ele, quando dizia que era um impostor, um espírito mentiroso e fraudulento?

Sobretudo quando se mostra a nu. Que posso fazer, porém, contra seus ardis? Acaso fui eu que o criei e quem criou o mundo?

Coragem! Voltemos a ser bons e joviais! E embora Zaratustra me dirija um olhar enfurecido, vede, como ele me detesta.

Antes de chegar a noite, voltará a me amar e a me elogiar, pois não pode ficar muito tempo sem fazer doidices destas.

Ele gosta de seus inimigos. De todos aqueles que tenho encontrado, é quem melhor conhece essa arte. Mas em compensação, vinga-se em seus amigos!"

Assim falou o velho ilusionista e os homens superiores o aclamaram. Zaratustra deu a volta e foi apertando a mão de seus amigos com ternura e malícia, como quem tem algo a reparar e de que se desculpar. Mas quando chegou à porta da caverna, voltou a ser dominado pela vontade de respirar ar puro do lado de fora e de retornar à companhia de seus animais. Estava pronto para se esgueirar para fora.

Entre as Filhas do Deserto

1.

"Não te retires" – disse então o viajante que se dizia a sombra de Zaratustra. "Fica aqui conosco, caso contrário, poderia assaltar-nos novamente nossa antiga e esmagadora aflição.

Já o velho ilusionista nos presenteou o melhor do que tem de pior. E olha ainda este bom e velho Papa, com os olhos inundados de lágrimas, voltou a embarcar no mar da melancolia.

Estes reis ainda podem fazer bela figura diante de nós todos porque são os que dentre todos melhor aprenderam hoje. Aposto que, se não tivessem testemunhas, recomeçaria para eles também este mau jogo.

O mau jogo das nuvens passageiras, da úmida melancolia, do céu nublado, dos sóis roubados, dos ventos uivantes de outono, o mau jogo de nosso alarido e de nossos gritos de angústia. Zaratustra, fica conosco! Há aqui muita miséria oculta que gostaria de se exprimir, muita noite, muitas nuvens, muito ar pesado!

Tu nos nutriste com alimento forte e vigoroso, com máximas energicas. Não permitas que nos surpreendam novamente os espíritos da frouxidão, os espíritos efeminados!

Só tu sabes fortificar e purificar o ambiente que te rodeia! Acaso já encontrei na terra ar tão puro como em tua casa, em tua caverna?

E contudo, tenho visto muitos países. Minhas narinas aprenderam a examinar e a apreciar ares múltiplos, mas onde elas experimentam seu maior deleite é junto a ti.

A não ser, a não ser... Oh! Perdoa uma antiga recordação! Perdoa-me uma antiga canção de sobremesa que compus um dia para as filhas do deserto.

Porque lá também havia ar puro, luminoso, vindo do oriente. Foi lá que me senti mais longe dessa velha Europa, nebulosa, úmida e melancólica.

Então, eu amava as filhas do oriente e aquele azul de outro reino terrestre, sobre o qual não flutuam nuvens nem pensamentos.

Nem imaginais, de maneira graciosa permaneciam sentadas, apenas terminada a dança, profundas, mas sem pensamentos, como pequenos mistérios, como enigmas engalanados, como nozes de sobremesa, coloridas e certamente singulares, mas sem nuvens, enigmas que se deixam desvendar. Em honra dessas jovens, inventei então um salmo de sobremesa".

Assim falou o viajante que se dizia a sombra de Zaratustra e, antes que alguém o pudesse impedir, pegou a harpa do velho ilusionista, cruzou as pernas e lançou um olhar calmo e compreensivo em seu derredor, mas aspirava o ar pela narinas lentamente, com expressão inquisidora, como quem aprecia ar estranho em novos países. Depois começou a cantar com uma voz que parecia um rugido.

O deserto cresce, ai daquele que encobre desertos!

Ah! Solene!
Verdadeiramente solene!
Digno princípio!
De solenidade africana!
Digno de um leão
ou de um moralizante macaco que grita
mas nada que vos convenha,
minhas graciosas amigas,
a cujos pés
pela primeira vez me é dado
a mim, europeu, sob as palmeiras
foi dado tomar lugar. Sela.

Maravilha, na verdade!
Aqui estou sentado agora,
próximo do deserto, e já
outra vez tão longe do deserto,
em nada ainda devastado,
mas devorado
por este minúsculo oásis.
Como se ela abrisse bocejando
sua pequenina boca esquisita,
a mais perfumada de todas as bocas,
eu caí lá dentro,
dentro, profundamente, entre vós,
minhas graciosas amigas! Sela.

Saúde, saúde à ilustre baleia,
que a seu hóspede soube preparar
semelhante acolhida. Compreendeis
minha douta alusão?
Bendito seu ventre,
se era como este,
um encantador ventre de oásis!
Coisa de que duvido, no entanto,

porque venho da Europa,
que é a mais incrédula
de todas as velhas esposas.
Deus a melhore!
Amém!
Aqui estou sentado agora,
neste minúsculo oásis,
como uma tâmara,
morena, açucarada, dourada, ansiosa
por boca redonda de donzela,
mas ainda mais por virginais dentes
gelados e brancos como a neve, cortantes,
mordentes, que por eles suspira
o coração de todas as tâmaras ardentes. Sela.

Semelhante a esses frutos do meio-dia,
muito parecido com eles,
aqui estou estendido, cercado
de pequenos insetos
que dançam e brincam em torno de mim,
e como eles, assaltado por menores ainda
mais loucos e ainda mais maliciosos
desejos e fantasias;
cercado aqui estou por vós,
gatinhas-donzelas mudas e misteriosas,
Dudu e Zuleika,
– esfingezado, para condensar numa palavra
muitas impressões
(Deus me perdoe
este pecado contra a língua!) –
aqui estou aspirando o melhor dos ares,
verdadeiro ar de paraíso,
ar diáfano e tênue, estriado de ouro,
ar tão bom como jamais caiu outro da lua.
Seria por acaso
ou proveio da exuberância,
como cantam os antigos poetas?
Eu, porém, cético,

o ponho em dúvida, pois venho
da Europa
que é a mais desconfiada de todas
as velhas esposas.
Deus a melhore!
Amém!

Saboreando este belo ar,
com as narinas dilatadas como taças,
sem futuro, sem recordações,
assim estou aqui,
minhas encantadoras amigas,
e vejo a palmeira
que como uma dançarina
se curva, se dobra e balança suas ancas
– o que logo imita quem longamente contempla
como uma bailarina que, a meu ver,
se susteve já muito, muito tempo e com perigosa insistência,
sempre, sempre, sobre uma só perna.
– Ao que parece,
esqueceu a outra.
Eu, pelo menos, debalde
procurei a ausente
e preciosa gêmea
– quero dizer, a outra perna –
nas santas imediações
de suas graciosas e encantadoras saias,
de suas saias enfeitadas, ondulantes como leques.
É verdade, belas amigas,
se quereis acreditar, ela a perdeu!
Partiu!
Partiu para sempre
a outra perna.
Oh! Pobre perna querida!
Onde pode estar, abandonada, triste,
essa perna solitária?
Talvez prostrada
por feroz e monstruoso leão
de juba dourada?
Mordida, roída,
miseravelmente, que horror! Ai! Roída! Sela!

Oh! Não choreis,
ternos corações!
Não choreis,
corações de tâmara, seios de leite!
Corações de alcaçuz,
pequeninas,
não chores mais,
pálida Dudu!
Sê viril, Zuleika! Coragem! Coragem!
- Ou talvez, quem sabe,
um tônico, um cordial
teria aqui seu lugar?
Um sábio cheio de unção?
Uma solene exortação?

Ah! Ergue-te, dignidade!
Virtuosa dignidade, dignidade européia!
Sopra, sopra outra vez,
fole da virtude!
Ah!
Rugir uma vez mais,
rugir moralmente,
como um leão moral
diante das filhas do deserto rugir!
Porque o rugido da virtude,
encantadoras jovens,
é mais que tudo
paixão ardente de europeu, fome voraz de europeu.
E agora aqui estou,
como europeu,
de outra maneira não posso agir, Deus me valha!
Amém!

O Despertar

Depois do canto do viajante e da sombra, a caverna se encheu subitamente de risos e ruídos. E como todos os hóspedes falavam ao mesmo tempo e até o próprio jumento com tal animação não podia ficar quieto, Zaratustra experimentou certo desgosto e certo mau humor irônico contra seus visitantes, embora sentisse prazer em sua alegria, pois lhe parecia um sinal de cura. Esgueirou-se então para fora, para o ar livre, e falou a seus animais.

"Onde iria parar agora sua angústia?" – disse e logo se sentiu aliviado de sua indisposição. "Parece que em minha casa esqueceram de lançar seus gritos de angústia!

Ainda que, desgraçadamente, não tenham perdido a mania de gritar". E Zaratustra tapou os ouvidos, porque nesse momento os Uah do jumento se misturavam de modo estranho com a algazarra dos homens superiores.

"Estão alegres" – prosseguiu – "e, quem sabe? talvez à custa de seu anfitrião. E se lhes ensinei a rir, nem por isso aprenderam a rir como eu.

Mas que importa? São velhos. Curam-se à sua maneira, riem a seu modo. Meus ouvidos já suportaram coisas piores e não se tornaram desagradáveis.

Este dia foi uma vitória. Já retrocede, já foge o espírito do peso, meu antigo inimigo mortal. Como quer acabar bem este dia que tão mal e tão pesadamente começou!

E quer acabar. Chega o crepúsculo. Chega a cavalo pelo mar, esse bom cavaleiro. Como se balança, voltando para casa feliz o crepúsculo, em sua sela de púrpura!

O céu olha sereno, o mundo se dilata profundamente. Homens singulares, que vos aproximastes de mim, decerto vale a pena viver junto a mim!"

Assim falava Zaratustra. E nesse momento voltaram a sair da caverna os gritos e as risadas dos homens superiores. Então Zaratustra continuou:

"Eles mordem, minha isca é eficaz. Deles também foge o inimigo, o espírito do peso. Se meus ouvidos não me enganam, já aprendem a rir de si mesmos.

Minhas saborosas e rigorosas máximas surtem efeito. E, na verdade, não os alimentei com legumes que incham, mas com um alimento de guerreiros, com um alimento de conquistadores. Despertei novos desejos.

Suas pernas e seus braços revelam novas esperanças. Seu coração se dilata. Encontram novas palavras.

Breve seu espírito respirará audácia.

Compreendo que este alimento não seja para crianças, nem para mulheres, jovens ou velhas. São necessários outros meios para lhes tratar as entranhas, mas delas não sou médico nem mestre.

Foge o tédio desses homens superiores, coragem! É minha vitória! Sentem-se seguros em meu reino, perdem a imbecil vergonha, expandem-se livremente.

Esvaziam seus corações, voltam a ter bons momentos, divertem-se e ruminam. Tornam-se agradecidos.

Isso é que eu tenho como melhor sinal: tornam-se agradecidos. Não passará muito tempo para que inventem festas e erijam monumentos comemorativos a suas antigas alegrias. São convalescentes!"

Assim falava Zaratustra com íntimo júbilo e com olhos perdidos na distância. Seus animais se aproximaram dele e respeitaram sua felicidade e seu silêncio.

2.

De súbito, porém, sobressaltou-se o ouvido de Zaratustra, porque a caverna, até ali animada pelo tumulto e pelo riso, ficou de repente num silêncio sepulcral. Às narinas de Zaratustra chegou um odor agradável de fumaça e de incenso, como se tivessem posto pinhas ao fogo.

"Que acontecera? Que estariam fazendo?" – perguntou a si mesmo, aproximando-se da entrada para ver os convidados sem ser visto. Mas, maravilha das maravilhas! Que viram então seus olhos?

"Tornaram-se todos piedosos! Rezam! Estão doidos!" – disse numa admiração sem limites.

E efetivamente, todos aqueles homens superiores – os dois reis, o papa fora de serviço, o sinistro ilusionista, o mendigo voluntário, o viajante e a sombra, o velho adivinho, o escrupuloso e o homem mais feio – estavam prostrados de joelhos, como velhas beatas. Estavam de joelhos, adorando o jumento! E o mais feio dos homens começava a soprar, como se dele quisesse extrair qualquer coisa de inefável; mas, quando afinal se pôs a falar, salmodiava uma piedosa e singular ladainha em louvor do adorado e incensado asno. Essa era a ladainha:

"Amém! E honra e louvor e sabedoria e gratidão e glória e forças a nosso deus, pelos séculos dos séculos".

A essas palavras, o burro zurrava Uah!

"Ele leva nossas cargas, tomou a forma de servidor, é paciente e nunca diz não. E aquele que bem ama seu deus, também o castiga."

E o burro zurrava Uah!

"Não fala senão para dizer sim ao mundo que criou. Assim canta louvores a seu mundo. Sua astúcia é não falar; por isso mesmo rara vez erra".

E o burro zurrava Uah!

"Discretamente passa pelo mundo. Cinza é cor de seu corpo, na qual esconde sua virtude. Se tem talento, oculta-o; mas todos acreditam em suas orelhas compridas."

E o burro zurrava: Uah!

"Que recôndita sabedoria é ter orelhas compridas e dizer sempre sim e nunca não. Não criou ele o mundo à sua imagem? Isto é, o mais burro possível?"

E o burro zurrava: Uah!

"Tu segues caminhos direitos e caminhos tortuosos; aquele a que os homens chamam direito ou torto, pouco te importa. Teu reino encontra-se além do bem e do mal. Tua inocência é não saber o que vem a ser a inocência".

E o burro zurrava: Uah!

"Vê como tu não repeles ninguém, nem os mendigos, nem os reis. Deixas vir a ti as criancinhas, e se os velhacos te querem tentar, dizes simplesmente Uah."

E o burro zurrava: Uah!

"Gostas das burras e dos figos frescos e não és exigente com a comida. Um cardo te satisfaz as entranhas quando tens fome. É realmente sabedoria de um deus".

E o burro zurrava: Uah!

A Festa do Asno

1.

Neste ponto da ladainha, porém, Zaratustra não pôde mais conter-se. Gritou por sua vez Uah, com voz ainda mais alta do que a do jumento e de um salto postou-se no meio de seus enlouquecidos hóspedes.

"Mas, que estais fazendo, filhos dos homens? – exclamou, erguendo do solo os que rezavam. – Pobres de vós, se outro que não fosse Zaratustra vos visse!

Todos acreditariam que com vossa nova fé, vos houvésseis tornado os piores sacrílegos ou as mais insensatas velhas.

E tu, antigo Papa, como podes estar de acordo contigo mesmo, adorando assim um burro como se fosse um deus?"

"Perdoa, Zaratustra – respondeu o Papa. Mas das coisas de Deus ainda eu entendo mais do que tu.

Antes adorar a Deus sob esta forma do que não o adorar de forma nenhuma! Reflete nestas palavras, eminente amigo. Breve compreenderás que contêm sabedoria.

Aquele que diz: "Deus é espírito" foi o que até hoje deu na terra o passo, o salto maior para a incredulidade! Tais palavras não são fáceis de reparar na terra!

Meu velho coração salta e rejubila ao ver que ainda há o que adorar na terra.

Perdoa, Zaratustra, a um velho coração devoto de um Papa!"

"E tu, – disse Zaratustra ao viajante e à sombra – dizes e imaginas ser um espírito livre? E te entregas a semelhantes idolatrias e macaquices litúrgicas?

Na verdade, fazes ainda aqui coisas piores do que as que fazias ao lado das jovens morenas e maliciosas, mau neófito que és!"

Responderam o viajante e a sombra: "Tens razão; mas que havia de fazer? Por mais que digas o contrário, Zaratustra, o Deus antigo revive.

A causa de tudo isto é o mais feio dos homens. Foi ele que o ressuscitou. E se diz que outrora o matou, a morte entre os deuses não passa de um preconceito."

– "E tu maligno velho ilusionista, que fizeste? – prosseguiu Zaratustra. – Quem há de crer em ti nestes tempos de liberdade, quando tu crês em tais asnices divinas?

Que burrice fizeste! Como tu, tão astuto, pudeste cometer semelhante asneira?"

"Tens razão, Zaratustra – respondeu o astuto ilusionista – foi uma asneira e que me custou bem caro."

"E tu também – disse Zaratustra ao escrupuloso – reflete e põe o dedo no nariz! Nada vês nisto que te perturbe a consciência? Não será teu espírito demasiado limpo para tais adorações e para o odor que exala desses irmãos orantes?

"Há neste espetáculo – respondeu o escrupuloso, levando o dedo ao nariz – há neste espetáculo qualquer coisa que faz bem à minha consciência.

Talvez eu não tenha o direito de crer em Deus, mas o certo é que, sob esta forma, Deus ainda me parece altamente digno de fé.

Deus deve ser eterno, segundo o testemunho dos mais piedosos. Quem tanto tempo tem, tempo toma. De modo que, com toda a lentidão e estupidez que queira, pode ir verdadeiramente longe.

E quem tem inteligência demais podia muito bem suspirar pela estupidez e pela loucura. Quando não, pensa em ti mesmo, Zaratustra!

Tu mesmo, na verdade, te poderias muito bem tornar burro à força de sabedoria.

Um sábio perfeito não gosta de seguir os caminhos mais tortuosos? A evidência o ensina, Zaratustra. Tua evidência!"

"E tu, afinal – disse Zaratustra, dirigindo-se ao mais feio dos homens, que se arrastava pelo chão, estendendo os braços até o burro para lhe oferecer vinho, – fala, inominável, que foi que fizeste?

Pareces-me transformado, teus olhos reluzem, tua feiúra se envolve no manto do sublime. Que fizeste?

É verdade que o ressuscitaste, como dizem estes? E por quê? Não estava morto com razão? Não foi com razão que se acabou com ele?

Tu próprio me pareces ressuscitado. Que fizeste? O que significa esta inversão em ti? O que significa esta conversão em ti? Fala, inominável!"

"Ó Zaratustra! – respondeu o mais feio dos homens. – És um patife!

Se ele ainda vive, ou se revive, ou se morreu completamente, qual de nós o sabe melhor? Eu te pergunto!

Sei, porém, de uma coisa – e contigo a aprendi há tempo, Zaratustra. "Aquele que quer matar de modo mais radical, se põe a rir.

Não é com a cólera, mas com o riso que se mata". Assim falavas tu em outros tempos. Ó Zaratustra! Tu, o secreto, o destruidor impassível, o santo perigoso, tu és um patife!"

2.

Então Zaratustra, surpreso com tantas respostas cheias de maldade, voltou rapidamente para a porta da caverna e, dirigindo-se a todos os convidados, começou a gritar com voz forte.

"Refinados loucos, farsantes! Para que dissimular e revestir disfarces diante de mim?

Como estremecia, contudo, de alegria e malícia vosso coração, porque afinal voltastes a ser como crianças – isto é, piedosos!

Porque afinal voltastes a rezar, a juntar as mãos e a dizer "amado Deus!"

Mas agora saí deste quarto de crianças, desta minha caverna onde hoje estão como em sua casa todas as infantilidades. Refrescai lá fora vossos ardores infantis e apaziguai o tumulto de vosso coração!

É verdade que, se não voltais a ser como crianças, não podereis entrar no tal reino dos céus. – E Zaratustra mostrava com as mãos o céu.

Nós, porém, não queremos entrar no reino dos céus. Nós nos tornamos homens. Por isso mesmo queremos o reino da terra".

3.

E tornando a usar da palavra, Zaratustra disse: "Ó meus novos amigos! Homens singulares! Homens superiores! Como me agradais desde que vos tornastes alegres!

Estais em pleno florescimento, e parece-me que, para flores como vós, são precisas festas novas, uma boa loucura, um culto e uma festa do burro, um velho tresloucado e alegre à maneira de Zaratustra, um turbilhão que com seu sopro varra vossa alma.

Não esqueçais esta noite e esta festa do asno, homens superiores! Foi o que inventastes em minha casa e, para mim, isso é um bom sinal. Não há como convalescentes para inventarem tais coisas!

E se tornardes a celebrar esta festa do burro, fazei-a por amor de vós e por amor de mim. E em minha memória."

Assim falava Zaratustra.

O Canto da Embriaguez

1.

Entretanto, todos haviam saído, um após outro, e se encontravam ao ar livre, em plena noite fresca e silenciosa. E Zaratustra pegou na mão do mais feio dos homens, para lhe mostrar seu mundo noturno, a grande lua redonda e as cascatas prateadas junto da caverna. Por fim, todos aqueles velhos de coração consolado e corajoso se detiveram, admirando-se intimamente de se sentirem tão bem na terra. A placidez da noite penetrava seus corações, cada vez mais profundamente. E Zaratustra pensava de novo consigo: "Oh! como gosto agora destes homens superiores!" Mas não disse nada porque respeitava sua felicidade e o silêncio.

Então surgiu o mais surpreendente de tudo o que de surpreendente acontecera naquele dia. O mais feio dos homens começou por derradeira vez a resfolegar e, quando conseguiu falar, saiu-lhe dos lábios uma pergunta profunda e clara que agitou o coração de todos que a ouviram.

"Meus amigos, todos que estais aqui presentes – disse o mais feio dos homens – que vos parece? Graças a este, estou pela primeira vez satisfeito de ter vivido a vida inteira.

E ainda não me basta fazer tal declaração. Vale a pena viver na terra. Um só dia, uma festa em companhia de Zaratustra me ensinaram a amar a terra.

Era isto a vida? – direi à morte. Pois bem! Que se repita!

Meus amigos, que vos parece? Não quereis dizer à morte, como eu "Era isto então a vida?" Por amor de Zaratustra, coragem, que se repita!"

Assim falava o mais feio dos homens, perto da meia-noite. E que julgais que sucedeu nesse momento? Enquanto os homens superiores ouviam a pergunta, repararam em sua transformação e cura e em quem a havia feito. Por isso se precipitaram para Zaratustra, beijando-lhe a mão e testemunhando-lhe sua gratidão, cada qual a seu modo e uns riam e outros choravam. O velho ilusionista dançava de prazer; e se, como crêem certos narradores, estava então cheio de vinho doce, mais cheio estava certamente de vida doce, e despedira-se de toda a melancolia. Há ainda quem conte que o burro também se pôs a dançar porque não fora em vão que o homem mais feio lhe havia dado vinho. Verdade ou não, pouco importa, e se o burro não dançou nessa noite, aconteceram, contudo, coisas maiores e mais raras do que a de um asno dançar.

Em resumo, como diz o provérbio de Zaratustra: "Que importa!"

2.

Quando tudo isso se passava com o mais feio dos homens, Zaratustra ficou como tonto. Seu olhar estava embaçado, sua língua tartamudeava e seus pés vacilavam. Quem poderia adivinhar os pensamentos que naquele instante atravessavam a alma de Zaratustra? Era visível, porém, que seu espírito o deixou para planar muito alto, como "sobre elevada cordilheira posta entre dois mares (como está escrito), caminha entre o passado e o futuro como pesada nuvem". Nisto, enquanto os homens superiores o amparavam nos braços, tornou a si pouco a pouco, afastando com o gesto seus assustados veneradores. Mas não falava. Súbito voltou a cabeça porque lhe parecia ouvir qualquer coisa. Então pôs o dedo na boca e disse: "Vinde!"

E imediatamente tudo ficou tranquilo e em silêncio em torno dele. Mas das profundezas subia lentamente o som de um sino. Zaratustra aplicou o ouvido, assim como os homens superiores. Depois voltou a pôr o dedo na boca e disse outra vez: "Vinde! Vinde! Aproxima-se a meia-noite!" E sua voz se transformara. Mas ele continuava imóvel no mesmo lugar. Então reinou um silêncio ainda maior e um mistério ainda mais profundo. Todos estavam de ouvido atento, inclusive o burro e os animais de Zaratustra, a águia e a serpente, e também a caverna e a fria lua e a própria noite.

Mas Zaratustra pôs pela terceira vez o dedo na boca e disse:

"Vinde! Vinde! Vamos! Vamos partir! Chegou a hora! Caminhemos para a noite!"

3.

Homens superiores, aproxima-se a meia-noite. Quero dizer-vos uma coisa ao ouvido, como o disse a meu ouvido aquele velho sino.

Com o mesmo segredo, espanto e cordialidade com que me falou esse sino da meia-noite, que tem vivido mais experiências que um só homem que já contou as palpitações dolorosas dos corações de vossos pais. Ai, ai! Como suspira! Como ri em sonhos a venerável e profunda meia-noite.

Silêncio! Silêncio! Ouvem-se muitas coisas que não se atrevem a erguer a voz durante o dia. Mas agora que o ar é puro e se calou também o ruído de nossos corações, agora as coisas falam e se fazem ouvir, agora se introduzem nas almas noturnas e despertas. Como suspira! Como ri em sonhos!

Não ouves como te fala a ti secretamente, com espanto e cordialidade, a venerável e profunda meia-noite?

Ó homem! Presta atenção!

4.

Ai de mim! Para onde fugiu o tempo? Não caí em profundos poços? O mundo dorme.

Ai, ai! O cão uiva, brilha a lua. Antes morrer, antes morrer do que dizer-vos o que pensa agora meu coração da meia-noite!

Estou morto. Tudo acabou. Ó aranha, que teces em minha volta? Queres sangue! Ai, ai! Cai o orvalho, chega a hora.

A hora em que gelo, a hora que pergunta e volta a perguntar sempre: "Onde está o coração cheio de coragem?

Quem há de ser o dono da terra? Quem quer dizer: tendes de correr assim, rios grandes e pequenos?"

Aproxima-se a hora! Toma cuidado, ó homem, homem superior! Este discurso é para ouvidos finos, para teus ouvidos. Que diz a profunda meia-noite?

5.

Vejo-me arrebatado, minha alma dança. Cotidiana tarefa! Tarefa de todo dia! Quem deve ser o dono da terra?

A lua é fresca. O vento emudece. Ai! Ai! Já voastes a bastante altura? Dançastes? Mas uma perna não é uma asa.

Bons dançarinos, agora passou a alegria toda. O vinho se converteu em borra, as taças estragaram e as sepulturas balbuciam.

Não voastes a bastante altura, agora as sepulturas balbuciam: "Salvai os mortos! Por que é noite há tanto tempo? Não vos embriaga a lua?"

Libertai as sepulturas, homens superiores! Despertai os cadáveres! Ai! Porque é que o verme ainda rói? Aproxima-se a hora, aproxima-se.

Soa o sino. O coração ainda anseia, o verme, o verme do coração ainda rói. Ai, ai! O mundo é profundo!

6.

Doce lira! Doce lira! Adoro teu som, teu embriagante som de sapo! De quanto tempo, de quão longe vem teu som, de tão longe, dos pântanos do amor!

Velho sino! Doce lira! Todas as dores te dilaceram o coração. A dor de pai, a dor dos antepassados, a dor dos primeiros pais.

Teu discurso alcança já a maturidade como o dourado outono e a tarde, como meu coração de solitário. Agora falas, o próprio mundo amadureceu, a uva se torna negra.

Agora quer morrer, morrer de felicidade. Não o sentis, homens superiores? Secretamente sobe um perfume e um odor, um aroma de eternidade, um aroma como de dourado vinho, de rara ventura de rosa, um perfume de ventura antiga, ventura inebriante de morrer à meia-noite e que canta:

O mundo é profundo e mais profundo do que o dia pode imaginar!

7.

Deixa-me! Deixa-me! Sou puro demais para ti. Não me toques! O mundo não acaba de atingir sua perfeição por mim?

Minha pele é demasiado pura para tuas mãos. Deixa-me, dia estúpido, triste e sombrio! Não é mais clara a meia-noite?

Donos da terra devem ser os mais puros, os mais desconhecidos, os mais robustos, mas as almas da meia-noite são mais claras e profundas que qualquer dia.

Ó dia! Andas às cegas atrás de mim? Exploras minha felicidade? Serei para ti, rico, solitário, um tesouro oculto, uma arca de ouro?

Ó mundo! A mim é que queres? Julgas-me profano? Julgas-me de tua igreja? Julgas-me divino? Dia e mundo são demasiado broncos.

Procurai ter mãos mais hábeis, colhei uma felicidade mais profunda, um infortúnio mais profundo; colhei um deus qualquer; não me prendais a mim.

Profunda é minha desventura e profunda é minha ventura, ó maravilhoso dia, mas não sou um deus, nem o inferno de um deus: Profunda é a dor do mundo.

8.

A dor de Deus é mais profunda, ó maravilhoso mundo! Procura a dor de Deus, não me procures a mim! Quem sou eu? Uma doce lira embriagada.

Uma lira de meia-noite, um sino plangente que deve falar diante dos surdos, homens superiores. Porque vós não me compreendeis!

Vós me deixastes! Vós me deixastes! Ó juventude! Ó meio-dia! Ó tarde! Chegou agora o crepúsculo e a noite e a meia-noite. Uiva o cão, o vento.

Não será também o vento um cão? Geme, ladra, uiva. Como suspira, como ri, como soluça e geme a meia-noite!

Como agora fala sobriamente, esta ébria poetisa! Teria afogado sua embriaguez em outra maior ainda? Tornou-se extralúcida? Rumina?

A velha e profunda meia-noite rumina em sonhos sua dor e ainda mais sua alegria: pois se a dor é profunda, a alegria é mais profunda do que o sofrimento.

9.

Por que me elogias, videira? Eu, todavia, te podei. Sou cruel. Sangras. Que significam os louvores que diriges a minha embriagada crueldade?

"Tudo o que atinge sua perfeição, tudo o que está maduro quer morrer!" Assim falas tu. Bendita seja a poda do vindimador! Tudo que não está maduro quer, porém, viver! Ó desventura!

A dor diz: "Passa! Vai-te, dor!" Mas tudo que sofre quer viver para amadurecer, regozijar-se e ansiar, ansiar pelo mais longínquo, mais alto, mais luminoso. Quero herdeiros, assim fala todo aquele que sofre, quero filhos, não me quero a mim".

A alegria, contudo, não quer herdeiros nem filhos. A alegria quer-se a si mesma, quer a eternidade, quer o regresso, quer tudo igual a si eternamente.

A dor diz: "Dilacera-te, sangra, coração! Caminhai, pernas! Asas, voai! Adiante! Mais alto, dor! Coragem, sobe, meu velho coração! A dor diz: Passa e desaparece!

10.

Que vos parece, homens superiores? Serei um adivinho? Um sonhador? Um bêbado? Um intérprete de sonhos? Um sino da meia-noite? Uma gota de orvalho? Um vapor e um perfume da eternidade? Não ouvis? Não percebeis? Agora que meu mundo acaba de se tornar perfeito! A meia-noite é também meio-dia, a dor é também alegria, a maldição é também bênção, a noite é também sol. Afastai-vos ou aprendei: um sábio é também um louco.

Dissestes alguma vez "sim" a uma alegria? Ó meus amigos! Então dissestes também "sim" a todas as dores! Todas as coisas estão encadeadas, forçadas; se algum dia quisestes que uma vez se repetisse, se algum dia dissestes: "Agradas-me, felicidade!" Instante, momento! Então quisestes que tudo retornasse.

Tudo de novo, tudo eternamente, tudo encadeado, tudo enlaçado, tudo ligado, assim é que amastes o mundo. Vós, os eternos, vós amais o eterno e para sempre e dizeis também à dor: "Vai embora, mas volta! Porque toda a alegria quer eternidade!

11.

Toda a alegria quer a eternidade de todas as coisas, quer o mel, quer o fel, quer a inebriante meia-noite, quer as sepulturas, quer o consolo das lágrimas fúnebres, quer o dourado crepúsculo...

Que não há de querer a alegria! É mais sedenta, mais cordial, mais terrível, mais secreta que toda a dor: quer-se a si mesma, morde-se a si mesma, agita-se nela a vontade do ciclo eterno, quer amor, quer ódio, nada na abundância, dá, arroja para longe de si, suplica que a aceitem, agradece a quem a recebe, quereria ser odiada,

é tão rica que tem sede de dor, de inferno, de ódio, de vergonha, do mundo, porque este mundo, ah! já o conheceis.

Homens superiores, por vós suspira a alegria, a desenfreada, a bem-aventurada; suspira pela vossa malograda dor. Toda a alegria eterna suspira pelas coisas malogradas.

Pois toda a alegria se estima a si mesma. Por isso quer também o sofrimento! Ó felicidade! Ó dor! Dilacera-te coração! Aprendei, homens superiores: a alegria quer a eternidade!

A alegria quer a eternidade de todas as coisas, quer profunda, profunda eternidade.

12.

Aprendestes agora meu canto? Adivinhastes o que quer dizer? Coragem, coragem! Homens superiores! Entoai meu canto!

Entoai agora vós o canto cujo título é "Outra vez" e cujo sentido é "por toda a eternidade". Entoai, homens superiores, entoai o canto de Zaratustra!

Ó homem! Toma cuidado!
Que diz a profunda meia-noite?
"Eu dormia, eu dormia!
De um profundo sono despertei:
O mundo é profundo,
mais profundo do que o dia pensava.
Profunda é a sua dor
e a alegria mais profunda que o sofrimento!
A dor diz: Desaparece!
Mas toda a alegria quer eternidade,
quer profunda, profunda eternidade!"

O Sinal

Na manhã seguinte, Zaratustra saltou de sua cama, cingiu os rins e saiu da caverna, ardente e vigoroso, como o sol matutino que sai dos sombrios montes.

"Grande astro – disse como noutra ocasião – olho profundo de felicidade, que seria desta se te faltassem aqueles a quem iluminas?

E se eles permanecessem em seus aposentos quando tu já estás desperto e vens dar e repartir, como se feriria teu pudor!

Coragem! estes homens superiores dormem enquanto eu estou acordado. Não são meus verdadeiros companheiros! Não é a eles que espero aqui em minhas montanhas.

Quero principiar meu trabalho, meu dia, mas eles não compreendem quais são os sinais de minha alvorada; meus passos não são para eles uma voz que desperta.

Dormem ainda em minha caverna, ainda seu sono saboreia meus cantos de embriaguez. A seus membros falta ouvido que me escute, ouvido obediente".

Disse Zaratustra isto a seu coração quando o sol nascia. Depois dirigiu para as alturas um olhar interrogador porque ouvia por cima de si o chamado penetrante de sua águia. "Bem! gritou para cima. – Assim me agrada e convém. Meus animais estão acordados, porque eu estou acordado.

Minha águia acordou e saúda o sol como eu. Com suas garras apanha a nova luz. Vós sois meus verdadeiros animais; tendes minha afeição.

Faltam-me ainda, porém, meus verdadeiros homens!"

Assim falava Zaratustra, quando de repente se sentiu rodeado por uma infinidade de aves que revoavam em torno dele. O ruído de tantas asas e o barulho em torno de sua cabeça eram tais que cerrou os olhos. E na verdade sentiu cair sobre ele qualquer coisa assim como uma nuvem de setas disparadas sobre um novo inimigo! Mas não! Era uma nuvem de amor sobre um amigo novo.

"Que vai acontecer?" perguntou a si mesmo assombrado Zaratustra e deixou-se cair vagarosamente na pedra grande que havia à entrada de sua caverna. Agitando, porém, as mãos em torno de si e por cima e por baixo de si, para se subtrair às carícias das aves, aconteceu-lhe uma coisa ainda mais singular. Sem dar por isso, pôs a mão sobre quente e farta juba e ao mesmo tempo se ouviu um rugido, um meigo e prolongado rugido de leão.

"Chega o sinal" disse Zaratustra, e seu coração se transformou. E viu diante de si, estendido a seus pés, um corpulento animal ruivo, que encostava a cabeça a seus joelhos e não queria se afastar dele, como um cão afetuoso que torna a encontrar o antigo dono. Mas as pombas não eram menos carinhosas que o leão e de cada vez que alguma lhe passava pelo focinho, o leão sacudia a cabeça e punha-se a rir.

Vendo tudo isto, Zaratustra só disse uma coisa: "Meus filhos estão perto, meus filhos". E depois emudeceu completamente. Mas sentia o coração aliviado e de seus olhos corriam lágrimas que lhe banhavam as mãos. E ali permanecia imóvel, sem se preocupar com coisa alguma, sem sequer se defender dos animais. Entretanto, as pombas voavam de um lado para outro, pousavam em seus ombros, acariciavam-lhe os brancos cabelos e eram infatigáveis em sua ternura. E o leão lambia incessantemente as lágrimas que corriam pelas mãos de Zaratustra, rugindo e rosnando timidamente. Assim se comportavam estes animais.

Tudo isto durou muito tempo ou pouco tempo porque, falando propriamente, na terra não há tempo algum para essas coisas. Entrementes tinham os homens superiores acordado na caverna e dispunham-se a ir em procissão ao encontro de Zaratustra, para o saudar, porque já haviam reparado em sua ausência. Quando chegaram, porém, à porta da caverna, o leão, ao ouvir-lhes os passos, afastou-se rapidamente de Zaratustra e precipitou-se para a caverna rugindo furiosamente. Ouvindo-o rugir, os homens superiores começaram a gritar como se fossem uma só boca e, retrocedendo, desapareceram num abrir e fechar de olhos.

Por seu lado, Zaratustra, aturdido e distraído, ergueu-se de seu assento, olhou em volta, assombrado, interrogou-se, refletiu e permaneceu sozinho – "Mas, que foi que ouvi? – disse, afinal, lentamente. – Que acaba de me acontecer?"

E, recuperada a memória, compreendeu o que acontecera entre a véspera e o dia em que se encontrava. "Aqui está a pedra onde ontem pela manhã me sentei – disse alisando a barba – aqui se aproximou de mim o adivinho e ouvi pela primeira vez o grito que acabo de ouvir, o grande grito de angústia.

Homens superiores, vossa angústia foi o que ontem pela manhã me predisse o velho adivinho. Quis atrair-me à vossa angústia para me tentar "Ó Zaratustra – disse-me ele – venho aqui induzir-te a último pecado."

"A meu último pecado? – exclamou Zaratustra, rindo de suas próprias palavras. – Que será que ainda me está reservado como último pecado?"

E outra vez se concentrou em si mesmo, tornando a sentar-se na pedra para refletir.

De repente ergueu-se:

"Compaixão! A compaixão pelo homem superior! – exclamou, e seu semblante se tornou de mármore. Coragem! Vamos lá! Já passou o tempo!

Que me importam minha paixão e minha compaixão? Acaso, aspiro à felicidade? Eu aspiro à minha obra!

Coragem! Chegou o leão, meus filhos não tardam. Zaratustra está amadurecido. Chegou minha hora.

Esta é minha alvorada, começa meu dia, é meu dia que se levanta. Levanta agora! De pé, levanta, ó grande meio-dia!"

Assim falava Zaratustra, e afastou-se da caverna, ardente e vigoroso, como o sol matinal que surge dos sombrios montes.

Vida e obras do autor

Friedrich Wilhelm Nietzsche nasceu em Röcken, Alemanha, no dia 15 de outubro de 1844. Órfão de pai aos 5 anos de idade, foi instruído pela mãe nos rígidos princípios da religião cristã. Cursou teologia e filologia clássica na Universidade de Bonn. Lecionou Filologia na Universidade de Basiléia, na Suíça, de 1868 a 1879, ano em que deixou a cátedra por doença. Passou a receber, a título de pensão, 3.000 francos suíços que lhe permitiam viajar e financiar a publicação de seus livros. Empreendeu muitas viagens pela Costa Azul francesa e pela Itália, desfrutando de seu tempo para escrever e conviver com amigos e intelectuais. Não conseguindo levar a termo uma grande aspiração, a de casar-se com Lou Andreas Salomé, por causa da sífilis contraída em 1866, entregou-se à solidão e ao sofrimento, isolando-se em sua casa, na companhia de sua mãe e de sua irmã. Atingido por crises de loucura em 1889, passou os últimos anos de sua vida recluso, vindo a falecer no dia 25 de agosto de 1900, em Weimar. Nietzsche era dotado de um espírito irrequieto, perquiridor, próprio de um grande pensador. De índole romântica, poeta por natureza, levado pela imaginação, Nietzsche era o tipo de homem que vivia recurvado sobre si mesmo. Emotivo e fascinado por tudo o que resplende vida, era ao mesmo tempo sedento por liberdade espiritual e intelectual; levado pelo instinto ao mundo irreal, ao mesmo tempo era apegado ao mundo concreto e real; religioso por natureza e por formação, era ao mesmo tempo um demolidor de religiões; entusiasta defensor da beleza da vida, era também crítico feroz de toda fraqueza humana; conhecedor de si mesmo, era seu próprio algoz; seu espírito era campo aberto em que irromperam as mais variadas tendências, sob a influência de sua agitada consciência.

Espírito irrequieto e insatisfeito, consciência eruptiva e crítica, vivia uma vida de lutas contra si mesmo, de choques com a humanidade, de paradoxos sem limite. Assim era Nietzsche.

Principais Obras

- *A Gaia Ciência*
- *A Genealogia da Moral*
- *A Origem da Tragédia*
- *Além do Bem e do Mal*
- *Assim Falava Zaratustra*
- *Aurora*
- *Crepúsculo dos Ídolos*
- *Ecce Homo*
- *Humano, Demasiado Humano*
- *O Anticristo*
- *O Caso Wagner*
- *O Viajante e sua Sombra*
- *Miscelânea de Opiniões e Sentenças*
- *Vontade de Potência*

Impressão e Acabamento:
Gráfica Oceano